U0518395

内蒙古师范大学教学研究基金资助立项

高等师范院校教师教育系列教材

中小学信息技术课程与教学

Information Technology Curriculum and Teaching of Primary and Secondary School

主编 陈 梅

编者 张利桃 郑 珠

陕西师范大学出版总社有限公司

内容简介

教师是教育革新成败的关键因素之一，未来中小学信息技术教师的专业培养与专业发展在很大程度上决定着我国中小学信息技术教育实施的效果。本教材的编写是内蒙古师范大学支持的教育学二学位信息技术教育课程与教学系列课程建设的成果，为满足高等师范院校相关专业培养信息技术教师的需要，让有志于投身中小学信息技术教育的在校大学生了解和掌握信息技术课程与教学的相关知识，从而提高他们的信息技术课程与教学的设计、开发、管理、评价能力。

教材由七章组成，具体内容见下图。

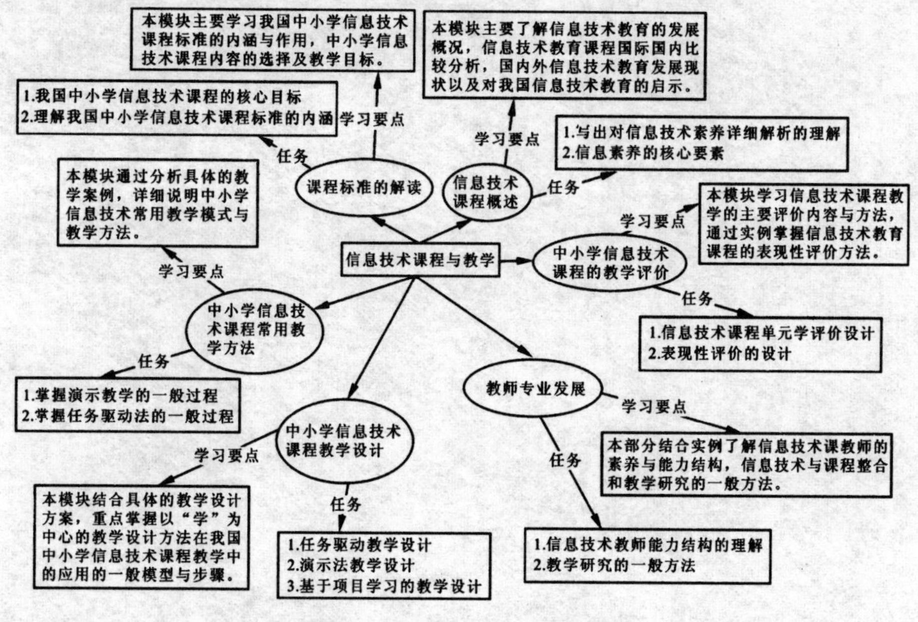

信息技术课程与教学教材概念图

第一章主要介绍发达国家信息技术课程发展概况；课程设置形式、目标与内容；各国信息技术教育发展趋势及对我国的启示；我国信息技术课程的发展；对信息素养的详细解析。第二章主要对普通高中、义务教育阶段信息技术课程标准和课程特色进行说明及解读。第三章主要介绍信息技术课程的教学特点；信息技术教育课程的教学设计；信息技术教育说课的一般方法。第四章主要介绍中小学信息技术课程常用的教学方式与方法。第五章主要介绍信息技术课程的过程性评价、终结性评价的理念与方法。第六章主要介绍信息技术教师专业发展，包括信息技术教师素养、教学研究能力，以及信息技术与课程整合。第七章主要介绍中小学信息技术课程六个典型的教学设计方案和说课稿。

编写说明

本教材整体由陈梅规划并担任主编，完成整体章节划分和统稿工作。具体编写情况如下：郑珠（内蒙古师范大学传媒学院）编写第一章、第二章；陈梅（内蒙古师范大学传媒学院）编写第三章、第四章、第七章；张利桃（内蒙古师范大学传媒学院）编写第五章、第六章。感谢呼和浩特市第六中学的侯晓芳老师、包头市第九中学张就序老师、内蒙古师范大学2007级教育技术班张健同学、内蒙古师范大学2010级硕士研究生徐晓格同学，他们为本书编写提供了可贵的教学设计案例。

目　录

第一章　信息技术课程概述

[内容提要]

本章简要分析说明发达国家和我国信息技术教育课程的发展，总结出对我国信息技术教育的启示；介绍信息技术教育目标的变迁，辨析信息技术素养及相关概念。

[学习指导]

1. 了解信息技术对教育的影响。
2. 了解发达国家信息技术教育的发展及对我国信息技术教育的启示。
3. 了解我国信息技术课程的发展。

第一节　信息技术课程发展概述

随着信息技术的飞速进步和广泛应用，信息正以其前所未有的迅猛态势渗透于社会的方方面面，改变着人们原有的社会空间。人们越来越感受到原有知识的不足和对新思想、新理论的渴望。于是，如何进一步落实素质教育，培养能够适应信息社会、具有持续发展和终身发展能力的社会公民，就成为当前教育探索和关注的焦点。与此相伴，信息技术教育已经超越了单纯计算机技术训练和仅仅将计算机作为工具使用的阶段，全面发展与社会需求相适应的“信息素养”培养的教育。世界上许多国家都越来越重视信息技术对社会、对教育的影响和作用，纷纷调整教育的培养目标，制定新的教育改革方案，以求实现全面提高公民特别是青少年的信息素养，培养适应信息化社会的人才，提高国际竞争力。国外开展信息技术教育的经验，无疑对我国信息技术教育有着极大的借鉴意义。

信息技术(Information Technology)是指所有可用于获取、管理、加工、创作、表达与交流信息的各种技术和工具。一般认为信息技术应包括三个方面：计算机技术、视听技术和整合技术(多媒体技术和网络技术)。

“信息技术”(Information Technology)一词最早于20世纪60年代出现在美国的一些学术文献中，当时对“信息技术”这一概念主要是从产业角度进行阐述和界定的。20世纪70年代，德国等国家及欧共体、联合国教科文组织等国际组织先后出台了一系列推动信息技术在社会中应用和发展的规划，这些规划都把信息基础设施作为重要的一环。1993 年 9 月，美国克林顿政府正式提出建设“国家信息基础设施”（National Information Infrastructure，简称 NII），俗称“信息高速公路”（Information Superhighway）计划，其核心是发展以 Internet 为核心的综合化信息服务体系和推进信息技术（Information Technology，简称 IT）在社会各领域的广泛应用。在其带动之下，许多发达国家和发展中国家相继出台了一系列国家信息基础设施建设规划，从而带动了全球信息化建设的浪潮。

一、发达国家信息技术课程发展概况

一般而言，信息技术教育分为两大主题：信息技术课程开设与信息技术在其他学科学习中的应用。本书所关注的焦点是信息技术课程。

随着科学技术、教育观念等不断变化，以计算机技术为主要内容的信息技术课程在中小学开设的几十年里，课程名称因时间和地区的差异而多种多样，如计算机教育、信息技术教育、计算机学习（Computer Studies）、计算机文化（Computer Literacy）①和信息学或者信息科技（Informations）等等。我国教育部在 2000 年 10 月 25 日召开的全国中小学信息技术教育工作会议上，明确地称其为“信息技术教育”，而将信息技术教育在基础教育课程体系中所对应的课程正式定名为“信息技术”课程。为了叙述方便，我们在介绍其他国家信息技术课程时沿用各国自己的课程名称。

（一）美国的信息技术教育及其发展

美国是世界上信息技术教育起步最早的国家，早在 20 世纪 50 年代末期，美国国际商用机器公司（IBM）的三位热心于教育的研究人员就在其 IBM650 型计算机上连接了一台打字机作为教学终端教小学生二进制算术，这堪称计算机辅助教学（Computer—Aided Instruction，CAI）的开端。1959 年美国伊利诺伊大学最先将计算机引进学校，从 20 世纪 60 年代中期开始，麻省理工学院就以幼儿园儿童为实验对象，进行 LOGO 语言的教学实验。此后，计算机作为一门实用性课程逐步在美国各地中小学开设。进入 90 年代后，随着信息技术的飞速发展，信息技术教育受到了更多的重视和关注。经过数十年的发展，其课程内容早已突破了早期纯粹讲授计算机知识与技能的局限，开始关注包括学生信息意识、信息技能和信息伦理在内的信息素养的培养。

信息素养的概念最早是由美国信息产业协会主席保罗·泽考斯基（Paul Zurkowski）于 1974 年提出的。美国图书馆协会（American Library Association，ALA）和美国教育传播与技术协会（Association for Educational Communications and Technology，AECT）在 1998 年出版的《信息能力：创建学习的伙伴》（*Information Power*:

① 以往通常将“Literacy”译为“文化”，现在多译为“素养”，如信息素养（Information Literacy）

Building Partnerships for Learning)一书中,从信息素养、独立学习和社会责任三个方面,表述了信息素养在技能、态度、品德等方面的要求,指出了学生应当具备的九大信息素养标准,它们是:①

(1)能够有效地、高效地获取信息;

(2)能够熟练地、批判性地评价信息;

(3)能够精确地、创造性地使用信息;

(4)能探求与个人兴趣有关的信息;

(5)能欣赏作品和其他对信息内容进行创造性的表达;

(6)能力争在信息查询和知识创新中做得最好;

(7)能认识信息对民主化社会的重要性;

(8)能履行与信息和信息技术相关的符合伦理道德的行为规范;

(9)能积极参与各种活动来探求和创建信息。

美国是根据地方分权原则安排课程的,且大多数学校由学校董事会决定。因此,美国开展信息技术教育的方式大致有如下三种:一部分学校没有系统的信息技术课程,而在数学、科学等课程中介绍有关计算机与信息技术的知识;一部分学校开设专门的计算机技术课程;还有一部分学校提供各种各样的信息与科学技术课程,包括计算机应用、程序设计、人工智能等多门选修课。

从开展信息技术教育的软硬条件来看,美国是世界上中小学微机总量和联网微机总量最多的国家。早在1995年,美国各级学校,包括大学、中小学、幼儿园和其他各种类型的教育机构中,就已经拥有了近1000万台电子计算机(包括终端),美国人均计算机拥有量居世界第一,学生人均占有计算机数居世界第一,在以计算机技术为代表的信息技术的运用和依赖程度上,美国也居世界前列。据美国教育部教育统计中心2000年2月公布的一份统计摘要报告,1994年至1999年,上网学校的比例从35%提高到95%,截至1999年秋,几乎所有公立中小学校均已接入因特网,美国中小学校全部上网的目标已经基本实现,中小学之间的差异、贫困生比例的校间差异以及城乡差异,均基本消失。

面向21世纪,美国先后制定了《2061计划》和"科学文化"的标准,包括技术与科学、设计与系统、技术中的问题等到方面在内的从幼儿园到12年级学生学习的技术教育内容和应达到的标准。2000年美国又制定了面向全体美国人的技术学习标准。

(二)英国的信息与交流技术教育

英国的信息技术教育具有悠久的历史。1981年英国学校委员会(School Coun-

① 祝智庭:《信息教育展望》,华东师范大学出版社2002年版,第118页。

cil)在其发给英格兰、威尔士地区所有学校的《实际课程》文件中，第一次明确地提出了较为具体的信息技术教育目标体系。随着社会信息化以及欧洲一体化进程的推进，以计算机技术和网络技术为核心的现代信息技术给英国社会各个领域都带来了极大的影响。英国政府越来越重视信息技术课程的开设，并认识到要培养能适应未来社会发展的具有信息技术能力的新一代生产者，就必须从中小学开始进行信息技术教育，开设信息技术课程。

1985 年，英国皇家督导团发表了一份关于《5～16 岁课程》的文件。该文件建议初等学校必须为儿童提供九大方面的经验领域，其中“技术”方面就包含了现代信息技术。在 1988 年的教育改革中，信息技术课程开始被列入国家统一课程中。1995 年，信息技术课程从科学课程中脱离出来成为独立的课程。1998 年，信息技术课程又由原来的选修课改为必修课，其目标是培养学生的“信息技术能力”。

1999 年，英国政府公布的《信息与交流技术课程标准》(The National Curriculum for England: Information and Communication Technology) ①中要求进一步重视和加强信息技术教育。对中小学信息技术教学的要求是：通过教学尽力促使学生能利用信息技术工具探究、分析、辨别和进行有创意的信息加工；使学生能利用信息技术工具快速获取不同社会背景、不同人群、不同文化环境下的知识和经验；增强学生独立学习的能力和判别在什么时候、什么地方应使用信息技术工具，并使这种能力在现在和将来都能发挥作用；通过信息技术教育促进学生在心智、道德、社会伦理和文化背景知识方面的发展，促进学生思维能力的形成和发展，培养学生协同工作、主动获取知识进行独立学习和解决问题的能力。

2000 年，英国在认真研究新时代信息技术教育新性质与新任务的基础上，推出第三版国家课程，明确提出把以前的“信息技术”课程改为“信息与交流技术”课程，此时英国 3.2 万所中小学全部连上因特网，45 万名中小学教师和 900 万名学生都能有机会接触和利用最先进的信息技术。国家课程的目标是：促进学生的精神、道德，社会和文化的发展；推动个人、人际、健康和公民教育；发展技能，如思维技能；交流能力、数字运用能力、信息技术能力、共同协作能力、自我提高能力和解决问题能力。

2007 年，英国公布了新的第三学段的国家课程，包括：艺术与设计、公民教育、设计与科技、英语、地理、历史、信息通信技术、数学、外语、音乐、体育和科学。设定了六个培养目标：独立探究者、创造性思维者、团队合作者、自我管理者、有效参与

---

① 有人直接将信息与交流技术(ICT)中的 C(Communication)翻译为“通讯”、“通信”，但从社会学的角度，它还可以翻译为“传播”、“交流”，我们认为翻译为“交流”更符合教育的需求，更符合信息技术课程发展的需求。

者和不断反思学习者。①

英国专家定义的信息与交流技术(ICT)不同于信息技术(IT)。他们认为,信息技术是在学习、工作和日常生活中,正确、安全、熟练使用信息与交流技术所必需的知识和技能,而信息与交流技术(ICT)就是支持教育中的教学、学习和其他一系列活动的信息处理方法、交流方法和技巧。英国学科课程名称的变动,是其为了适应信息化社会所采取的有效措施。

英国中小学开展信息技术教育,主要是采取政府策划、社会组织广泛参与、教育部门和学校具体实施的方法,得到国家教育部、教育技术委员会、教师培训署、资格与考试署、专业团体、出版商、企业培训部、计算机软硬件公司等的大范围的参与和支持。

(三)日本的信息教育②

作为发达国家,日本也是信息技术教育开展较早的国家之一。为了适应社会信息化的需要,日本政府十分重视培养学生获取、选择、整理、创造和传递信息的基本能力。现在,日本的信息技术教育统一称为"信息教育"。

日本政府关注信息教育是从20世纪80年代开始的。最初是由社会教育审议会广播教育分会于1984年发表了"微型计算机教育应用进修课程标准",1985年又总结为"关于微型计算机在教育中的应用",并将其作为普通学校计算机教育的基本方针,由文部省首次公布。与此同时,文部省成立了由专家组成的临时教育审议会,并在以后的咨询案中提出了教育所面临的最重要课题是国际化和信息化的观点,以及有关信息教育的三条原则:(1)正式开展适应社会信息化的教育;(2)为了使整个教育系统产生活力,大力发掘和运用信息技术的潜在能量;(3)克服信息化带来的消极影响,重视教育环境的人文化。

1986年4月临时教育审议会提出要把"信息运用能力"摆到与"读写算"同等重要的位置,在学校教育活动中加以培养。临时教育审议会在其向政府提交的四次咨询报告中,一再强调教育要适应信息化社会,提出教育要"培养创造性、思维能力和表达能力",教育应当承担的任务在于"积极、认真地培养学生具有应用信息的能力"。

1988年,为了进一步明确培养信息运用能力的重要性,文部省修改了物理教学大纲,在初、高中教学中增加了有关计算机学习的内容。1989年3月,文部省修改

① 王杉杉:《英国实施三、四学段中学课程改革》,载《基础教育课程》2008年第12期,第64页。

② 易红郡:《日本中小学信息技术教育的发展及经验教育探索》,载《教育探索》2001年第7期。

了教学大纲,要求从小学起就实行信息技术教育。同年4月,文部省又在"现行学习指导要领"中明确规定要以计算机有关内容为中心展开信息教育,并要求在初中阶段"技术·家庭科"中开设"信息基础"选修课,共约20~30学时。

20世纪90年代初,日本文部省提出一项九年行动计划,拟为全部学校配备多媒体硬件和软件,训练教师在教学中使用多媒体以支持先进技术在教育中的应用。

1991年7月,文部省公布了《信息教育指南》文件。该文件指出,"信息运用能力"应包括四方面内容:

(1)信息的判断、选择、整理、处理的能力和信息的创造、传递的能力;

(2)对信息社会的特性和信息化对社会及人类影响的理解;

(3)对信息重要性的认识和信息的责任感;

(4)掌握信息科学基础和信息手段(特别是计算机)的特性、基本操作。

1996年,日本中央教育审议会在题为《展望21世纪我国教育》的咨询报告中强调了系统实施信息教育、通过使用信息设备和通信网络改善学校的教育质量的必要性,并重新定义了"信息运用能力"。认为"信息运用能力"主要是指能够主动地选择、运用信息和信息设备并积极地创新信息体系的基本素质,同时提出了信息教育的三大目标是:

(1)培养信息运用的实践能力;

(2)具有一定的对信息科学的理解力;

(3)养成一定的参与信息社会的态度。

1997年11月,日本中央教育审议会公布了面向21世纪的《关于改善教育课程基准的基本方向》的文件,指出从小学到高中都应开设信息课。当然,各级学校在培养信息应用能力方面有着不同的课程设置和要求:小学开设"综合学习时间",并把它作为学校正式的教育课程之一。其目的是使儿童在较宽松的环境中,通过跨学科、综合性的学习活动,培养自己发现问题、解决问题的能力以及掌握信息收集、调查、综合归纳、报告和讨论交流等方法。初中要把现行的"信息基础"选修课改为必修课。高中阶段开设"信息"课。该课设有信息A、信息B和信息C三门科目。每门科目有自己的侧重点,信息A着重培养学生运用计算机在网上选择、处理、发送信息的基本技能,信息B着重计算机的功能和组成,信息C着重计算机网络在社会中的运用和效果。同时,文部省还规划,所有的初中、高中、特殊教育学校到2001年、所有的小学到2003年实行网络化,以构筑信息通信环境及信息活用环境。1998年,日本在高中普及信息教育的基础上,确定在初中阶段增设"信息技术"必修课,并要求小学、初中、高中各个阶段都要积极利用计算机等信息手段进行教学。

1999年12月,日本政府又制定了《教育信息化实施计划》。该计划提出到2005年,全国中小学所有的科目都要实现计算机和因特网授课,实现学生学习方法、课堂教学方法和学校管理的"三个根本转变"。计划中还规定了相应的政策和措施。

据报道，日本邮政省将与文部省合作，编写适应新的学校教育要求的电子教材。

2008 年 12 月日本文部省公布了最新修订的学习指导要领，其中对高中信息学科进行了了修改，新的学习指导要领将于 2013 年实施。新的学习指导要领中将现行的高中信息学科必修科目“信息 A”、“信息 B”、“信息 C”修改为“社会与信息”、“信息科学”，学生选一个科目进行学习。

“社会与信息”的修改事项：

(1)重视开展恰当运用信息设备和信息通信网络开展收集、分析、表现信息和有效的交流的学习活动。

(2)重视开展理解信息的特征、信息化对社会的影响，以及促进学生信息伦理道德的学习活动。

“信息科学”的修改事项：

(1)以解决问题为目的有效运用信息和信息技术的学习活动及掌握一些科学的思考方法的学习活动。

(2)重视对支撑信息社会的信息技术的作用和影响的理解以及信息伦理道德的学习活动。

日本的各级学校在培养信息应用能力方面有着不同的分工。小学阶段把计算机等信息技术作为教学工具来应用，使学生能够接触、了解信息技术，并培养学生对计算机的积极态度。初中阶段，教师在教学中运用计算机的各种特性，使学生能够深刻地理解计算机并学会使用计算机。高中阶段，相关科目的教学目的在于，使学生明白信息化社会的发展和计算机对个人及社会的影响，设置有关计算机的选修课。

信息技术在社会中的作用以及在中小学教育中的广泛应用已经越来越得到人们的重视。信息技术在每个国家的发展速度不同，具体的应用形式也不同。这与各个国家的教育思想、教育体制、文化背景等各方面的情况直接相关。但是，共同的发展趋势是以计算机技术为代表的信息技术越来越成为人们日常生活中获取信息、处理信息、储存信息的工具。同时，相应内容逐渐“独立成一门课程”，逐渐被应用到中小学生的学习之中。

二、课程设置

(一)课程设置形式

在课程设置形式上，各国并不相同。归纳起来，主要有以下几种类型：

1. 没有统一课程的设置

这种课程设置形式以美国最为典型，现阶段美国中学的信息技术教育实施情况包括将信息技术融于其他学科课程之中、开设一门或多门信息技术课程等。

2. 统一课程中设置综合课程

例如，芬兰国家教育理事会于1994年提出，在综合中学课程框架中，将信息技术作为与学科课程并立的综合课程之一（其他为国际教育、消费教育、健康教育、环境教育等），规定各个学校可以按照要求建立自己的课程内容。

3. 统一课程，分级要求

这种课程设置形式是为了顺利实施信息技术教育课程计划，根据学生学习思维能力的阶段性把课程实施过程划分为若干阶段，并设置与之相配套的学生学业成就水平目标。例如，英国是将课程实施过程划分为四个学段，并以此设置八个学生学业成就水平目标，对应学段和学业成就水平目标如下：

第一学段（1~2年级） 5~7岁 1~3级；

第二学段（3~6年级） 7~11岁 2~5级；

第三学段（7~9年级） 11~12岁 3~7级；

第四学段（10~11年级） 12~16岁 4~8级。

第一和第二学段的要求较为简单，主要让学生学习信息技术的基本使用技能，形成初步的信息意识；第三学段是前期中等教育阶段；第四学段是后期中等教育学段；另外，第9级为高级水平，要求学生能够为他人设计与推荐适当的软件。

4. 统一课程，不同要求

日本信息技术课程的设置形式就是采取统一课程、不同要求的形式。日本文部省于1998年和1999年分别颁布的初中与高中的学习指导要领规定：初中的信息教育设置必修课程"技术·家庭"，"信息与计算机"属于其中的技术部分；高中阶段设置必修课程"信息"，分为A、B、C三个科目，分别偏向网络与信息运用、科学技术中的信息技术运用、信息采集共享与分布等信息技术应用领域，学生必选其一。

（二）培养目标

信息技术课程目标与其他课程目标一样，要体现学科发展的需要、当代社会生活的需求和学习者的需要。

面向学科体系的课程目标比较容易确定，课程内容也自成体系、逻辑清楚。但是，它们往往不能及时反映并满足社会发展的需求，更不能很好地顾及学习者的兴趣和个体需要，同时还存在着与高等教育目标衔接的问题。

面向社会需要的课程目标也比较清楚，强调教学内容的实用性，但是如果对强调实用理解失当，容易把教材编写成为某些软件的使用说明书，或者成为泛泛而谈的技术应用，从而无法构筑严谨的课程体系，也容易发生信息技术课程价值的偏离。

面向学生个人发展的课程目标是根据学生的个人发展状况确定的，有利于发挥学生特长，充分考虑作为学习主体的学习者的个人发展需求，但是作为统一要求的课程比较难以兼顾每个学习者的需求。

制定课程目标时，学科、社会、学习者三个因素都很重要，缺一不可。为了平衡三个目标定位的矛盾，可以建立多元化、多层次的信息技术课程体系，既有基本的达标底线，又保留足够的自由度，即根据学科知识体系与社会发展需要，提出一个信息社会公民应该达到的信息素质方面的基本目标。同时，还应该鼓励地区和学校在地方课程和校本课程中根据具体情况确定各自的信息技术教育目标，允许学习者根据个人的发展状况、需要和兴趣制订相应的个人发展方案。

世界上许多国家，无论是美国、日本等发达国家，还是马来西亚等发展中国家，都对信息技术教育给予了极大的关注，精心制定了各自的信息技术教育目标，这些都为我国信息技术教育课程目标的制定提供了宝贵的经验和教训。

美国没有传统意义上的信息技术教育纲要，但是各个学会与组织、各个州在信息技术教育目标上基本一致，都以培养学生的信息素养为根本目标，包括让学生了解计算机等信息技术产品的组成部分及基本功能和作用；在发展解决问题的过程中培养学生用系统化的技能解决问题的能力；让学生了解、分析计算机等信息技术产品在过去、现在与将来的社会中所扮演的角色与影响等。

英国政府在1998年发表的政策宣言《我们信息时代》中提出，中小学信息教育的目标是培育学生的“信息技术能力”，即能够有效地使用信息设备和信息资源，分析、处理、表现、计划、控制、模型化信息的能力。英国将中小学信息技术教育课程划分为四个学段，并在各个阶段提出相应的教学目标以及学业成就目标。

日本教育审议会1997年公布的《关于改善教育课程基准的基本方向》中指出，“要培养能够适应运用计算机和信息通信网络等信息手段的基础素质和能力，加深对信息发出和接受的基本规则与信息化影响的理解”，要求从小学到高中都开设信息技术课。小学的信息技术教育课没有明确的教学任务，只是为了培养学生对电脑的亲近感。

（三）课程内容

综观各国的信息技术课程，大致都涵盖以下内容：

1. 探究知识和用法，熟悉软硬件

如英国：教授学生从各种资源中收集信息；获取并保存各种形式的信息；整理已存储的信息；从已整理信息中选择和补充信息以达到指定目的等等。

如美国威斯康星州：教授学生正确使用输入输出设备；操作基本的声音和影像设备；认识并解释计算机系统各部件的功能；认识普通媒体的形式；解释媒体与技术的作用和影响等等。

如日本：在初中阶段要求学生了解计算机的基本构成和性能，并能够操作；掌握软件的功能；能够利用软件处理信息；掌握信息传递方法的特征和利用方法；能够对信息进行收集、判断、处理及发布。

2. 选择、辨别、交流、组织、呈现信息

如英国：教授学生如何通过各种形式来呈现信息以达到分享想法的目的；讨论他们需要怎样的信息及如何发现并利用信息；如何综合信息，检查是否合理，考虑如果有错误或漏洞会发生什么事情；如何正确组织文本、表格、图像和声音；如何通过选择正确资源，使用和精练搜索方法并质疑已发现信息的可用性和价值；用系统的观点去思考所需的信息，并讨论如何使用。

如美国威斯康星州：教授学生使用计算机和工具软件组织和创造信息；在生产过程和展示过程中评价媒体和技术的使用，对未来的生产和展示方法提出改进的建议；确定资源的权威性、有效性、可靠性、准确性、相关性、综合性等等。

如日本：以网络检索系统应用为例，教授学生以数据库的使用为中心，学习有效的检索、收集信息的方法。更进一步让学生理解使用媒介不同、查询信息的步骤和方法不同，得到的结果和工作的效率也不同；认识到为了提高效率，利用者和提供者双方都要采用一定的有效的方法等等。

3. 根据目的，科学决策

将综合运用各种信息作为重要的学习内容，把学生决策能力的培养以活动的形式穿插在处理信息的过程之中。

如英国：教授学习者如何分析任务需求，考虑所需信息和使用方式；如何在信息资源和信息工具的选择中进行判断；使用信息技术加强学习和工作质量；在各科目和背景中，有效地使用信息技术去探究、开发和综合信息并解决问题；在各种科目和背景中，有效地使用信息资源和信息技术工具去共享、交流和呈现信息；考虑如何将信息技术发现和开发的信息用以满足指定听众的需求，并以符合目标和适合信息内容的方式综合呈现出来。

如美国威斯康星州：教授学生信息搜索的策略，学会比较信息、分析信息，掌握解决问题的方法；运用与作品主题和目的相适应的方式来组织思想和概念；运用多种研究、调查的策略形成计划等等。

如日本：课程内容中包括一个人或小组形式进行综合各种各样信息的实习。如：介绍“学校的历史”、“文化节的记录”、“郊游的记录”等，根据具体的题目，制作网页或电子影集等。通过这些活动，让学生思考如何选择工具、组织处理信息，完成任务。在这个过程中，强调不停留在简单的制作上，而是要求学生考虑制定计划，并对作品进行自评和学生间的互评。

三、对我国的启示

（一）信息技术教育发展的国际趋势

可以看出，各国都非常重视信息技术对社会、教育和学生自身的影响与作用，适时调整课程培养目标，在面向学科体系、社会需要、学生个人发展三者之间找到合适的平衡点，以培养能够适应社会信息化发展的人才。

20世纪50年代以来，国外各类教育改革有一个共同趋势，就是加强信息技术（计算机）教育。且自90年代以来，无论是发达国家还是发展中国家，都加快了改革进程，人们普遍认识到，以计算机和网络为核心的现代信息技术，是获取知识、从事工作及现代生活中必不可少的工具，“计算机盲”、“网盲”将是现代社会的新文盲。为此，世界各国都高度重视信息技术教育的普及工作，竞相推出了一系列重大举措，并初步形成了各自的发展特色。

考察国外信息技术教育状况，我们可以看出开展信息技术教育的一些国际趋势：

1. 制定相应教育发展规划

1998年7月29日，日本教育课程审议会发表了题为《关于教育课程基准的基本方向》的答申报告书。首先是小学、初中、高中各个阶段都要积极利用计算机等信息手段进行教学。此外，小学阶段在“综合学习实践”课上适当地运用计算机等信息手段；初中阶段把现行的“信息基础”改为必修课；高中阶段开设选择必修课“信息”（暂定名称）。英国在《1998年教育改革法》中明确规定在5～16岁义务教育阶段开设十门必修课，其中，“技术”课程中包含了信息教育的课程。美国在《2061计划》中将中小学12年应获得的基本科学知识浓缩为12大类，其中，“技术的本质”、“技术世界”都涉及了信息技术教育。新加坡在其《信息技术在教育中应用的规划——Master Plan》中提出了开展信息技术教育的主要目标：加强学校和外部世界的联系，拓展和丰富学习环境；鼓励创造性思维、终生学习的习惯和社会责任感；改革教育过程；发挥信息技术在教育系统行政管理方面的优势。

2. 信息技术教育深入到学科教学中

日本提出在中小学所有学科都要积极利用信息工具进行教学。英国除在中小学“技术”课程开展“信息技术”课程外，还在所有学科（体育除外）的教学中提供运用信息技术的机会，培养运用信息技术的能力。而在新加坡，信息技术将被引入所有科目。美国、加拿大广泛开展以计算机网络为依托的远程教育（网上学校），并把计算机应用到教学中，计算机已经成为中小学校学生学习不可缺少的工具。

3. 高度重视信息技术教育环境的改善

除了前面介绍的美国、日本等发达国家之外，还有很多国家都非常重视信息教育环境的改善。如新加坡将为每一所学校提供遍布校园的网络设施，确保所有的学习场所都能方便地获得各种课件、因特网以及数字媒体等资源；所有小学4年级及4年级以上的教师和学生都有E-mail账号；2002年，在校中小学学生与计算机的比率应该达到2∶1；教师与笔记本、电脑比率是2∶1，等等。

(二) 对我国信息技术课程开设的启示

我们探究其他国家的信息技术课程建设情况,目的是使我国信息技术的课程目标、课程设置形式、课程内容等方面的建设更趋合理,更加科学。就课程目标而言,我国早期的中小学计算机教育课程目标由于主要依托高等学校计算机专业人员,明显带有面向学科体系的特点,自成体系,逻辑性强。20 世纪 90 年代受西方教育思想的影响,计算机教育课程目标的制定主要面向当时的社会需求,强调实用。而作为学习主体的学习者,在我国以往的计算机教育课程目标的制定中一直被置于次要的地位。随着我国信息技术教育的发展,我们已经认识到很有必要加强对学习者的关注。2003 年出台的高中信息技术课程标准中明确指出,普通高中信息技术课程的总目标是培养学生的信息素养。这说明我国信息技术教育将在关注学生个体发展方面给予积极的重视。

1. 信息技术课程的系统化

(1)课程研究与开发的系统化。信息技术课程的建设,包括从制定课程标准、教材开发到课程具体实施的各个环节。因此需要广大的信息技术教育工作者在实践和研究中建设信息技术课程,研究内容包括课程目标的重新认识和落实、课程内容的组织和建设、教学方法与评价方法的探究和尝试、教学条件的适应与建设等等。同时要注意,信息技术课程作为一种新课程,在实施过程中,不断被强调,持续增进全社会对课程的认识,赢得更多的支持都是非常重要的。

(2)课程承继关系的系统化。基于社会发展的需求而设立的信息技术课程,应该就基础教育整个阶段的需求总体考虑,统一设计。在小学、初中、高中各个学段设置信息技术课程与否或如何设置,应根据学生发展与社会需求等因素来综合考虑。在我国,本次基础教育课程改革推出了高中阶段信息技术课程标准,义务教育阶段是在《综合实践活动指导纲要》中有所涉及,从形式上说,已经具备了系统化的外形;从内容上说,已有建构还非常不足,应该在下一步的工作中予以弥补。

(3)课程与环境关系的系统化。信息技术课程作为基础教育阶段课程系统的一个子系统,不是孤立的。首先,当前引起全国上下广泛关注的信息技术与学科课程的整合,从信息技术教育的角度看,它是与信息技术课程并列的重要成分之一;从基础教育课程的整体来看,它又是将信息技术作为基本文化工具应用于课程、教学、教育的必然成分。和信息技术课程一样,信息技术与学科课程的整合也是新生事物,有许多问题需要探索,信息技术教师,都必须既关注课程建设,也理当支持学校以及其他学科教师,关注整合,把全面推进信息技术教育当成自己的责任。要认识到,信息技术教育的实施不是单独由信息技术课程完成,而需通过信息技术在一般学科中应用,通过学校全部教育活动甚至校外教育活动来完成的。如同语文教育、数学教育,不可能仅仅分别在语文、数学课程中完成,更广泛意义的学习发生在学生的全部学习与生活之中。所以,信息技术课程实施中也必须考虑到这些因素,以调动各方面力量,从而保证课程实施的质量。

2. 信息技术课程的发展观

信息技术的发展引发的社会信息化发展异常迅猛,反映到基础教育,必然导致信息技术课程的发展与变化。我们既应该认识这种变化,做好积极的思想准备,也应该认识到,这种变化并不仅仅发生于信息技术课程中,基于教育理念的不断变化,基础教育阶段的任何课程都将不断面临时间的考验,在目标、内容等方面不断发生变化。因此,一方面我们要研究信息技术的变化规律,不断发现、发掘课程中相对稳定的内在价值;另一方面,我们必须密切关注信息技术课程的演进规律,探讨其变化可能,牢牢把握信息技术课程乃至信息技术教育事业的航向。

第二节　我国信息技术课程的发展

进入20世纪80年代以后,以计算机科学为主导的信息技术在世界范围内掀起了一场新技术革命的浪潮。为了迎接世界新技术革命的挑战,我国于1982年开始了中小学计算机教育的实践。

一、我国信息技术课程发展回顾

(一)第一阶段(1982~1990):起步阶段

20世纪80年代以后,以计算机科学为主导的信息技术在世界范围内掀起了一场新技术革命的浪潮,为了迎接世界新技术革命的挑战,我国开始了计算机教育的实践。

1981年教育部派代表团参加了联合国教科文组织与世界信息处理联合会在瑞士洛桑举行的第三届世界计算机教育应用大会(World Conference on Computer in Education,WCCE)。根据世界中小学计算机教育发展的要求,在听取了参会专家意见的基础上,教育部于1982年做出了"在清华大学、北京大学、北京师范大学、复旦大学和华东师范大学5所大学的附中试点开设BASIC语言选修课"的决定,我国中小学计算机教育和计算机课程至此拉开了序幕。

在先期5所试点中学开设计算机课程后,又陆续有一些中学加入了学校计算机教育的队伍,至1982年底,已经有19所中学开展了计算机教育活动。1983年,教育部主持召开了"全国中学计算机试验工作会议",制定了计算机选修课的教学大纲,规定了相应的教学目标和内容。1985年我国组织了第一个包括中学教师参加的计算机教育考察团,赴美参加第四届世界计算机教育应用大会,并且考察了美国许多中小学的计算机教育情况。1986年,教育部"第三次全国中学计算机教育工作会议"在福州召开,决定成立国家教委全国中小学计算机教育研究中心(该中心于

1987 年正式成立,分北京研究部和上海研究部)。同时,此次会议制定了发展我国中学计算机教育的指导方针,并在 1983 年制定的教学大纲的基础上,增加了部分计算机应用软件的内容。

在 1984 年至 1986 年这三年期间,开设计算机课程的学校从 1982 年的 19 所增加到了 3319 所,全国中学装配计算机台数从 150 台增加到了 33950 台,从事计算机教育的教师人数也从最初的 20 人增加到了 6300 人。在此期间,教育部还成立了"全国中学计算机教育试验中心"(全国中小学计算机教育研究中心前身),颁发了《中学电子计算机选修课教学纲要》,等等。这一系列组织和政策措施大大推动了我国计算机教育和计算机课程的发展,至 1990 年,我国中小学计算机教育发展情况又在 1986 年整体上翻了一番。

· 阅读材料 ·

有关信息技术教育在不同时期所形成的观点和所做出的决策都与当时世界范围内信息技术教育的研究动向有着直接的关系。在 20 世纪 80 年代初至 90 年代初,我国计算机课程的指导思想很大程度上受着当时世界上普遍认识的"程序设计是人类第二文化"的影响。这一观点是在 1981 年 8 月联合国教科文组织与世界信息处理联合会在瑞士洛桑举行的第三届世界计算机教育应用大会(World Conference on Computer in Education,WCCE)上,由原苏联的计算机教育学家伊尔肖夫(A. P. Ershov)提出的,他在会上所作的报告:"程序设计——人类的第二文化"(Programming,The Second Literacy)中提出了人类生活在一个"程序设计的世界"的看法。他指出,科学上的发现、社会组织工作、人们的日常生活与学习都按照一定的过程进行,都是一种有序的生活,善于还是不善于编排与执行自己工作、生活与学习的程序是人们能不能有效地完成各种任务与能够得到一种有条理的生活的关键。伊尔肖夫还提出,现代人除了传统的读写算意识与能力这些文化知识以外,还应该具有一种可以与之相比拟的程序设计意识与能力,这就是说具有第二种文化——程序设计文化。而教学计算机程序设计可以帮助人们从小培育一种程序设计意识与能力。

此外,美国计算机教育领域的学者也都不约而同在各自的理论与实践中指出计算机程序设计语言的学习可以成为学生思维技能发展的一种途径,如:美国心理学家与计算机教育家西摩·佩珀特(Seymour Papert)于 1980 年提出了计算机可以具体化形式思维,进一步提出了"组合思维(Combinatorial Thinking)"的观点。他强调,应该让儿童摆弄计算机,在计算机文化的氛围中去理解现实世界。他还组织一些计算机工作者研究开发了一种计算机语言——LOGO 语言，让学生掌握这种容易学习、结构良好、程序运行过程可见的程序设计语言，用它来吩咐计算机做这做那，并且观察运行过程，验证指令是否正确。经过一个“设想——验证——差错——认识”的反复过程，学生得到正确的认识和正确的学习与研究方法。美国加州大学伯克利分校劳伦斯科学馆的副主任阿瑟·刘赫曼 1984 年也提出：“计算机文化也是一种思维技能。计算机文化意味着能够吩咐计算机做那些你希望它做的事情。”此外他还提出了程序设计形成了计算机文化的脊椎骨。

摘自《信息技术课程与教学》，高等教育出版社 2005 年版

“程序设计是人类第二文化”和“程序设计可以有助于培养和发展学生解决问题的能力”的观点极大地影响了我国一批当时在计算机教育界很有声望的学者和专家，多年来，计算机教育领域的研究人员都把学习程序设计语言作为计算机课程的核心内容，认为学生可以利用算法的学习来培养和提高解决实际问题的能力，更加把计算机程序设计语言、程序设计方法的学习作为唯一获得这种问题解决能力的途径。他们认为，从某种意义上来说，用算法解决问题的能力甚至比数值计算的能力更为重要。因此，这些专家强调在基础教育中学习程序设计语言和程序设计方法是培养全面发展的、能迎接信息化社会挑战的新型人才所必需的，不仅不能削弱而且还要加强。

（二）第二阶段（1991～1999）：逐步发展阶段

1991 年到 1999 年是信息技术逐步向前发展的九年，这一阶段，社会各界对中小学计算机教育的认识和重视程度远远超越了上一阶段。

1991 年 10 月，教育部在山东济南召开了第四次全国中小学计算机教育工作会议。这次会议是建立在我国开展信息技术教育近 10 年取得的经验基础上的。此时，教育管理部门和许多一线教师普遍找到了自信，对信息技术教育有了比较深刻的认识。在这次会议上，国家教委副主席柳斌作了《积极稳步地发展中小学计算机教育》的报告。报告从提高思想意识、加强领导和规划的宏观角度肯定了我国发展计算机教育的决心，提出了我国中小学计算机教育的发展方针，指出计算机在中小学的普及和提高将是一个很长的历史过程，各地要积极进取、因地制宜、从实际出发，逐步加快计算机教育的速度，扩大规模，并且向各级党委、政府和各级教育行政部门提出了要办一些实事的具体要求。

济南会议以后，关于计算机教育的一系列举措纷纷出台。1992 年 2 月，教育部决定将“全国中学计算机教育试验中心”的名称改为“全国中小学计算机教育研究中心”，并明确将该中心作为基教司领导下的计算机教育研究机构。这次更名也说明了信息技术教育从一个以实验尝试为核心的阶段转入到以研究与实践为主题的阶段，成为我国信息技术教育规模转型的标志，甚至开启了计算机教育进入小学阶

段的大门。

1992 年 7 月，教育部颁发了《关于加强中小学计算机教育的几点意见》，8 月成立了由柳斌任组长的"全国中小学计算机教育领导小组"，并在制定规划、经费投入、师资队伍和教材建设、硬件环境选配、教学软件的开发管理等方面具体细致地规划了我国 20 世纪 90 年代计算机教育发展的蓝图。

根据第四次全国中小学计算机教育工作会议精神，全国中小学计算机教育研究中心制定了《中小学计算机课程指导纲要（试行）》，并由国家教委基础教育司于 1994 年 10 月正式下发。《中小学计算机课程指导纲要（试行）》对中小学计算机课程的地位、性质、目的和内容有了比较详细的要求，首次提出了计算机课程将逐步成为中小学的一门独立的知识性与技能性相结合的基础性学科的观点。这种认识既符合当时的发展背景，同时又积极地表达了我国在信息技术教育方面的经验积累与认识的价值。在征求意见的基础上，国家教委办公厅于 1997 年 10 月 15 日正式颁布了《中小学计算机课程指导纲要（修订稿）》（下称"修订稿"），并于 1998 年秋季正式实施。

"修订稿"进一步明确了中小学计算机课程的地位、目的、教学内容和教学要求等。其中规定：

小学计算机课的教学应以计算机简单常识、操作技能和益智性教学软件为重点。计算机学科本身的教学内容和课时不宜过多，一般为 30 个课时，最多也不宜超过 60 个课时。如果有条件增加课时，建议把教学重点放在计算机辅助教学或计算机应用上。建议在四、五年级开设小学计算机课程。

初中计算机课的教学以计算机基础知识和技能性训练、操作系统、文字处理或图形信息处理为主。一般为 60 个课时，建议在初一或初二年级开设。

在小学和初中阶段不宜教程序设计语言。如果开展 LOGO 语言教学，应从绘图、音乐等功能作为培养学生兴趣和能力的手段来进行教学。

高中计算机课程要以操作系统、文字处理、数据库、电子表格等常用工具软件的操作使用为主。程序设计可作为部分学校及部分学生的选学内容。一般不少于 60 个课时，建议在高一或高二年级开设。由于各地、各校及每个学生在中学阶段学习计算机的起点不同，在相当长的时期，初中和高中的教学内容还难以彻底分开，允许有交叉重复。

考虑到我国经济、教育发展非常不平衡，我国中小学计算机课程的内容设置需要有一定的层次和弹性。在"修订稿"中规定的教学内容仍采用"以模块为主，兼顾层次"的方法，各地可根据自身的师资及设备等条件选取不同的模块和层次。

值得指出的是，在这一阶段还提出了"把计算机整合到课程中"的观念，建议不能把计算机辅助教学与课程开发分别考虑，而应该把它们看做一个整体，目的就是通过学科课程把信息技术与学科教学有机地结合起来，将信息技术与学科课程的教与学融为一体，将技术作为一种工具，改变传统的教学模式，提高教与学的效率，改善教与学的效果。例如，在数学课程中要加入利用计算机进行计算的内容，甚至包括一些程序设计内容等等。主要强调的是通过计算机辅助教学等应用，培养学生计算机意识、计算机的操作能力以及计算机的应用能力，将计算机辅助教学有机地结合到中小学各个学科的具体教学过程与各门学科的具体课程中去。可以说，在学校中广泛应用信息技术以使学习者有一个学习信息技术的环境与氛围，是对信息技术根本价值认识的一次飞跃，是信息技术根本属性的更充分彰显。

1999 年 6 月 13 日，中共中央国务院在《关于深化教育改革全面推进素质教育的决定》（中发[1999]9 号）中要求"重视培养学生收集处理信息的能力"（第四条）和"在高中阶段的学校和有条件的初中、小学普及计算机操作和信息技术教育"（第十五条）。在《全日制普通高级中学课程设置及其说明（试验・修订稿）》（教育部办公厅教基厅函[1999] 6 号附件）中将信息技术作为必修课纳入课程计划中，要求各地积极创造条件认真开展信息技术教育。教育部在 1999 年 11 月 9 日制定的普通高中新课程方案中，将信息技术作为必修课纳入课程计划的技术领域之中，1999 年 11 月 26 日，国家教育部基础教育司发出《关于征求对〈关于加快中小学信息技术课程建设的指导意见（草案）〉修改意见的通知》。在国家文本的层面上，首次明确提出信息技术课程（教育），开始了计算机课程向信息技术课程的转变。

20 世纪最后十年是计算机学科教育、计算机辅助教学和辅助管理日益走向成熟的十年，这十年的波澜起伏孕育着 21 世纪初信息技术教育全面发展时期的到来，为以信息化带动教育现代化，实现基础教育跨越式发展作了理念和实践的铺垫。与此同时，信息技术课程在开设过程中也遇到了一些问题，诸如对信息技术课程的教学目标、教学内容、教学对象、教学方法等各要素的认识都陷入了困惑。但是，适合中国国情的中小学信息技术课程就是在解决中国信息技术教育实际问题的过程中诞生和不断发展的。

（三）第三阶段（2000 年至今）：全面发展阶段

21 世纪初是我国信息技术教育全面发展，以信息化带动教育现代化，实现基础教育跨越式发展的新时期。下面就从我国进入 21 世纪以来召开的有关信息技术会议和发布的文件来了解我国信息技术教育最近几年的发展状况。

2000 年 10 月 25 日至 27 日，在北京召开了全国中小学信息技术教育工作会议，这次会议是中小学信息技术教育发展中的一个里程碑。从此，我国中小学信息技术教育迈入了一个快速发展的崭新阶段。例如，信息技术课程、信息技术与课程整合、网络学习等领域都发生了巨大的变化。

教育部部长陈至立在这次会上作了题为《抓住机遇，加快发展，在中小学大力普及信息技术教育》的报告。会议印发了《关于在中小学普及信息技术教育的通知》《关于在中小学实施“校校通”工程的通知》和《中小学信息技术课程指导纲要(试行)》(后文简称2000年“纲要”)三个重要文件。

本次会议决定,从2001年开始,用5~10年的时间,在中小学(包括中等职业技术学校)普及信息技术教育,全面启动中小学“校校通”工程,用5~10年时间,使全国90%左右的独立建制的中小学校能够与互联网或中国卫星宽带网联通,以信息化带动教育的现代化,努力实现基础教育的跨越式发展。具体目标是:2005年前,争取东部地区县以上和中西部地区中等以上城市的中小学都能与互联网联通;西部地区及中部边远贫困地区的县和县以下的中学及乡镇中心小学与中国教育卫星宽带网联通。2010年前,争取使全国90%以上独立建制的中小学校都能与互联网或中国教育卫星宽带网联通。条件较差的少数中小学校也可配备多媒体教学设备和教育教学资源。“校校通”工程的最大作用在于极大地调动了各级各类教育机构和各种社会力量对中小学信息技术基础设施建设的热情,在最大范围内整合各种可利用的社会资源。

会议还决定将信息技术课程列入中小学生的必修课程,并指出,中小学信息技术课程的主要任务是:“培养学生对信息技术的兴趣和意识,让学生了解和掌握信息技术的基本知识和技能,了解信息技术的发展及其对人类日常生活和科学技术的深刻影响。通过信息技术课程使学生具有获取信息、传输信息、处理信息和应用信息的能力,教育学生正确认识和理解与信息技术相关的文化、伦理和社会等问题,负责任地使用信息技术,培养学生良好的信息素养,把信息技术作为支持终身学习和合作学习的手段,为适应信息社会的学习、工作和生活打下必要的基础。”

下发的文件不仅指出了当前信息技术教育工作的指导方针,而且明确地制定了在中小学开设信息技术必修课的阶段目标、“校校通”工程的具体目标以及中小学信息课程的任务和教学目标。文件中还详细地规定了实施中小学信息技术教育的具体措施及课程内容安排等方面的内容。

2001年6月,教育部颁布《基础教育课程改革纲要(试行)》,其中规定:“从小学至高中设置综合实践活动并作为必修课程,其内容主要包括:信息技术教育、研究性学习、社区服务与社会实践以及劳动与技术教育。”

截至2006年第四季度统计,全国普通中小学生机比为19.4:1;农村初中学校联网率达到90%以上,农村小学联网率达到80%以上。

2001年下半年开始启动普通高中课程标准的制定,在此过程中逐渐地明确了将信息技术作为一个具有独立学分的科目。《普通高中技术课程标准(实验稿)》(信息技术部分)(以下称高中信息技术课程标准)于2003年1月6日通过教育部审议,并于3月31日发布,2004年下半年,对义务教育阶段课程标准中信息技术课程部分又进行了重新修订,这标志着我国的信息技术教育进入了一个新的发展阶段。

自2000年以后,全国召开了多次大型的信息技术教育研讨会。“2001年中小学信息技术教育国际研讨会”、“第六届全球华人计算机教育应用大会”、“中国教育技术协会信息技术教育专业委员会年会”等都是面向世界的高水平的学术研讨会。而中国教育学会中小学计算机教育专业委员会年会、全国中小学信息技术教育研讨会、全国中小学基于网络环境的教与学暨高中研究性学习研讨会等会议则已经制度化,并将定期召开。研讨与交流的广泛开展说明信息技术教育正在走向成熟、走向正规化发展之路。

我国的信息技术课程虽然出现了蓬勃发展的大好形势,但是,与当前信息技术应用的发展水平和经济建设的需要相比,还是有相当大的差距的。特别是中小学信息技术教育,远不能适应对新型人才培养的要求。其中较为突出的问题主要有信息技术课程地位的落实问题,虽然国家三令五申,并且专门召开会议,又列出了开设信息技术课程的具体时间表,但还有相当多的地区没有落实;已开设信息技术课程的学校中,还有相当多学校的教育内容仍然是20世纪80年代中后期的计算机普及知识,严重脱离当前社会应用的实际;有的学校的学习设备比较落后,专业教师奇缺,信息技术课程的教学还带有一定的自发性、盲目性,教师对信息技术课程的目的、任务、内容,还缺乏明确而统一的认识和要求,甚至出现了信息技术越发展对这些问题的认识越迷茫的现象。另外,在教学过程的把握等方面,也缺乏理论层面的深入研究。

二、信息技术课程理念的发展

从计算机教育到信息技术教育发展的过程中,信息技术教育观念也发生了很大变化。变化的原因是多方面的,其中包括现代化对人才培养的要求和国际形势的发展需求。关于信息技术教育观念的变化,不少专家教授曾对此进行回顾和总结,大致分为四个阶段。

1. 第一阶段

时间是从20世纪70年代末到80年代初,这一阶段主要是受到“计算机文化论”的影响。当时标志性的口号是“程序设计是第二文化”,这是伊尔肖夫于1981年8月在瑞士洛桑举行的第三届世界计算机教育应用大会上所作的著名报告《程序设计——人类的第二文化》中提到的。伊尔肖夫指出,科学上的发现、社会组织工作、人们的日常生活与学习都按照一定的过程进行,都是一种有序的生活,善于还是不善于编排与执行自己工作、生活与学习的程序是人们能不能有效地完成各种任务与能否得到一种有条理的生活的关键。他提出,现代人除了传统读写算的意识与能力这些文化知识以外,还应该具有一种可以与之相比拟的程序设计意识与能力,也就是说具有第二种文化——程序设计文化,而教授计算机程序设计可以帮助人们从小培育一种程序设计意识与能力。

美国麻省理工学院的心理学家、计算机教育家西摩·佩珀特(S. Papert)于1980年提出了计算机可以具体化形式思维,并进一步提出了"组合思维"的观点。他强调,应该让儿童摆弄计算机,在计算机文化的氛围中去理解现实世界。他还组织一些计算机工作者研究如何使机器"思考",并开始了人工智能的研究,最终开发了一种计算机语言——LOGO语言,并让学生掌握这种易于学习、结构良好、程序运行过程可见的程序设计语言。

这一阶段,信息技术(这里主要是指计算机技术)尚处于发展初期,属于精英技术,建立在精英技术之上的信息文化也只能属于精英文化,因其势单力薄,影响范围极小。这意味着"程序设计是第二文化"的倡导并非是信息文化已然发展到一定程度对教育或课程的必然要求,更多的是一种基于对计算机技术状态的敏感以及对计算机未来发展的设想提前进行的准备,对未来的预料及估计水平不可避免地会影响到对技术、文化的认识从而影响到对课程的认识及定位。由于准备是围绕人脑与计算机工作原理的相通性展开的,所以当时的计算机课程目标被定位在了解计算机基本工作原理以及培养逻辑思维能力上,能够实现目标的课程内容自然圈定在程序设计的范围之内,在我国由于受到师资、设施等条件的限制,教学的主要内容只能是BASIC语言。

按照伊尔肖夫的倡导,这一时期对人的内在品性的要求是具有计算机素养,核心是程序设计能力,强调逻辑思维能力和利用算法解决问题的能力。理想的结果应当是学生可以通过程序设计的学习学会利用算法来解决生活中的实际问题。应当承认,"计算机文化论"是基于对当时计算机相对狭隘的文化意义的较为准确的认识与理解,历史性地促进了计算机教育的发展,但限于当时技术的发展水平,这个认识有很大的局限性,不足以用来指导今天的信息技术教育实践。

2. 第二阶段

时间是从20世纪80年代中后期到90年代。1985年国家教委派代表参加了在美国弗吉尼亚召开的第四届世界计算机教育大会,在这次会议上,许多专家提出:中小学计算机课程应该从以程序设计语言为主转向把计算机作为一种工具,即以计算机应用为主。这就是"计算机工具论"的提出。

信息技术快速发展逐渐趋向大众化,影响范围已经逐渐扩大,尤其是计算机应用市场上专门化应用软件的面市及日趋增多,使人们深切感受到计算机被普遍应用的可能。于是人们开始重新审视计算机的定位及计算机课程的教学内容。持"工具论"观点的人认为,计算机只不过是现代社会中的信息处理、信息传播的工具,只要能操作、会应用就行了。也就是说,计算机教育应该以培养学生熟练使用计算机,并将其作为解决问题的工具为主要目标。即应该使学生有一种使用信息工具来帮助自己进行脑力劳动的意识,同时应该培养学生使用这些工具来解决学习与生活中的各种问题。

继“计算机文化论”之后,“计算机工具论”是对课程文化意义认识的一次升华,它对学以致用的倡导,能够激发学生学习动机和掌握技能的积极性,在推动计算机课程方面起到了积极作用,是课程发展和促进课程认识的一个重要阶段。当然,由于当时信息文化辐射形成张力的不足导致人们对计算机课程认识的褊狭,定位至工具上也在所难免。

3. 第三阶段

时间是从20世纪90年代初开始到20世纪末。到了90年代,随着多媒体与计算机网络技术的发展与广泛应用,以及校园网络的普及,“计算机文化”的说法又被重新提起。但是这时的“计算机文化”的内涵和80年代初相比已发生了很大的变化,例如有些人提出了多媒体文化、超媒体文化与网络文化等与“计算机文化”有所不同但又密切相关的新提法。尤其是90年代末网络文化的提出,更加促进了信息技术教育的发展。

丹麦皇家教育研究院的高级讲师安德森(B. B. Andresen)在他的题为《有超媒体文化才是有文化:读写算与多媒体文化是基本的技能》的论文中系统地提出:在信息时代,文化包括六个方面:第一个方面是阅读文字消息的能力;第二个方面是书写文字的能力;第三个方面是理解数字与进行计算的能力,也就是说定量能力;第四个方面是对于那些不是以英语为母语的人们来说,能够以英语进行沟通与会话的能力;第五个方面是媒体文化,能够破译与理解那些由电视、电影以及录像等电子媒体传播的消息所需要的知识与技能;第六个方面是计算机文化,是利用计算机技术手段进行沟通与会话以及解决问题的能力。并且他还引用了希格顿(Higdon)的关于超媒体文化的定义:“超媒体文化可以定义为使用超媒体光盘以及网络服务作为解决问题与互相沟通的方便工具的能力。”

费尔莫(Fillmore)在其论文《因特网:文化的最后与最好的希望》中指出:“超媒体文化使得学习者超越了只是信息的接收器与处理器的情况,而成为多媒体内容的制作过程的参与者。学习者不再需要保持对于自己的体验与看法的沉默。利用新媒体,学生能够制作文章、说明、声音、视频图像等,并且参加不同的讨论论坛加入他们的进一步解释。”可以看到,“计算机文化”的观念逐渐向着信息技术的使用能力转变。

此外,还有一部分研究人员提出了“网络文化”的观念。他们认为,网络改变了人们获得信息与传播信息的手段,人们必须适应这种变化。未来的人们能不能应用网络技术,会成为人们有没有现代文化的区分点。当前世界各地大中小学校都在利用网络技术,开展网络教学和远距离教育等,进行教育教学改革。所有这些都说明,网络不仅是人们生活、学习的一种工具,更成为了人类的一种生存方式。人类的生存已经离不开计算机网络,网络已经具有了文化的含义,成为一种新的文化形式——网络文化。

与前面的"计算机文化论"、"计算机工具论"阶段相比,这一阶段不属于一个独立的阶段,应当属于一个较为短暂、认识上处于爆发状态的过渡时期,更准确地说应当是下一个阶段的前奏或序曲,对人的内在品性的要求已经开始向信息能力的方向发展,实现着向信息素养的接近。"计算机课程"在一些国家的国家文本或者地方教育文件的层面上正式被更名为"信息技术课程"的事实,也体现出对信息技术发展、应用与价值的进一步认识。

4. 第四阶段

从20世纪末开始,信息技术与信息文化已经发展到稳定与繁荣的状态,信息文化成为社会主流文化类型,这种文化需要有专门的课程来反映其影响、体现其内涵和价值,这门课程就是信息技术课程。对应于以往的"计算机文化论"和"计算机工具论","信息文化观"的思想得到了广泛的认同。

这一阶段,信息技术教育领域的一个热点就是"信息素养",它引起了世界各国越来越广泛的重视,并逐渐被加入从小学到大学的教育目标与评价体系之中,成为评价人才综合素质的一项重要指标。围绕信息素养的讨论,也日益成为世界各国教育界乃至社会各界关注的重大理论与实践课题。

信息产业协会主席保罗·泽考斯基指出,信息素养包含以下诸多方面:

(1)传统文化素养的延续和拓展;

(2)使受教育者达到独立自学及终身学习的水平;

(3)对信息源及信息工具的了解及运用;

(4)必须拥有各种信息技能,如对需求的了解及确认,对所需文件或信息的确认、检索,对检索到的信息进行评估、组织及处理并做出决策。

此后,很多专家学者对于信息素养内容都提出了自己的见解,例如王吉庆认为信息素养的本质包括:

(1)信息意识情感,包括敢不敢使用信息技术来解决问题,以及遇到问题能不能想得到使用信息技术来帮助自己;

(2)信息伦理道德,包括应用信息技术时能不能遵循一定的伦理道德规范,以及利用信息技术对于人类社会好不好的问题;

(3)信息技术方面的基本知识,包括是否知道信息技术的原理、名词术语,是否了解其发展与作用;

(4)操作、利用与开发信息的能力,包括会不会与能不能利用信息技术;能不能获取自己所需要的信息,评价与分析所得到的信息以及开发与传播信息。

作为对人的内在品性要求的信息素养是信息文化发展至成熟期的产物,其核心是信息能力。信息文化与信息素养是同一事物的两面:信息文化产生和存在于个体之间的信息活动及相关产品之中,当前已经广泛附着于社会活动以及产品之上,其指向是向外的;当信息文化内化于人时就转变为个体的信息素养,成为个人素养的重要构成，其指向是内向的，个体信息素养的外化便表现为一种信息文化的活动或产品。

“信息文化观”阶段是对课程文化意义的再次升华，就目前而言，以培养信息素养作为课程目标是课程文化意义的充分彰显，但能否得到落实还取决于课程建设的各个环节，尤其是课程实施。

从“计算机文化论”到“计算机工具论”再到当前“信息文化观”的更替符合课程发展的趋势与要求，这正是人类随着社会的发展而在认识上的不断提高，也反映了课程文化意义逐步走向成熟的过程。换句话说，随着时代的发展，学生不仅要掌握社会生活必备的信息技术知识与技能，更重要的是要具备良好的信息素养。

第三节　对信息素养的详细解析

一、从计算机教育到信息素养教育

技术是指运用知识、经验和资源制造出满足人们需要的产品的方法和技能。技术素养是指人们运用技术的操作水平、熟练程度及技能层次。

技术教育的作用表现为：使学生了解一些技术所特有的概念和思想；通过技术的学习和运用促使其他课程的知识得到实际运用，使学习更有意义；促使学生思考事物的现象和规律，发展其高级思维技能；有助于提高理科和数学水平；正确对待技术的应用及其对社会的影响。

信息技术教育是技术教育的一个下位概念，通过专用技术（多媒体技术、网络技术、人工智能技术等）来达到培养学习者信息素养的目的。

信息素养，最早是由美国信息产业协会主席保罗·泽可斯基（Paul Zurkowski）于1974年提出来的。他把信息素养定义为“利用大量的信息工具及主要信息源使问题得到解答的技术和技能”，后来又将其解释为“人们在解答问题时利用信息的技术和技能”。1983年，美国信息学家霍顿（Horton）认为教育部门应开设信息素养课程，以提高人们对电子邮政、数据分析以及图书馆网络的使用能力。1987年，信息学专家Patrieia Breivik将信息素养概括为一种了解提供信息的系统并能鉴别信息的价值、选择获取信息的最佳渠道、掌握获取和存储信息的基本技能，如数据库、电子表格软件、文字处理等技能。

由于人们目前对信息素养还没有形成公认的看法，所以不少学者十分重视对信息素养人的特征的描述，为我们理解信息素养的性质及其构成提供了广阔视角。

美国图书馆协会和美国教育传播与技术协会于1989年提交了一份《关于信息素养的总结报告》，提出有信息素养的人必须能够认识到何时需要信息，能够评价和使用所要的信息，有效地利用所需的信息，有信息素养的人最终是指那些懂得如何学习的人,懂得如何学习是因为他们知道如何组织知识,如何找到信息,及如何利用信息。

美国国家信息素养论坛在1990年的年度报告中提出信息素养人是:了解自己的信息需求;承认准确和完整的信息是制定明智决策的基础;能在信息需求的基础上系统阐述问题;具有识别潜在信息源的能力,能制定成功的检索策略;能检索信息源,包括能利用以计算机为基础的信息技术或其他技术;具有评价信息的能力;能为实际应用而对信息进行组织;具有将新信息结合到现存的知识体系中的能力;能采用批判性思维,利用信息并解决问题。

1994年澳大利亚格里菲斯大学信息服务处的布鲁斯总结出了信息素养人的七个关键特征:(1)具有独立学习能力;(2)具有完成信息过程的能力;(3)能利用不同信息技术和系统;(4)具有促进信息利用的内在化价值;(5)拥有关于信息世界的充分知识;(6)能批判性地处理信息;(7)具有个人信息风格。

1998年美国图书馆协会和美国教育传播与技术协会在《信息能力:创建学习的伙伴》一书中,从信息素养、独立学习和社会责任三个方面提出了学生学习的九条信息素养标准:(1)信息素养。标准一:有信息素养的学生能有效地和高效地获取信息;标准二:有信息素养的学生能批判性地、胜任地评价信息;标准三:有信息素养的学生能准确地、创造性地使用信息。(2)独立学习。标准四:独立的学习者要有信息素养,并能探求与个人兴趣有关的信息;标准五:独立的学习者要有信息素养,并能评价文献和其他对信息的创造性的表达;标准六:独立的学习者有信息素养,并能力争在信息查询和知识的产生中做得最好。(3)社会责任。标准七:对学习团体和社会作出积极贡献的学生具有信息素养,并能认识信息对民主社会的重要性;标准八:对学习团体和社会作出积极贡献的学生具有信息素养,并能实践与信息和信息技术相关的合乎道德的行为;标准九:对学习团体和社会作出积极贡献的学生具有信息素养,并能积极参与小组的活动来探求和产生信息。

从上述几个信息素养的定义及信息素养人的特征和标准可以看出,信息素养是一个含义广泛的综合性概念。信息素养不仅包括利用信息工具和信息资源的能力,还包括获取识别信息、加工处理信息、传递创造信息的能力,更重要的是以独立自主学习的态度和方法、以批判精神以及强烈的社会责任感和参与意识,将它们用于实际问题的解决和进行创新性思维的综合的信息能力。学习者要学会利用各种信息工具获取信息、加工信息、表达交流信息、评价信息,更重要的是有信息意识(一种内隐或内化的元认知策略)。

信息素养主要由信息意识与信息伦理道德、信息知识及信息能力三部分组成。各要素之间相互联系、相互依存。信息观念在信息素养结构中起着先导作用,信息知识是基础,信息能力是核心,信息伦理道德是信息素养发展方向的指示器和调节器。特别是信息知识和信息能力之间的关系更为复杂。对信息的开发、利用和创造都需要一定的信息知识作为基本前提。信息知识是信息能力的基础,这是不言而喻的。对信息知识的掌握有助于信息能力的形成和发展。而已形成的信息能力又往往会制约着对信息知识的掌握。作为信息社会中所有的人都必须具备一定的信息知识和信息能力,不然就难以在信息社会中生存发展下去。当然,信息知识和信息能力对不同层次不同类型的人来说,又有不同的标准和要求,这正是我们开展信息素养教育、提高青少年信息素养的一个基本前提。

·阅读材料·

信息素养与相邻概念的关系

1. 信息素养与计算机素养(computer literacy)

由于信息素养与计算机素养部分重叠,人们常常把两者混淆起来。实际上,信息素养比计算机素养更宽泛一些。计算机素养包括PC机操作、文字处理、E-mail等,所有这些集中于如何使用计算机和计算机工具。人们往往把计算机素养误认为是,了解多少计算机知识或计算机网络设备的操作或会使用某种软件,也就是软、硬件的机械式学习。其实,计算机素养是指一个人是否具有能从计算机获益的能力,是否能熟练地、有效地利用计算机及其软件完成实际工作任务的能力。而信息素养着眼于利用信息技术和网络与他人协作的能力,解决问题的能力。

2. 信息素养与技术素养(technology literacy)

技术素养是指对科学和技术进行评价和做出相应决定所必需的基本知识和能力。它是一种对科学方法评价的强有力的认知方式,是区分科学和技术并觉察它们之间联系的能力。信息素养与技术素养共同的部分是与信息技术(如计算机、网络、通讯)有关的知识、技能,特别是信息技术的熟练。信息技术的熟练着眼于对技术基本概念更深层次的理解,分阶段逐渐熟练地使用技术,将问题解决技能和批判性思维用于技术的使用中。

目前对于二者的关系存在两种观点:一些人认为信息素养包括在技术素养中;一些人则认为信息素养与技术素养是两个部分重叠的概念,信息素养与信息技术技能不断地交织在一起。信息技术技能是个体使用计算机、应用软件、数据库和其他技术去获得广泛的学术信息,达到与工作相关的个人目的。有信息素养的个体有必要发展某些技术技能。信息素养着眼于对信息的理解、分析、查找、评价和使用,对这些智力活动的完成一部分依赖于信息技术的熟练,但更重要的是通过批判性的洞察力和推理力完成。信息素养通过各种能力激发、维持和扩展终身学习,而这些能力虽然可能会使用技术,但最终会独立于技术。信息素养对个体、对教育体制、对社会来说,其含义更广。信息技术技能与信息素养紧密结合在一起,并对信息素养起支持的作用。

3. 信息素养与信息能力(information literacy)

信息能力是指以各种形式发现、评价、利用和交流信息的能力。信息能力是信息素养的核心,但并不是信息素养的全部内容。信息能力是个多元化的概念,它包括信息技术的操作能力和运用信息技术解决问题的能力,对软件的应用、评价、开发的能力,对信息和信息资源的搜集、开发、评价、利用、表达、创造的能力。

4. 信息素养与媒体素养(media literacy)

媒体素养是指通过各种大众媒体进行分析、评价、存取以及制作信息的能力。它不仅包括判断信息的能力,还包括有效地创造和传播信息的能力。

5. 信息素养与科学素养(science literacy)

科学素养是以正规教育为基础,通过日常学习和媒体等各种渠道所提供的信息而逐步形成的对科学技术的理解能力。科学素养包括对科学知识、科学本质的理解,对科学的研究过程和方法的理解,对科学技术、对社会的影响的理解等。它是每个社会成员不可或缺的基本素质。

6. 信息素养与终身学习(lifelong learning)

终身学习是指通过一个不断的支持过程来发挥人类的潜能,它激励并使人们有权利去获得他们终身所需要的全部知识、价值、技能与理解,并在任何任务、情况和环境中有信心、有创造性和愉快地应用它们。

信息素养与终身学习是密切联系的。信息素养是终身学习的一个关键成分,它形成了终身学习的基础,它对所有学科、各种学习环境、各层次的教育来说都是共同的。信息素养使学习者掌握学习经验,成为自我激励的、自我指导的、自我控制的学习者,会利用合适的信息资源解决一生中可能遇到的各种问题,提高生活、工作的质量。有信息素养的人最终是指那些懂得如何学习的人,能成为出色的终身学习的人。而信息素养要通过终身学习才能获得和不断发展。

今天,具有信息素养是成为终身的独立学习者的关键。我们的社会和我们的经济生活是建立在信息基础上的,所以我们的学生必须要适应这一社会的飞速发展,必须学会基本的与信息打交道的能力。有两个因素使得成为独立的学习者变得异常重要:一是不断的信息的爆炸性增长,二是相应的电子形式的信息的爆炸性增长。

摘自徐晓东《信息技术教育的理论与方法》,高等教育出版社 2006 年版

二、信息素养解析的基本办法

(一)国内外认识概要①

自 1974 年保罗·泽考斯基首次提出信息素养这一概念开始,世界各国对信息

① 李艺:《信息技术课程:设计与建设》,高等教育出版社 2003 年版,第 56 ~ 66 页。

素养的研究就从来没有停止过，产生了众多的信息素养的定义和成分界说。

1. 国外认识

国外关于信息素养的认识比较典型的有以下几种。

1974 年保罗·泽考斯基的定义，“具有信息素养的人，是指那些在如何将信息资源应用到工作中这一方面得到良好训练的人。有信息素养的人已经习得了使用各种信息工具和主要信息来源的技术和能力，以形成信息解决方案来解决问题”。

1989 年美国图书馆协会下属的“信息素养总统委员会”在其研究的总结报告中给信息素养下的定义：“要成为一个有信息素养的人，他必须能够确定何时需要信息，并且他具有检索、评价和有效使用所需信息的能力……从根本意义上说，具有信息素养的人是那些知道如何进行学习的人。他们知道如何进行学习，是因为他们知道知识是如何组织的，如何去寻找信息，并如何去利用信息。他们能为终生学习做好准备，因为他们总能找到为做出决策所需的信息。”

1990 年美国的 Mike Eisenberg 和 Bob Berkowitz 两位博士提出了著名的 Big 6 方案（见表 1－1）。

表 1－1　Big 6 方案

Big 6 方案	信息素养
确定任务	1.1　确定信息问题
	1.2　确定为解决问题所需求的信息
信息搜寻策略	2.1　确定信息来源范围
	2.2　选择最合适的信息来源
检索获取	3.1　检索信息来源
	3.2　在信息来源中查找信息
信息的使用	4.1　在信息来源中通过各种方式感受信息
	4.2　筛选出有关的信息
集成	5.1　把来自多种信息来源的信息组织起来
	5.2　把组织好的信息展示和表达出来
评价	6.1　评判学习过程（效率）
	6.2　评判学习成果（有效性）

1995 年英国教育部颁布了英国中小学信息素养的各级水平标准（共九级）。

1998 年美国图书馆协会和美国教育传播与技术协会在其出版物《信息能力：创建学习的伙伴》中，制定了学生学习的九大信息素养标准，这一标准分信息素养、独立学习和社会责任三个方面。

2000 年美国高等教育图书研究协会（ACRL）发布“美国高等教育信息素养能力

标准”(Information Literacy Competency Standards for Higher Education),该标准分为三个板块:标准、执行指标和效果,共包括5大标准、22项执行指标和若干个子项。

2. 国内认识

国内对信息素养的认识较有代表性的包括以下几种。

李克东提出信息素养应当包括三个最基本的要点:(1)信息技术的应用技能;(2)对信息内容的批判与理解能力;(3)能够运用信息并具有融入信息社会的态度和能力。①

桑新民从三个层次、六个方面描述了信息素养的内在结构与目标体系:

第一层次

(1)高效获取信息的能力;

(2)熟练、批判性地评价、选择信息的能力;

(3)有序化地归纳、存储、快速提取信息的能力;

(4)运用多媒体形式表达信息、创造性使用信息的能力;

第二层次

(5)将以上一整套驾驭信息的能力转化为自主、高效地学习与交流的能力;

第三层次

(6)学习、培养和提高信息时代公民的道德、情感,以及法律意识与社会责任。②

也有人将信息素养描述为八方面的能力:运用信息工具、获取信息、处理信息、生成信息、创造信息、发挥信息的效益、信息协作、信息免疫。③

2003年推出的普通高中信息技术课程标准认为,学生的信息素养表现在:对信息的获取、加工、管理、表达与交流的能力;对信息及信息活动的过程、方法、结果进行评价的能力;发表观点、交流思想、开展合作与解决学习和生活中实际问题的能力;遵守相关的伦理道德与法律法规,形成与信息社会相适应的价值观和责任感。并从知识与技能、过程与方法、情感态度与价值观三个方面给出了多达11条的较为详细的描述。由此,我国信息技术课程中所强调的信息素养与最早的定义相比,其内涵和外延都发生了较大的改变,因此有人认为用信息技术素养(涵盖了信息素养与技术素养)更为准确,考虑到信息素养的概念已经得到普遍认可,为了避免概念混乱,本书仍然沿用“信息素养”。

---

① 李克东:《信息技术与课程整合的目标和方法》,载《中小学信息技术教育》2002年第4期。

② 桑新民:《探索信息时代人类文化与教育发展的新规律》,载《人民教育》2001年第1期。

③ 钟志贤:《信息素养:培养你八大能力》,2001年3月2日《中国教育报》。

(二)信息素养的界说①

考察现有的信息素养的界定,由于存在着不同时期(时间)、不同国家(空间)、不同学者(人)等多个纬度的差异,对信息素养的描述差异也较大。总的特征是,都是基于信息时代对人的基本要求而言的,具有整体性;信息素养是一个动态变化的概念,具有发展性;信息素养表现在人的不同方面,具有层次性。因而,对信息素养的任何单一角度的描述都会带上人与时空交汇的烙印,也都有其不可忽视的积极意义和不可避免的局限性。以下所述正是在已有研究的基础上,超越单一视角对"众说纷纭"的信息素养进行重新界说。

1. 从技术学视野看:信息素养应定位在信息处理能力

在从计算机素养向信息素养转型的过程中,最初对信息素养的研究几乎都认为其核心问题是对信息的处理能力,其内涵包括从采集信息到发布信息的整个处理的流程。如美国图书馆协会下属的"信息素养总统委员会"给出的定义:"要成为一个有信息素养的人,就必须能够确定何时需要信息,并具有检索、评价和有效使用信息的能力。"我国学者也有这样的观点,认为"中小学生信息素养的基本内涵恰恰就是信息处理能力","信息处理能力是指恰当地选择各种信息工具,主动地利用各类信息资源,有效地采集信息、加工信息、发布信息等处理信息的基本能力"。"采集信息包括:检索信息、获取信息、筛选信息;加工信息包括:整理信息、分析信息等;发布信息包括:表达信息、发表信息、表现信息、呈现信息。"

这些观点是在从"计算机教育"向"信息技术教育"转型中较早的理论。其理论假设是:信息素养是个体化的,而个体处理信息有着相同的一般性过程;通过对该过程的每个环节的训练可以达到提升每个个体的信息素养的目的。显然,此观点超越了计算机教育时代的局限,体现了"信息加工"理论在信息技术教育中的具体应用,反映了信息处理过程在个体素养培养中的作用,对信息技术教育前期的理论与实践起到了方向性作用;特别是既涵盖了计算机教育的优点,又有效地纠正了简单地把信息技术教育等同于计算机技能操作、软件说明书式的训练等错误的观点。然而,问题是,人们在理解这些观点的时候往往容易过于重视信息处理能力,将信息处理能力看做信息技术教育的全部,于是就出现以下缺点:其一是把人看成了孤立的人,忽视了人的社会性,特别是在信息活动中,人更多的是交互活动,而不仅仅是个别的信息处理活动;其二是把信息处理从信息活动中抽离出来,使得信息素养的培养变成了单纯的信息处理,实际上信息活动还应该包括信息交流、传播等多项活动;其三是把信息处理与日常生活隔离开来,使得信息素养成了脱离生活世界的奢侈品。实际上具备信息素养的人应该是日常的人,而不是背离生活的人,培养信

---

① 张义兵、李艺:《"信息素养"新界说》,载《教育研究》2003 年第 3 期。

息素养也要在日常生活学习中,为日常生活学习服务。

当然,可以肯定地说,信息素养也缺不了信息处理能力,信息处理能力是人的信息素养的基石,信息处理过程也是信息素养培养的主要载体。然而,把信息素养单纯等同于信息处理能力,是计算机教育时代一些思维习惯的继续,不仅理论上有其严重的"技术论"局限,更主要的是会造成信息技术教育实践上新的误区。

2. 从心理学视野看:信息素养应该定位在信息问题解决

随着信息技术人性化改革的浪潮,信息技术及其应用已经不是常人难以企及的象牙塔,也不是只被少数社会精英所掌控的极端稀缺资源;信息技术工具、信息技术教育也走入人们的日常生活,渗透到社会生活的每一个角落。因此,社会发展需要信息技术、人的发展,也需要信息问题的解决。从信息技术的社会意义而言,只有将信息技术的学习与社会活动中各种各样的问题解决结合起来,才能显示其巨大价值。离开了问题解决,信息技术将失去意义;离开了信息技术,产生于信息时代的问题也将难以解决。

需要说明的是,随着信息时代的到来,许多旧的概念体系面临着重新建构的过程。此处所谈的问题并非指教育心理学意义上的严格定义,而是指需要信息技术参与解决的广泛问题,姑且把这些问题定义为"信息问题"。一般而言,信息问题的解决是指"确定信息问题或信息需求、选择信息策略,检索和获取信息,对信息进行整理和分类,整合信息与构建问题的解答而成为信息作品,最后是评价和展示信息作品"。这是前一个时期出现的典型的对信息问题解决的描述。在认识上我们有如下拓展:"问题"是出于学生发展的需要而设计的,是源于日常活动或者与日常生活相贴近的;信息问题的解决不是信息的简单消费,而是运用信息技术,通过比较、概括等方法进行信息扩展、增殖的过程;信息问题的解决也不是信息的简单再生产,而是新信息的生产与个体、社会信息重组的统一。

从信息问题解决的观点研究信息素养,显然比只从信息处理过程谈信息素养上升了一个台阶。首先,它并没有全盘否定信息处理过程,而是把它融入到信息问题解决活动中去;其次,使得游离于日常生活的信息技术教育回归生活世界,信息技术被赋予起码的社会意义。从问题解决出发进行信息技术教育,更能激发学生的学习动机,发展学生的思维能力、想象力以及自我反思与监控的能力。通过问题解决活动,学生也可以间接乃至直接参与到社会生产、信息技术革新等各项活动中去。

但是,信息问题解决也只是在信息处理的基础上对信息素养作了一定程度的提升,其局限是仍然把看问题的视角放在个体的纬度上,淡化了问题解决过程中的人与人、人与机器、人与资源等多通道的交流与合作,更主要的是没有反映出信息时代人应该具有的信息交流与合作的模式、内容、手段、规则等问题。

3. 从社会学视野看:信息素养应定位在信息交流

信息交流"在传播学上指人与人之间通过符号传递信息、观念、态度、感情等现象”。信息交流是人类社会形成的主要条件,没有信息交流就没有人群、社区、民族、国家乃至抽象或具体的社会。从这个意义上说,信息技术是基于人的信息交流的需要而产生和发展的,从文字的产生、印刷技术的发明到计算机、因特网的广泛运用,都说明了信息技术产生的原初动力是源于人类信息交流的需求。反过来,信息技术的进步又扩展了信息交流的时间与空间,增强了社会各单元之间相互作用的能动性;信息技术给人类带来了新的生活方式、学习方式与工作方式;人际互动的方式呈现出多元化,交往规则也由受整体规则控制转向受局部控制规则,由他人控制转向自我控制。

因此,中小学信息技术教育也逐步或已经关涉到信息交流问题,甚至在很大程度上淡化了对底层技术内容的选择,而把信息交流作为突出的内容之一。欧美国家,譬如英国就已经在其新课程标准中把信息技术教育(IT)改为信息与交流技术(ICT),日本甚至将信息技术教育称作“信息教育”以加强对其最新内涵的重视。信息技术教育中的交流,包含两层含义,其一是教学活动本身所进行的交流,其二是基于信息社会所涉及的交流的模式、内容、方法、途径、效率等多方面内容。由此,信息技术教育中的信息交流强调在实际的交流活动中,建构点到点与点到面、单向与双向、直接与间接、实时与非实时、纵向与横向、跨空间与跨文化等多元化交流;教学过程中鼓励更多的伙伴关系、合作学习与研究,而不是单纯的竞争关系、孤立学习与研究。其教育的根本意义在于,从个体主义的把个体与他人、社会对立起来的教育观,转变为与他人、社会相融合的生态式教育观。

把信息交流作为信息技术教育的主要内容之一,融入到信息处理与信息问题解决的过程中,极大地拓宽了信息技术教育的范畴,并且把信息技术教育从局限于个体活动的误区中解放出来,进入到群体活动中来。信息技术教育由此带有了社会性、互动性,从社会学意义上提升了信息技术教育,使得信息技术教育成为真正的信息时代的教育活动。信息交流不仅可以通过活动培养学生的交流技术与技巧,更主要的是促进了学生在信息时代的社会化,在中小学生由自然人转变为社会人的过程中起到不可替代的作用。当然,对信息技术教育认识到这一层面,仍然是不够的,还必须关注观念层面的东西,因为不涉及最深层的意识,极易使得前面所谈的信息处理、信息问题解决、信息交流等都流于形式,同样也容易使信息技术教育走入新的误区。因此,充分认识信息交流在信息技术教育中的重要性,深入理解信息交流的内在含义,把信息交流与信息处理、信息问题的解决结合起来,才能进一步定位“信息素养”,并科学地运用到信息技术教育实践中。

4. 从文化学视野看:信息素养应定位在信息文化的多重建构

文化与技术并非二元对立的非此即彼的关系,从广义文化的角度看,信息文化也包括信息技术。因此,谈信息技术,隐含的潜在意义包括了技术文化;谈文化,隐含的潜在意义也包含了技术层面的东西。一方面,社会的道德、伦理,乃至各种价值观无不影响技术的发展，另一方面，技术也影响着它们的进一步发展，不断生成新的观念，也带来了许多积极与消极的影响，忽视这些问题也必然引发技术意识乃至整个社会意识的危机。如果在科学技术教育中只强调科学的概念结构和熟练的技术能力，忽视人文观念的形成，那么培养出来的人必然是畸形的片面发展的人。因此，作为基础教育的一个重要组成部分，中小学信息技术教育也应该对整个教育承担自己应该承担的责任与义务，这就是把信息技术教育的理念提升到文化层面上来，并在此基础上完成与信息处理、信息问题解决、信息交流的四层次整合。

在文化学的意义上重新认识中小学信息技术教育，一个鲜明的事实被揭示出来：基础教育阶段的信息技术教育已经摆脱了单纯技能训练的窠臼，从形态到内涵都实现了本质的升华，走向了文化素养的教育，已经与基础教育阶段的其他课程具有很好的可比性。

信息技术的发展不仅带来了科学范式的革命，更带来了文化范式的革命，个体与社会的价值观、伦理观面临着全面转型；社会需要重建文化体系，个体也在重建文化体系，这种重建是一种多重建构。多重建构既意味着建构主体的多重，也意味着被建构者的多重，主体与客体的界限消失；同时也说明了建构内容、方式、途径、结果等全方位的多重。无疑，信息技术教育是进行这种多重建构的重要力量，信息技术教育经过多重建构所形成的是信息文化。信息文化的建构包含三层含义，其一是在信息处理过程中形成的信息意识，其二是在信息问题解决过程中形成的信息价值观，其三是在信息交流中形成的信息伦理与道德、所遵循的法律法规。因此，信息文化的多重建构是与所有的信息活动紧密融合不可分割的，其目的在于通过参与各种信息活动，使中小学生科学认识信息技术的有利因素与不利因素、使用信息技术对于经济发展的益处与不利处、信息技术在人们生活中的影响与它的局限性；自觉遵守与信息活动相关的道德与法律法规，负责任地、安全地、健康地使用信息技术。从更深层意义上，信息文化的多重建构是对传统社会的民主、平等等观念进行再诠释；是对教育从精英走向大众，从阶段走向终身等观念进行再深化。

可见，信息技术教育所指称的信息文化，并不是孤立于技术、孤立于各种信息活动的；信息技术教育也不是上述四个方面的简单叠加，而是从信息处理到信息文化的不断升华。信息素养的科学结构，也不是能简单界定为单纯的信息活动的某个方面或某个环节，而是建立在上述四个层面相互融合基础上的健全人格塑造，其中，信息处理是基础，信息问题解决是关键，信息交流是根本，信息文化是导向，四者相互依存并构成一个统一而丰满的整体。

中小学生信息素养的实现，其途径是多方面的，信息技术教育无疑会起到主力军的作用。特别是针对我国当前信息技术基本设施设备尚不完善，教育发展还存在很大的不平衡性的状况，信息技术教育更是显得尤为重要。基于当前的状况，要培养我国公民的信息素养，在中小学普及信息技术教育，特别要处理好以下几对关系:信息素养与信息技术课程的关系,信息技术课程与其他课程的关系,小学、初中与高中的衔接的关系,新课程标准与2000年"纲要"以及信息技术课程内部的关系等。总的指导思想是,要靠信息技术教育生态环境的建立:要根据信息素养的结构,打通信息技术课程的内部关系,建立内生态;在其他课程中渗透信息技术,把信息技术教育与其他课程整合起来,建立外生态;把个人与社会、学习及生活整合起来,内外结合形成良性运行的整体生态环境。中小学信息技术教育一直处在变革中,与此相关的教育理念的转变也是出于时代发展的需要。因此,以上对"信息素养"的内涵界定,一方面是试图反映信息技术教育发展的趋势,给当前的信息技术教育指出方向。但是,要看到其不可回避的局限性,要以发展的眼光对此不断进行审视与修订。

总之,必须将信息素养的具体要求尽快整合到我国学校教育教学的各项目标与评价指标体系中,才能有力地推动教育思想、教学内容、教学方式、教育管理的全面改革与创新。

对信息素养的详细解析,首先建立在国际范围内信息素养研究成果的基础上;其次,解析工作参照有关心理学与学习理论的研究成果,具体为梅瑞尔(M. D. Merrill)目标——内容分类理论,加涅(R. M. Gagne)的学习结果分类理论,普通心理学对心理过程的论述,霍华德·加德纳(Howard Gardner)的多元智能理论,等等。

此外,解析中坚持如下原则:

其一,要与课程改革精神和课程标准的目标相呼应,顺应课程改革的需要。

其二,要方便教师理解和操作(理解信息素养所包括的各个方面,便于指导教学)。

其三,信息素养的解析不针对具体的教学内容,避免描述上的僵化,保证信息素养的普适性。

其四,分解出的信息素养各个部分应具有相对独立的核心成分,具有与其他各部分不同的特征和价值。

其五,为使本解析对各个学段都可以适用,各条目只作绝对描述,不分等级层次。

其六,信息素养是一个丰富的体系,包括多个方面和条目,这些方面和条目本身体现了不同的能力水平,也体现了人的智能的多元性。需要注意,信息素养是整个基础教育阶段受教育人群的总体培养目标,但是具体到某一个人和某一阶段,并不要求在各个方面和各个条目上都达到某一特定水平,允许和提倡个性化的选择与发展。

其七,信息素养是一个完整的整体,各个部分存在功能和水平上的分野,但同时又是紧密联系、相互促进的,对它的解剖是理论认识的需要,也是方便指导实践的需要。反对机械割裂信息素养培养内容关系的做法,也反对牵强附会地在一堂课或某部分教学内容中将信息素养的各个部分都列入教学目标的做法。

(三)信息素养详解方案

根据上述原则和理论基础,我们对信息素养作进一步的解析,即认为信息素养由知识、技术、人际互动、问题解决、评价调控、情感态度与价值观六个部分组成。并认为，知识为其他五个部分提供基础准备，而评价调控则为其他各个部分（包括知识部分）提供必要和重要的形成保证。因此，知识和评价调控两部分共同组成其他四个部分的共同承载；技术、人际互动、问题解决三部分有机相连并呈现一定的层级；情感态度与价值观是一种精神的领航，渗透于技术、人际互动、问题解决之中，并相互影响。由此，六个部分组成一个有机的整体，如图 1 –1 所示。

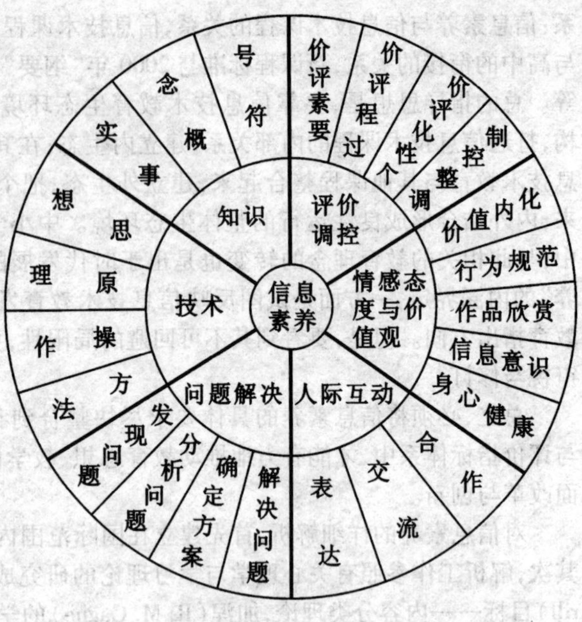

图 1 –1　信息素养组成

1. 知识（主要心理素质基础：注意、感知、记忆、想象、思维）

一种观点认为知识包括陈述性知识和程序性知识。前者指个人具有有意识的提取线索，因而能直接陈述的知识，这类知识主要用来回答世界是什么的问题，如“WPS2000 是著名的国产软件”；后者指个人没有有意识的提取线索，只能借助某种作业形式间接推测其存在的知识，这类知识主要用来解决怎么办的问题，如“会使用 WPS2000 的打印功能打印一篇文档”。

狭义上，人们通常将知识理解为陈述性知识，而不包括程序性知识。

此处“知识”使用的是其狭义概念，指与信息技术有关的陈述性知识。表1 –2 是对知识的分解。

表 1 – 2　知识的分解

知识	符号	能建立信息技术基本符号与其代表的意义和功能之间的联系
	概念	能描述和举例说明信息技术基本概念的本质属性与非本质属性、相似概念之间的共性和差异、关键概念之间的相互关系
	事实	能描述有关信息技术的基本事实；能描述和举例说明有关事实的特点和联系

注：术语“描述”指可以用文字、图表、曲线或口头语言（或加身体动作）等方式描述；学生能描述的前提，一是学生能接受教师或同伴呈现的现成结论，二是学生能在教师的引导下

通过观察、比较、类比、分析、综合、演绎、归纳、抽象、概括等思维活动自己得出结论，我们提倡教师在教学中较多地使用后一种方式。下同。

2. 技术（主要心理素质基础：注意、记忆、想象、思维）

从技术的角度看信息素养，它应该包括作为客体的技术本体内容以及作为主体的人反映和驾驭客体的技能和能力。其中技术本体的内容又包括信息技术的一般思想、理念、原理、共性、规律等。表1－3是对技术的分解。

表1－3　技术的分解

技术	思想	能描述和举例说明支撑信息技术发展的一些重要思想和理念
	原理	能描述和举例说明有关信息技术的基本原理；能利用基本原理解释、推理与预测有关的现象和结果
	操作	能进行信息设备与应用软件的基本操作；能掌握信息获取、加工、传递、管理等基本技能
	方法	能描述和理解信息技术的技术方法与思想的共性和规律，善于发掘技术应用的价值，适应、把握信息技术的发展和变化并成为推动者；能够将信息技术能力迁移于后继的学习，获得可持续发展的能力

3. 人际互动（主要心理素质基础：注意、想象、思维、情感、意志）

信息技术存在的价值不仅在于其自身的内在属性，它还具有鲜明的社会性，这种社会性价值理所应当体现在个体使用信息技术进行人际互动的过程中，即能利用信息技术进行人际互动是社会个体必备的素质。表1－4是对人际互动的分解。

表1－4　人际互动的分解

人际互动	表达	乐于同他人分享自己的观点和思想，并能用适当的方式适时、主动、清晰、流畅地表达出来
	交流	富有交流意识，合理分享他人观点和思想；能根据情境和条件采用恰当的技术工具、交流方式和表达策略与他人交流；善于激发、倾听、理解和包容他人意见，和谐、理性地进行讨论；能辩证地吸收他人的观点和思想，进行信息的创新
	合作	富有合作精神，乐于与他人合作；能够利用恰当的工具和途径参与合作；能够灵活运用倾听、理解、说服、妥协等技巧协调与组织合作活动，完成合作任务

注：合作是一个相对广泛的概念，在合作活动过程中，可能包括如下几种情形：从合作任务来看，不同参与者所负责的部分任务可以是同质的也可以是异质的；从成员组成来看，有同质分组和异质分组；从活动目标来看，有通过共同的任务达到共同的活动目标，也有通过

相互帮助和相互支持完成成员自定的任务、达成各自的活动目标。对于异质任务、异质分组和异质目标的合作活动,人们也常称其为协作。

4. 问题解决(主要心理素质基础:注意、思维、意志)

如前所述,从信息技术的社会意义而言,只有将信息技术的学习与社会活动中各种问题的解决结合起来,才能显示其巨大价值。离开了问题解决,信息技术将失去意义;离开了信息技术,产生于信息时代的问题也将难以解决;离开了利用信息技术解决问题的能力,信息社会中的个体必将陷入被动甚至被淘汰。表1-5是对问题解决的分解。

表1-5　问题解决的分解

问题解决	发现问题	具有问题意识和洞察力,能够从日常学习生活的一般现象、常理、权威观点中发现问题,能在解决问题的过程中不断提出问题
	分析问题	能够确定问题的结构化程度,根据条件确定解决问题的可行性
	确定方案	能确定信息需求,制订解决问题的计划和方案,选择、准备或创设合适的工具和条件
	解决问题	实施并完成问题的解决

5. 评价调控(主要心理素质基础:注意、感知、思维、意志)

信息技术的应用及其过程是一种主观见之于客观的活动,具有动态性和发展性,而学会评价和调控是实现这种主观活动有序性、有效性、客观性、科学性、合理性和可接受性的必要保证,也是了解优势、发现不足和进一步改善的必经途径。表1-6是对评价调控的分解。

表1-6　评价调控的分解

评价调控	要素评价	能对信息、技术、技能、方法等要素作出客观的评价
	过程评价	能客观地进行过程中的评价以及过程的总结性评价
	个性化评价	能理解和客观认识多元价值取向,形成个性化的评价方式
	调整控制	富有反省、评价和调控意识,能根据反省和评价结论重新认识活动要素,调整和驾驭活动过程

6. 情感态度与价值观(主要心理素质基础:注意、想象、情感、意志)

不存在脱离人的信息活动,也不存在脱离情感态度、价值观的信息活动,它们既反映了人类在信息社会中的基本生存状态,也是信息活动正常进行的动力来源和航标。信息素养中的情感态度与价值观具有明显的针对性,特指与信息活动有关的情感态度、价值观,由于二者不可孤立,将其合一组成信息素养的一个相对稳定的部分,这与课程改革的思想也是一致的。表1-7是对情感态度与价值观的分解。

表 1－7　情感态度与价值观的分解

情感态度与价值观	身心健康	能辩证认识和积极面对信息技术可能造成的不良影响和后果，能客观、积极地看待竞争关系、自己和他人信息活动的成败得失，有意识地进行信息环境下的身体保健，保持稳定的情绪和健康的心态
	信息意识	能认识到信息及信息技术对社会发展、科技进步和日常生活学习的积极作用和影响，激发和保持对信息技术的求知欲，形成主动地学习信息技术、参与信息活动、使用信息技术改善学习和生活质量的意识和态度；能形成更为开放的视野，具有勇于推介自己、合理争取与广泛利用国际国内各种相关资源的意识
	作品欣赏	能正确认识信息产品和信息环境的陶冶功能，在提高信息作品欣赏水平和恰当使用娱乐产品的基础上愉悦心情和陶冶情操
	行为规范	能遵守与信息活动相关的伦理道德与法律法规，负责任地、安全地、健康地使用信息技术
	价值内化	能内化社会成员应承担的责任，建立稳定的态度、一贯的健康行为习惯，形成与信息社会相适应的价值观和责任感

[本章小结]

了解中小学信息技术课程性质与培养目标，首先要有国际视野，较全面地了解国内外信息技术课程的开设与发展，对更好地了解课程的现状、明确课程培养目标有帮助。通过本章学习，应主要对中小学信息技术课程的核心培养目标——信息素养的内涵有较全面的认识，同时根据国外信息技术课程目标与内容设置，了解我国信息技术课程目标确立的背景。

[思考练习]

1. 通过教材中的“阅读材料”部分的相关资料，简要说明你对信息素养及相邻概念是如何认识的？

2. 对于信息技术课程的特点，你怎么看待？

3. 你认为计算机课程与信息技术课程最主要的区别是什么？说一下你的理由。

4. 查找关于信息素养的相关论述，结合教材中的分析简要说明你对信息素养的理解。

第二章 中小学信息技术课程标准及解读

[内容提要]

信息技术课程标准是规定信息技术学科的课程性质、课程目标、内容目标、实施建议的教学指导性文件,提出了面向全体学生的学习基本要求。了解中小学信息技术课程标准对教师在教学实施过程中把握课程的培养目标与方法起着重要作用。本章结合课程标准制定专家的分析解读高中和义务教育阶段的课程标准主要内容。

[学习指导]

1. 领会信息技术课程目标形成的要素。

2. 理解信息素养的内涵与外延,以及在高中信息技术课程目标中信息素养的表达。

3. 理解我国高中、义务教育阶段现行信息技术课程目标。

4. 了解我国通用技术课程理念与教学目标。

我国信息技术课程目标经过二十多年的演变,已经由最初单纯的技术学习转向注重技术应用与能力的培养和信息素养的提高。目前实行的信息技术课程已经明确地把提高学生的信息素养作为核心目标,所规定的信息技术课程任务也展示了一个更为宽广的视野,既要求学生学会怎样获取信息、传送信息、处理信息以及应用信息,而且还要关注技术伦理以及信息技术与社会问题之间的关系。信息技术课程的目标是STS教育理论视野下的目标,包含了信息科学、信息技术、信息社会三个领域以及它们之间的相互作用与制约。

第一节 普通高中信息技术课程标准解读

课程标准是规定某一学科的课程性质、课程目标、内容目标、实施建议的教学指导性文件。课程标准与教学大纲相比,在课程的基本理念、课程目标、课程实施建议等几部分阐述得更详细、明确,特别是提出了面向全体学生的学习基本要求。

作为有重要价值和意义的信息技术课程,必须体现课程改革思路,超越单纯计算机技术训练,发展为与社会需求相适应的信息素养培养的教育。也就是说,信息技术课程标准应把提升学生的信息素养作为核心目标,这就意味着信息技术教育不仅仅是技术教育,更本质的是素养教育。以提高一个人的素养作为根本的教育目标,这也是本次新课程改革的主旋律。因此,在高中信息技术课程标准中提出,课程设计应坚持如下三点:第一,信息技术应用能力与人文素养培养相融合的课程目标;第二,符合学生身心发展需求的课程内容;第三,有利于学生全体发展与个性发展的课程结构形式。

信息技术课程标准只是一个指导性的文件,只是信息技术课程改革一个阶段的产物,真正的信息技术课程改革,要从标准开始,经过教材编写、教师编写、课程实施等许多环节才能走向完善。另外,信息素养的培养是一个长期的过程,可以预测到本次课改将遇到的问题或阻力也是相当巨大的,但相信在大家的共同努力下,我国中小学信息技术教育一定会走向一个更加适应时代发展、关注人的全面发展的新时期。

一、普通高中信息技术课程标准的解读

普通高中新课程技术课程标准(实验)已经公布,作为新课程八大领域之一的技术领域由“信息技术”和“通用技术”两部分构成。

20 世纪后期,随着社会信息化的推进、信息教育的开展,特别是有关课程的开设成为全球性的基础教育课程改革的重要内容之一。综观世界主要国家的信息教育发展历程,我们可以比较清晰地得到这样一组关于学校信息教育发展历程的图景:从计算机教育、信息技术教育,走向信息教育。所以可以说,信息教育起源于计算机教育。计算机教育经历了信息技术教育之后,最终将要走向信息教育。发达国家和一些发展中国家陆续在中小学开展了以培养计算机素养为主要目标的计算机教育;进入 90 年代以来,社会信息化进程加快,信息技术在生活中的应用越来越普及,特别是强调相互之间的交流与沟通(Communication),从而实现了从计算机教育向信息技术教育的转变。信息技术教育以信息技术素养的培养为主要目标,以信息技术为学科背景。我们认为,全球信息化的高度显现和信息科学与技术的高度发展促进了世界范围内的信息社会的普遍形成,以培养信息素养(Information Literacy)为主要目标的信息教育将要成为主导思想。

从计算机教育到信息技术教育,再到信息教育,不是简单的不相关联的过渡,而是内涵不断扩展、“向下兼容”的过程。这一点,既可以从学科背景扩展的角度理解,也可以从课程目标变迁的视点来体会。信息教育的学科背景是信息学科群,其课程目标是信息素养;信息技术教育的学科背景是信息技术,为信息学科群的一部分,信息技术教育的目标是信息技术素养,是信息素养的一部分;计算机教育的学科背景是计算机技术,为信息技术的一部分,计算机教育的目标是计算机素养,是信息技术素养的一部分。

（一）高中信息技术课程的性质

如何定位高中信息技术课程的性质，既是一个理论问题，也是一个实际问题。高中信息技术课程以提升学生的信息素养为根本目的。信息技术课程不仅使学生掌握基本的信息技术技能，形成个性化发展，还要使学生学会运用信息技术促进交流与合作，拓展视野，勇于创新，提高思考与决策水平，形成解决实际问题的能力和终身学习的能力，明确信息社会公民的权利与义务、伦理与法规，形成与信息社会相适应的价值观与责任感，为适应未来学习型社会提供必要保证。

高中信息技术课程的性质表现如下：

1. 基础性

高中信息技术课程的基础性表现在：它是信息技术在各个学科中应用乃至全部教育活动的基础，是学生在今后工作与生活中有效解决问题的基础，是学生在未来学习型社会中自我发展、持续发展的基础。

2. 综合性

高中信息技术课程的综合性表现在：其内容既包括信息技术的基础知识、信息技术的基本操作等技能性知识，也包括应用信息技术解决实际问题的方法，对信息技术过程、方法与结果评价的方法，信息技术在学习和生活中的应用，以及相关权利义务、伦理道德、法律法规等。

3. 人文性

高中信息技术课程的人文性表现在：课程为实现人的全面发展而设置，既表现出基本的工具价值又表现出丰富的文化价值，即既有恰当而充实的技术内涵，又体现科学精神，强化人文精神。随着信息科学与技术的发展，人类社会将以前所未有的态势不断发展，信息技术课程也会随之发展和进步。

（二）高中信息技术课程的目标体系

一般认为目标体系是影响课程设计的另外一个重要基点或依据。关于信息技术课程的目标体系，世界各国观点异彩纷呈，歧义颇多。如何构建信息技术课程的目标体系，我们认为既要充分考虑课程改革的发展态势，又要适当顾及课程实施的具体可能。我们的观点是从理解、实践和创造的视角来构建信息技术课程的目标体系。换言之，信息技术课程应当在提高学生的理解能力、实践能力和创造能力方面有所作为。因为学习的结果表现为心理的变容和行为的改观，具体而言就是理解力和行动力的提高。

1. 从理解的视角出发的信息技术课程

所谓理解，不仅指对“知识与技能”的理解，也包括对“过程与方法”和“情感态度与价值观”的理解。理解是基础目标，也是行动的基础。当然，理解了未必一定落实到行动上，反过来说，不理解有了行动也是盲目的；理解不同于熟练掌握，更不能简单等同于记忆；理解获得的过程不是与实践、创造分离的，恰好相反，只有在实践、创造的过程中才能获得真正意义的理解。例如，通过参与学校教学资源库的建设，可以在很大程度上理解数据库管理信息的思想、方法等。（参照“信息技术基础”模块中“信息资源管理”项目）

2. 从实践的视角出发的信息技术课程

实践是理解的一个价值体现，也是获得真正理解的必不可少的过程，更是实现创造的奠基石。从实践的视角出发的信息技术课程要使学生充分获得实践的机会，要将学生的科学世界和生活世界有机地统合起来；实践不能理解为技能的训练、操作的强化。高中信息技术课程标准中没有硬性规定上机、上网时间，但教师在设计具体学习单元时，要充分考虑实践过程对学生学习结果的价值和效率的影响。

3. 从创造的视角出发的信息技术课程

创造是课程目标体系中的最高追求。信息技术课程设计中的创造并不神秘，创造性地实际解决问题，创造性地表达意图等等。研究人员将人的思维分为接受性思维、批判性思维和创造性思维，创造性是以批判性为基础的。信息技术课程学习的创造性体现了在不断发展变化的社会中如何形成新的价值观，如何有效规范自我行为，适应并且促进健全的信息社会发展。在课程目标体系中，创造是一个完善理解的实践过程。

（三）普通高中信息技术课程目标的描述

毫无疑问，普通高中信息技术课程的总体目标是提升学生的信息素养。“标准”中提出，学生的信息素养表现在：对信息的获取、加工、管理、表达与交流的能力；对信息及信息活动的过程、方法、结果进行评价的能力；发表观点、交流思想、开展合作并解决学习和生活中实际问题的能力；遵守相关的伦理道德与法律法规，形成与信息社会相适应的价值观和责任感。

《基础教育课程改革纲要（试行）》从“知识与技能”、“过程与方法”、“情感态度与价值观”等方面概括了我国现阶段对学生基本的社会需求。课程标准制定组的专家从这三个方面将信息素养进一步分解，设计了普通高中信息技术的课程目标。

第一方面的“知识与技能”部分包括目标中的第 1 条和第 2 条，分别描述了对“知识”和“技能”的要求。具体如下：

1. 理解信息及信息技术的概念与特征，了解利用信息技术获取、加工、管理、表达与交流信息的基本工作原理，了解信息技术的发展趋势。

2. 能熟练地使用常用信息技术工具，初步形成自主学习信息技术的能力，能适应信息技术的发展变化。

第二方面的“过程与方法”部分包括目标中的第3条、第4条、第5条、第6条、第7条和第8条，共六项。前三项侧重“过程”，后三项侧重“方法”。具体如下：

3. 能从日常生活、学习中发现或归纳需要利用信息和信息技术解决的问题，能通过问题分析确定信息需求。

4. 能根据任务的要求，确定所需信息的类型和来源，能评价信息的真实性、准确性和相关性。

5. 能选择合适的信息技术进行有效的信息采集、存储和管理。

6. 能采用适当的工具和方式呈现信息、发表观点、交流思想、开展合作。

7. 能熟练运用信息技术，通过有计划的、合理的信息加工进行创造性探索或解决实际问题，如辅助其他学科学习、完成信息作品等。

8. 能对自己和他人的信息活动过程和结果进行评价，能归纳利用信息技术解决问题的基本思想方法。

第三方面的“情感态度与价值观”部分包括目标中的第9条、第10条和第11条。具体如下：

9. 体验信息技术蕴含的文化内涵，激发和保持对信息技术的求知欲，形成积极主动地学习和使用信息技术、参与信息活动的态度。

10. 能辩证地认识信息技术对社会发展、科技进步和日常生活学习的影响。

11. 能理解并遵守与信息活动相关的伦理道德与法律法规，负责任地、安全地、健康地使用信息技术。

同时“标准”强调：“上述三个层面的目标相互渗透、有机联系，共同构成高中信息技术课程的培养目标。在具体的教学活动中，要引导学生在学习和使用信息技术、参与信息活动的过程中，实现知识与技能、过程与方法、情感态度与价值观等不同层面信息素养的综合提升和协调发展，不能人为地割裂三者之间的关系或通过相互孤立的活动分别培养。”

二、凸显以学生发展为本的课程理念

作为高中信息技术课程的理念，“标准”中指出了五点，即：提升信息素养，培养信息时代的合格公民；营造良好的信息环境，打造终身学习的平台；关照全体学生，建设有特色的信息技术课程；强调问题解决，倡导运用信息技术进行创新实践；注重交流与合作，共同建构健康的信息文化。实质上这是对高中信息技术课程价值的多视角的描述和概括，凸显了以学生发展为本的课程理念。

第一点“提升信息素养，培养信息时代的合格公民”，体现了在高中阶段培养未来社会的合格公民的价值。具体的展开描述回答了“为什么”、“是什么”和“怎么办”：“信息素养是信息时代公民必备的素养。高中信息技术课程以义务教育阶段课程为基础，以进一步提升学生的信息素养为宗旨，强调通过合作解决实际问题，让学生在信息的获取、加工、管理、表达与交流的过程中，掌握信息技术，感受信息文化，增强信息意识，内化信息伦理，使高中学生发展为适应信息时代要求的具有良好信息素养的公民。”

第二点“营造良好的信息环境，打造终身学习的平台”，体现了可持续发展的终身学习价值。以现代信息技术为主要支撑的学习型社会的到来，使得学习生活化、生活学习化得以实现。另外，从学习空间的视角，不仅要在学校创设学习的信息环境，还要将其扩展到家庭、社区。所以，“以高中信息技术课程的开设为契机，充分调动家庭、学校、社区等各方力量，整合教育资源，为高中学生提供必备的软硬件条件和积极健康的信息内容，营造良好的信息氛围；既关注当前的学习，更重视可持续发展，为学生打造终身学习的平台”。

第三点“关照全体学生，建设有特色的信息技术课程”，体现了全体学生的差异性发展的价值。我们首先要承认差异，尊重差异，差异不等同于差距；差异为个性发展提供基础，并使得学生的自我完善成为可能。所以，“充分考虑高中学生起点水平及个性方面的差异，强调学生在学习过程中的自主选择和自我设计；提倡通过课程内容的合理延伸或拓展，充分挖掘学生的潜力，实现学生个性化发展；关注不同地区发展的不均衡性，在达到‘课程标准’的前提下，鼓励因地制宜、特色发展”。

第四点“强调问题解决，倡导运用信息技术进行创新实践”，体现了对理解基础上的行动能力培养的价值。学习的结果不能仅仅停留在理解的层面上，要使之发展成为具有实际价值的行动能力，如实践能力、设计能力、开发能力、创造能力等等。所以，“高中信息技术课程强调结合高中学生的生活和学习实际设计问题，让学生在活动过程中掌握应用信息技术解决问题的思想和方法；鼓励学生将所学的信息技术积极地应用到生产、生活乃至信息技术革新等各项实践活动中去，在实践中创新，在创新中实践”。

第五点“注重交流与合作，共同建构健康的信息文化”，体现了信息技术课程学习的文化价值。要尽最大可能使得高中信息技术课程的学习过程成为信息文化形成的过程。因此高中信息技术课程鼓励高中学生结合生活和学习实际，正确运用信息技术，恰当地表达自己的思想，进行广泛的交流与合作，在此过程中共享思路、激发灵感、反思自我、增进友谊，共同建构健康的信息文化。

三、普通高中信息技术课程结构

根据教育部《基础教育课程改革纲要（试行）》的精神，高中课程改革要体现基础性与选择性的平衡，信息技术课程结构为：共同必修模块确定为“信息技术基础”，选修模块组分为“算法与程序设计”、“多媒体技术应用”、“网络技术应用”、“数据管理技术”和“人工智能初步”等五个模块。

（一）模块设计的理念

1. 在共同必修的模块基础上设计选修模块

高中课程的重要特点之一是基础性。信息技术的迅速发展，信息社会的进程加快，使得信息素养成为未来社会全体公民必备的生存与发展的前提，而且这种要求越来越高；信息技术课程作为国际范围内的新兴学科，其价值认同、学习环境、教师力量等方面在各地的发展状况相当不平衡，在国家课程中设置共同必修的基础模块有利于教育均衡的实现和学科课程的建设。同时，为体现高中课程的选择性，在共同必修的模块基础上设计了若干选修模块。

现行高中信息技术课程几乎与小学、初中的信息技术课程同样为“零起点”，考虑到与初中阶段的衔接、各地发展不平衡等情况，本“标准”选择了适度提高起点的设计思路。初中阶段信息技术课程相对发展缓慢的地区，或对于来自信息技术课程尚未开设的初中的高中新生，建议采取开课前分层次补课的方式接近本“标准”的起点。补课的重点在计算机、网络等的使用和有关基本概念的学习。

2. 必修模块突出基础性、综合性

必修模块为全体高中学生共同学习的基础内容。其内容选择首先体现出整个信息技术课程最为基础的部分，同时它还要成为各个选修模块的基础。设计时充分考虑到了与后续选修模块的衔接性、重复度等。另外，必修模块在突出信息技术的同时兼顾信息科学与信息社会学方面，与选修模块比较而言考虑较多。

3. 选修模块的划分以技术为主要线索

选修模块的划分以技术为主要线索，信息技术领域宽泛，发展日新月异，不可能也不必要面面俱到，而学时（学分）又有一定限度，所以选修模块的划分主要依据了信息技术的基本分类。此外，这种设计也有利于学生个性的发展、学校特色的形成。

除了国家课程中的模块之外，建议信息技术课程发展较好的省市和有条件的高中在地方课程、校本课程中开设相关特色课程。

（二）各模块的任务、教学要点与组成

高中信息技术课程包括必修与选修两个部分，共六个模块，每个模块 2 学分。必修部分只有“信息技术基础”一个模块，2 学分。它与九年义务教育阶段相衔接，是信息素养培养的基础，是学习后续选修模块的前提。该模块以信息处理与交流、信息技术与社会实践为主线，强调让学生掌握信息的获取、加工、管理、表达与交流的基本方法，在应用信息技术解决日常学习、生活中的实际问题的基础上，通过亲身体验与理性建构相结合的过程，感受并认识当前社会信息文化的形态及其内涵，理解信息技术对社会发展的影响，构建与社会发展相适应的价值观和责任感。建议该模块在高中一年级第一学期开设。

信息技术科目的选修部分包括“选修1:算法与程序设计”、“选修2:多媒体技术应用”、“选修3:网络技术应用”、“选修4:数据管理技术”和“选修5:人工智能初步”五个模块,每个模块2学分。选修部分强调在必修模块的基础上关注技术能力与人文素养的双重建构,是信息素养培养的继续,是支持个性发展的平台。模块内容设计既注重技术深度和广度的把握,适度反映前沿进展,又关注技术文化与信息文化理念的表达。在选修部分的五个模块中“算法与程序设计”是作为计算机应用的技术基础设置的;“多媒体技术应用”、“网络技术应用”、“数据管理技术”是作为一般信息技术应用设置的;“人工智能初步”是作为智能信息处理技术专题设置的。为增强课程选择的自由度,五个选修模块并行设计,相对独立。各选修模块的开设条件有所不同,各学校至少应开设“算法与程序设计”、“多媒体技术应用”、“网络技术应用”、“数据管理技术”中的两个,也要制订规划,逐步克服经费、师资、场地、设备等因素的制约,开出包括“人工智能初步”在内的所有选修模块,为学生提供更丰富的选择。建议将选修模块安排在高中一年级第二学期或以后开设。其中“算法与程序设计”模块与数学课程中的部分内容相衔接,应在高中二年级第一学期或以后开设。

应维持学生较长的信息技术学习历程,以保证学习的有效性。如果学生仅修4个学分,建议分布在两个学年里完成。例如,高中一年级第一学期完成必修模块,高中二年级第一学期完成一个选修模块。允许自行开发相应的地方课程或者校本课程。学校还要善于发现确有信息技术天赋和特长的学生,并给予专门的培养。信息技术课程各模块之间的关系结构如图2-1。

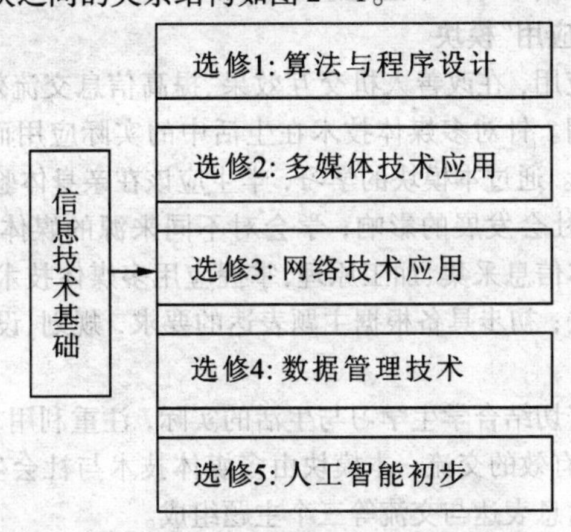

图2-1　信息技术课程各模块之间的关系图

修满4学分是取得高中毕业资格的最低要求,其中必修2学分,选修2学分。建议有兴趣、有潜能的高中学生再加修若干学分,为今后发展创造条件。“标准”中对各个模块的任务、教学要点和组成分别进行了阐释。

1.“信息技术基础”必修模块

本模块以信息处理与交流为主线，围绕学生的学习与生活需求，强调信息技术与社会实践的相互作用。本模块是高中学生信息素养提升的基础，也是学习各选修模块的前提，具有普遍价值，为必修模块。通过本模块的学习，学生应该掌握信息的获取、加工、管理、表达与交流的基本方法；能够根据需要选择适当的信息技术交流思想，开展合作，解决日常生活、学习中的实际问题；理解信息技术对社会发展的影响，明确社会成员应承担的责任，形成与信息化社会相适应的价值观。

本模块的教学要强调在信息技术应用基础上信息素养的提升；要面向学生的日常学习与生活，让学生在亲身体验中培养信息素养。本模块由信息获取、信息加工与表达、信息资源管理和信息技术与社会等四个主题组成。

2.“算法与程序设计”模块

本模块旨在使学生进一步体验算法思想，了解算法和程序设计在解决问题过程中的地位和作用；能从简单问题出发，设计解决问题的算法，并能初步使用一种程序设计语言编制程序实现算法解决问题。本模块为选修模块。本模块的教学，应注意与数学课程中有关内容的衔接，要强调理论与实践的结合，引导学生注意寻找、发现身边的实际问题，进而设计出算法和计算机程序去解决这些问题。教师要注意发现对程序设计有特殊才能的学生，根据具体情况为他们提供充分的发展空间。本模块强调的是通过算法与程序设计解决实际问题的方法，对程序设计语言的选择不作具体规定。本模块由计算机解决问题的基本过程、程序设计语言初步和算法与问题解决例举等三个主题组成。

3.“多媒体技术应用”模块

多媒体技术的应用，在改善人机交互效果、提高信息交流效率、促进合作方面具有十分重要的作用。针对多媒体技术在生活中的实际应用而设置的“多媒体技术应用”是选修模块。通过本模块的学习，学生应该在亲身体验的过程中认识多媒体技术对人类生活、社会发展的影响；学会对不同来源的媒体素材进行甄别和选择；初步了解多媒体信息采集、加工原理，掌握应用多媒体技术促进交流并解决实际问题的思想与方法；初步具备根据主题表达的要求，规划、设计与制作多媒体作品的能力。

本模块教学要密切结合学生学习与生活的实际，注重利用多媒体表现创意、表达思想，并实现直观有效的交流。本模块由多媒体技术与社会生活、多媒体信息采集与加工和多媒体信息表达与交流等三个主题组成。

4.“网络技术应用”模块

“网络技术应用”模块介绍网络的基本功能和因特网的主要应用，是选修模块。通过本模块的学习，学生应掌握网络的基础知识和基本应用技能；掌握网站设计、制作的基本技术与评价方法；体验网络给人们的生活、学习带来的变化。本模块的教学，要注重激发学生对网络技术和参与创造性活动的兴趣；要结合实际条件，把网络技术基础知识和基本技能整合到学生的日常学习和生活中去，避免技术与应用、理论与实践相脱节；要充分展示网络技术发展的指导思想，展示网络技术与现代社会生活的相互作用。本模块由因特网应用、网络技术基础和网站设计与评价等三个主题组成。

5.“数据管理技术”模块

数据管理技术已经在各个领域得到应用，广泛地渗透到人们的社会生活之中。本模块是针对数据管理技术应用而设置的选修模块。通过本模块的学习，学生应该掌握数据管理的基础知识和数据库设计的一般方法，学会使用大型专业数据库，初步学会使用数据库技术管理信息，处理日常学习与生活中的问题，体验并认识数据管理技术对人类社会生活的重要影响。本模块的教学，要突出对数据库技术中“关系”这一核心特征的理解，着眼于数据管理技术在实际生活和学习中的应用，关注相关技术的发展趋势。在具体教学活动中，可以根据实际情况选择介绍一种常用的数据库管理系统。本模块由数据管理基本知识，数据库的建立、使用与维护以及数据库应用系统等三个主题组成。

6.“人工智能初步”模块

人工智能技术是当前信息技术应用发展的热点之一。与一般的信息处理技术相比，人工智能技术在求解策略和处理手段上具有独到之处。“人工智能初步”模块介绍了人工智能的基本概念和人工智能领域内容易为高中学生所理解和掌握的部分内容，是选修模块。通过本模块的学习，学生应该能描述人工智能的基本概念，会使用一种人工智能语言解决简单问题，把握其基本特点；能利用简易的专家系统外壳开发简单的专家系统；知道人工智能对人类学习、生活的影响；通过感受人工智能技术的丰富魅力，增强对信息技术发展前景的向往和对未来生活的追求。本模块的教学应强调让学生体验若干典型人工智能技术的应用；要根据高中学生的知识基础和本校实际情况开展教学；要发现有特长的学生并对他们进行有针对性的教学。本模块对采用的人工智能语言与专家系统工具不作具体要求，可以根据实际情况自主选择。本模块由知识及其表达、推理，专家系统以及人工智能语言与问题求解等三个主题组成。

第二节　义务教育阶段信息技术课程标准解读

由于当前信息技术课程开设情况并不平衡，尤其是义务教育阶段（小学、初中）的信息技术课程并未普及，尚未形成高中信息技术课程那样系统的教学课程体系，一些地区设置适合当地的义务教育阶段信息技术课程标准，标准的制定都注意了小学和初中课程内容的衔接。下面以福建省、江苏省义务教育阶段信息技术课程实验标准为例来分析说明。

一、课程目标

（一）信息技术课程定位

义务教育阶段信息技术教育内容分为基础性内容和拓展性内容。基础性内容是学生运用信息技术开展学科学习和综合实践活动，适应现代社会生活的必要基础，这是必修内容。拓展性内容是针对信息技术条件较好的地区以及在信息技术方面学有余力的学生设置的选择性学习内容，以引导学生在信息技术学习的广度和深度上进一步发展。小学的选修包括机器人教学和LOGO语言。中学的选修内容有机器人教学和基于汉语编程语言的程序教学。在国家规定的必修课程领域外，各省、市、自治区在保证最低要求的基础上，在课程内容、培养目标、课时安排等方面有一定的自主权。

（二）教育目标

义务教育阶段信息技术教育的有效实施可以提高学生利用信息技术有效开展各学科学习和探究活动、积极参与社会实践、主动进行终身学习的能力；可以拓展学生适应现代社会生活所需的信息技术技能，巩固信息素养和技术创新意识；对于培养国家建设和国际竞争所需的信息技术人才、提高全社会的科技文化水平具有非常重要的奠基作用。

课程的基本理念：信息技术是面向全体学生的。所有学生不论处在何种环境，不论其个人特征如何，都应该有机会接受信息技术教育，以使自己具有适应时代需要的信息技术素养。在课程实施中既要注意到使不同程度的学生在原有基础上得到良好的发展，又要恰当地处理在教学过程中存在的个性发展与统一要求的矛盾。所有学生都应该具有所规定的知识水平和各种能力。学生学习信息技术的最后结果是：应该掌握的知识和能够做的事情，而不是学习这些东西的方式和方法。在整个学习过程中，强调“应知应会”。在教学实践中体现“以人为本”的教育理念。初中的信息技术课程，以适应学生的个性发展和终身学习为基本原则，以学生的学习和生活需要考虑课程内容，关注和尊重学生在探究、获得新的体验、获得认可与欣赏和承担责任等方面的需要。倡导自主学习、合作学习和探究学习，尊重学生的自主意志和独立人格的形成。把价值引导和自主构建作为信息技术教学的基本点。

总体而言，义务教育阶段信息技术教育的课程目标为培养—发展学生积极学习和探究信息技术的兴趣，养成—巩固良好的信息意识和健康负责的信息技术使用习惯，形成—提高信息处理能力，培养—强化学生使用信息技术支持各种学习和解决各类问题的意识和能力。义务教育阶段信息技术教育强调，学生在实践活动中，体验借助计算机和网络获取、处理、表达信息并用以解决实际问题、开展学科学习的过程;活动中理解感知信息的重要性,分析信息编码以及利用计算机等常见信息处理工具处理信息的一般过程;积极参加信息技术活动,主动探究信息技术工作原理和信息科技的奥秘。

依据青少年的认知心理,在受教育过程中应当达到的目标一般分为三个领域:由知识的掌握、理解和知识的发展等目标构成的认知领域;由价值观、判断力和个性发展等目标组成的情感领域;由模仿、操作等各种技能目标构成的动作技能领域。在每个领域分类中,根据认知逻辑关系又分为由低级到高级的递进层次。

1.初中信息技术课程的目标

初中信息课程的目标可归纳为以下三个方面。

(1)知识与技能

①掌握信息技术的基本工具、概念和本领,理解构成信息技术的基本要素,知晓利用信息技术处理信息的基本工作原理。形成基本的信息技术知识框架,跟上信息技术的发展趋势。

②正确使用和维护常用信息技术工具和系统,形成自主构建的信息技术应用能力体系,适应信息技术的发展变化。

③理解信息技术的本质,能通过各种设计活动帮助人们解决实际问题或实现某种需求。

(2)过程与方法

①认识使用信息技术解决问题的意义,掌握运用信息技术解决问题的基本过程,能根据任务的需要提出解决问题的方案,并能逐步实现。

②在解决问题的过程中,能通过探究性活动完善自主学习的能力和信息技术的综合实践能力。

③能选择合适的信息技术手段解决自己发现的新问题或某种需求,并能使其效果达到最佳状态。

④能将解决问题的过程、结果和解决的方案与老师或同学进行交流,并进行恰当的评估,逐步养成良好的运用信息技术的探究习惯和学习方法。

(3)情感与价值观

①具有良好信息技术使用习惯和高度政治责任感,保持和增强对信息技术学习的好奇心和探究欲。

②初步建立对信息技术的辩证认识,认识到任何一种技术形式不但可以用来解决问题也同样可以造成新的问题。

能理解信息技术是如何开发和使用的,能评价信息技术对其他技术门类、环境、社会和人身心的影响。

④理智地参与那些利用信息技术支持的各种活动,遵守信息传播与通信的伦理道德和法律法规,负责任地、安全地、健康地使用信息技术。

2. 小学信息技术教育的内容及目标要求

(1)形成运用计算机处理信息的基本能力。

①能识别计算机的外观和常用输入设备(如鼠标、键盘)、输出设备(如监视器、打印机)及其他常用外接设备(如音箱、耳机、话筒等);能通过动手组装或观看组装示范,探究计算机的基本构成,认识不同部件的基本功能。(活动学习——直接经验;观察学习——间接经验)

②通过打字任务或简单的游戏,熟悉计算机的基本操作。熟悉操作常用输入、输出设备。

③能在实际操作的基础上,总结利用计算机输入、存储、加工、输出信息的基本流程;借助自己获取、加工信息的经验,体验计算机在处理信息方面的优势,知道计算机是现代信息技术的核心。

(2)树立终身学习和现代社会生活相适应的信息意识,形成积极的信息技术学习态度,养成健康负责的信息技术使用习惯。

①结合生活和学习经验,体验信息在生活、学习、科研中的重要作用,逐步形成理性认识信息价值(理念先行)、敏锐捕捉有用信息(选择性注意)、主动获取相关信息(有目的的任务驱动)、甄别筛选正确信息(针对性、准确性、价值高低)、共享交流有益信息的良好信息意识;逐步形成判断和使用健康信息、主动抵触不良信息的信息道德判断能力;讨论每个个体在创作和共享有益信息方面的责任。

②通过身边的事例或观看案例,体验现代信息技术在获取、加工、存储、表达和交流信息方面的作用,理解信息技术是人的信息加工器官的延伸,讨论人类发明创造信息技术的基本历程,形成乐于学习、勤于操作、敢于创新的信息技术学习态度,树立不断提高自身信息素养和技术操作能力;主动参与科技创新的志愿。

③观察和列举日常生活、学科学习和其他综合实践活动中信息技术的常见应用,能讨论这些技术应用带来的利弊。

④能讨论应用信息、信息产品、信息技术设备和软件时涉及的法律、法规和道德问题,能描述不恰当应用带来的后果;知道如何负责地使用技术设备和信息资料,在引用他人的观点、成果和信息时,知道如何注明出处和给予恰当的致谢;养成保护自己信息安全的意识,学会防查杀病毒、简单的文件加密(如设置使用口令)等信息保护方法——"行为指导"、"使用技能"。

(3)学会利用信息技术工具收集和处理信息,以支持学习、探究和解决日常生活问题。

①能根据学科学习和其他活动需要,分析所需的信息及其类型,讨论确定合适的信息来源(如他人、书籍、报刊、光盘、录像、电视、因特网等),学会从不同的信息来源搜集资料的方法(如实验、调查、访谈等)。对信息搜集过程进行一定的规划,初步形成信息需求分析的意识和习惯。

②学会利用常用设备(如数码相机、探测器、扫描仪、录像机等)获取第一手的信息,或利用常见信息技术设备对传统介质的信息进行必要的数字转换。

③学会利用计算机输入和存储资料,学会利用计算机的资源管理功能对文件资料进行合理的分类整理、建立以及重命名文件(夹)、保护文件等,能迅速查找和提取自己计算机内存储的信息;通过比较和实际体验,感受对信息进行数字化编码、存储和管理的优势,认识到数字化是信息技术的核心概念之一。

④能熟练有效地运用远程通讯工具和在线资源(如E-mail、因特网等),浏览、查找、下载和保存远程信息,以满足自主学习、合作探究及其他问题解决的需要。

⑤能根据任务需要评价信息的相关性、准确性、适切性和可能存在的偏差,甄别和选用有价值的信息。

(4)学会使用常用信息处理工具和软件,展开写作、绘画等活动,制作电脑作品。

①学会使用一种计算机画图软件,设计并绘制图形。例如根据表达意图确定图画的主题和大体构思;能设置背景颜色和图画的颜色;能使用常用的电脑绘画工具画出点、线、面;能通过剪切、复制、粘贴等电脑特用的功能对点、线、面进行组合、编辑,构成符合表达意图的完整图画;能给图画上色,能对图画的整体或某个部分进行修改,或设置必要的效果。

②学会使用一种文字处理软件处理文字信息,在学会常用文字处理功能的基础上,学会通过文字编辑、版面设置、剪贴画、艺术字、绘制图形、插入图片、制作文字表格等方式,增加文档的表现力。

③熟悉信息处理软件的界面和常用工具,比较不同软件界面的异同,总结具有广泛适用性的操作方式,积累技术应用经验。

(5)学会使用多媒体制作软件,运用文字、图片、声音等多种方式,灵活地表达想法、创意和研究结果。

①能根据内容的特点和表达的需要,思考并确定表达意图和作品风格,进而根据表达意图,比较图画、文字、表格、声音等不同信息表达形式的优缺点,选择(组合)合适的表达方式,对作品的制作过程进行初步的思考和规划。

②学会运用合适的信息处理工具或软件(如文字处理软件、画图或图形处理软件、计算机录音软件等),导入、插入图画、文字、表格和声音,并进行必要的编辑或修改,设置图像和文字的效果;制作或插入表格;录制或截取一段声音等。

③学会使用一种简单的多媒体制作软件,集成文字、图画、声音等信息,制作简单的多媒体演示文稿。能根据作品特点和受众的需要,学会选择合适的方式演示或发布电脑作品,表达主题和创意。

④能根据作品特点和受众的需要,学会选择合适的方式演示或发布电脑作品,表达主题和创意。

⑤能对自己和他人的电脑作品进行评议,并在评议基础上对电脑作品进行必

要的优化以增强表现力。比较利用电脑制作的作品与传统作品的制作过程的异同。

⑥讨论所用信息技术工具的优缺点,提出可能的技术改进建议,形成初步的技术创新意识。

(6)学会运用常用远程通讯工具进行合作学习,开展健康的社会交往。

①学会使用电子邮件与他人共享信息、获取支持、表达观点或开展合作。

②学会使用在线讨论工具或已有的学习网站,讨论课程相关问题或开展持续深入的主题研讨。

③学会使用网页制作软件,规划、设计、制作发布简单的网站,通过网站共享信息、发表看法、发布成果、交流思想,以及支持合作探究或其他有意义的社会活动。

④能观察和讨论网站交往中产生的法律、法规和道德问题,在使用网络与人交往时,能遵守相关的法律、法规和网络礼仪;能结合实例,讨论网络应用对个人信息资料与身心安全的潜在威胁,形成网络交往中必要的自我保护意识,知道不恰当的网络应用和网络交往可能产生的后果。

(7)学会设计和制作简单的机器人,体验"采集信息——处理信息——控制动作"的基本过程。该部分内容为选修。

①能识别机器人的基本构造;说出各类传感器(如声音、光敏、红外、温度、触摸)的功能及其对人类功能的模拟,能描述机器人各部分的功能和工作原理,如通过传感器搜集信息。通过程序判断处理信息、控制外部动作等流程。

②研究和了解现代机器人的发展趋势,讨论机器人与人类在解决相关问题上的优缺点。例如,机器人对复杂情况的反应,机器人可以完成哪些人类难以完成的任务等。

③学会根据生活和学习中的实际需要,设计、动手制作或组装简单的实物机器人(如:机器人导盲,机器人迎宾、灭火、踢足球、走迷宫等),将编制好的控制程序(使用流程图方式)导出到实物机器人,运行机器人并对机器人及其控制程序作出必要的调试和修改。或使用简单易学的程序语言(如 LOGO)编制简单的程序控制机器人做出简单动作或解决简单问题。

④在不具备实物机器人的情况下,也可以利用机器人仿真环境来模拟机器人的运动和调试使用流程图编制的简单的控制程序;初步感受利用程序解决问题的一般过程。

二、课程内容设置

小学的信息技术教育基本完成应用软件的学习;初中的信息技术教育要具有"双衔接",初中不再是零起点,要完成关于义务教育阶段信息技术教育的内容及目标要求的衔接,见表 2-1。

表 2－1　信息技术教育的内容及目标要求的衔接

	兴趣特长	应用技能	信息素养	技术创新
小学	激发兴趣 保持学习动机	掌握常用软件/ 工具的应用技能	体验信息活动 形成信息意识	勇于质疑的问题意识 敢于尝试的创新精神
初中	巩固兴趣 发现特长	拓展＋提升，初步 具备一技之长	自主选择 综合运用	创新能力培养，改进 方案，动手创新
高中	专业学习 发展兴趣	自选门类 专业发展	信息→知识 →智慧	某一技术门类的 设计、制作、创造

义务教育阶段以兴趣为起点，以活动为载体，螺旋上升的设置内容。要让学生在“玩中学”、“做中学”。淡化学科体系，打破各操作软件之间的界限，以符合学生年龄特点和认知规律的实践任务为主线，将学生必须掌握的软件操作分散到不同学年的实践活动中，通过技术要求的提升引领学生螺旋上升式学习。鼓励以跨学科的活动为主题，实现技术学习与技术应用之间的整合，体现“双价值”。以学科学习主题作为信息技术任务选题，鼓励学生将学到的信息技术技能应用到其他学科领域中。以此加深学生对信息技术在学科学习中的价值的理解，推动信息技术与其他学科领域的整合，实现信息技术作为学习对象与学习工具的双重价值。教师在内容选择、难度设置上应适应本地设备、师资及学生的现状，活动选题除了体现课程整合外，要鼓励多样化的选题，体现“四地”——立足地方现实，体现地方特色，反哺地区经济，融合地域文化。教学过程中要鼓励更自主的技术实践与更开放的科技探究与技术创新；适度引导学生思考、探究、理解适合其年龄的信息技术核心概念。

第三节　信息技术课程特色解读

普通高中技术课程是与九年义务教育中的信息技术教育和劳动与技术教育相衔接的，以提高学生的技术素养为宗旨，实现了技术教育从小学到高中的连贯有序性和目标追求的统一性；以设计学习和操作学习为主要特征，既表明了技术教育教学内容和教学方式的独特之处，又体现了其培养学生创新精神和实践能力的功能所在。以设计学习、操作学习为主要特征的基础教育课程，是国家规定的普通高中学生的必修课程。

在我国普通高中课程结构中，技术是一个基础性的学习领域。技术课程立足于学生的直接经验和亲身经历，立足于学生的“做中学”和“学中做”。技术课程具有高度的综合性，是对学科体系的超越。它强调各学科、各方面知识的联系与综合运用。技术的本质在于创造,技术课程是一门以创造为核心的课程。它通过信息的获取、加工、管理、表达和交流,通过技术的设计、制作和评价,通过技术思想和方法的应用,解决实际问题。技术是人类文化财富的一种沉积,任何技术在凝结一定的原理和方法、体现科学性的同时,都携带着丰富的文化信息,体现着一定的人文特征。

一、课程的基本理念

普通高中信息技术课程的总目标是进一步提高学生的信息素养,促进学生全面而富有个性的发展。通过本课程的学习,学生进一步拓展信息技术学习的视野,学会或掌握一些信息技术的基础知识和基本技能,掌握信息技术的一般思想方法;具有一定的运用信息技术探究、解决实际问题以及终身进行技术学习的能力;形成和保持对信息技术学习的兴趣和学习愿望,具有正确的技术观和较强的技术创新意识;养成积极、负责、安全地使用信息技术的行为习惯,为迎接未来社会挑战、提高生活质量、实现终身发展奠定基础。

(一)关注全体学生的发展,着力提高学生的信息素养

普通高中阶段的信息技术课程属于通识教育范畴,是以提高学生的信息素养为主旨的教育,是高中学生的必修课程。信息技术课程必须面向全体学生,必须为每一个学生拓展信息技术教育学习经历、行使受教育权利提供机会和条件。要充分考虑到高中学生在兴趣、生活经历、地域特征、文化背景等方面的差异,在课程、教材、教学及其评价等方面鼓励多样性和选择性,以满足不同学生的不同需要,促使学生的个性发展。

(二)注重学生创造潜能的开发,加强学生实践能力的培养

高中学生正处于创造力发展的重要阶段,他们的想象能力、逻辑思维能力和批判精神都达到了新的水平。在学习活动中,要鼓励学生想象、怀疑和批判,要营造民主、活跃、进取的学习氛围;应充分利用信息技术课程的内容载体,培养学生的学习兴趣,激发学生的创造欲望;应通过探究学习、研究性学习等活动,培养学生的探究能力和敢于创新、善于创造的精神和勇气,使学生的创造潜能得到良好的引导和有效的开发,使学生的实践能力得到进一步的发展。

(三)立足科学、技术、社会的视野,加强人文素养的教育

当代社会,技术与科学、社会的关系越来越密切。信息技术课程应当通过具体的学习实践活动使学生理解信息技术与科学的联系和区别,以及两者对社会发展、人类生活所具有的同等意义上的重要作用,从而深化学生的认识,开拓学生的视野。与此同时,应注意将信息技术所蕴含的丰富的人文因素,自然地融入课程的教学之中,使其滋润学生的心田,提升学生的文化品位和人文素养。

（四）紧密联系学生的生活实际，努力反映先进技术和先进文化

技术是不断发展变化的，它具有鲜明的时代印记。信息技术课程应紧密联系学生的生活实际选择课程内容，在注重课程内容的基础性、通用性的同时，注重它的先进性；应注意从学生现实生活所接触的信息技术内容向高新技术延伸，使学生有机会了解现代信息技术发展的崭新成果和未来走向；应让学生在掌握基础知识和基本技能的同时，有机会接触到所能理解的最新发展成果，从而领略到技术发展的内在动力和文化意义，增强对先进技术及其文化的理解。

（五）丰富学生的学习过程，倡导学习方式的多样化

学生的学习过程应是主动建构知识、不断拓展能力的过程，也是富有生机、充满探究、生动活泼的活动过程。在这个过程中，学生是学习的主体，教师是学习活动的引导者、帮助者，更是学生的亲密朋友。在课程的实施过程中，应当从学生的实际出发，精心设计和组织学生的学习活动；应当根据学生的身心发展规律和技术学习特点，指导学生采取自主学习、合作学习、网络学习等多种学习方式，促进学生探究能力的提高、积极的情感态度与价值观的形成，以及终身学习能力的发展。

二、课程的基本特点

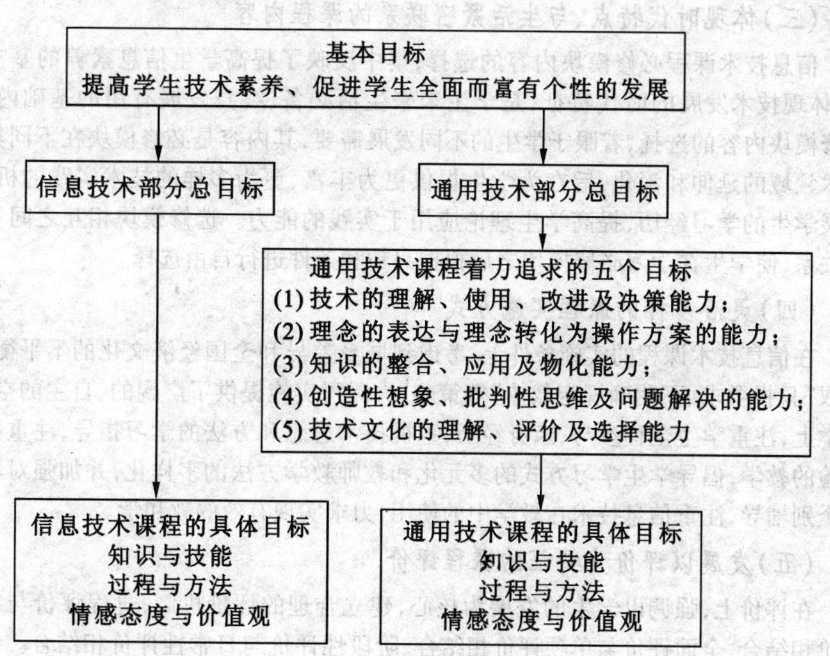

图2－2　技术课程目标结构图

(一)以提高技术素养为核心的体系化的课程目标

技术课程在“提高学生技术素养、促进学生全面而富有个性的发展”这一基本目标的基础上,设计了信息技术部分和通用技术部分的总目标。总目标之下,技术课程以“知识与技能”、“过程与方法”、“情感态度与价值观”三个维度陈述的方式呈现技术课程的具体目标。此外,在通用技术课程的总目标与具体目标之间,还着力追求五个目标。

(二)以模块为基本单元的新的课程内容结构

技术课程内容以模块为基本单元。信息技术设立1个必修模块、5个选修模块,通用技术设立2个必修模块,7个选修模块。信息技术只有“信息技术基础”1个必修模块,是学习选修模块的前提。“算法与程序设计”、“多媒体技术应用”、“网络技术应用”、“数据管理技术”、“人工智能初步”为选修模块,并行独立。通用技术课程设9个模块,其中必修模块2个,为“技术与设计1”,“技术与设计2”,二者为递进关系。“电子控制技术”、“建筑及其设计”、“简易机器人制作”、“现代农业技术”、“汽车驾驶与保养”、“服装及其设计”、“家政与生活技术”为选修模块,呈并列关系。

(三)体现时代特点、与生活紧密联系的课程内容

信息技术课程必修模块内容的选择,集中反映了提高学生信息素养的基本要求,体现技术发展的时代特征,是学生未来生活必备、终身发展有用的基础内容。选修模块内容的选择,着眼于学生的不同发展需要,其内容是必修模块在不同具体技术领域的延伸和深化,旨在为学生提供更为丰富、更为多样的技术实践的机会,拓展学生的学习经历,提高学生理论应用于实践的能力。选修模块相互之间为并列关系,使学生在学习必修模块之后根据兴趣和条件进行自由选择。

(四)灵活多样的课程实施方式

在信息技术课程的实施条件上,考虑到城乡差异和全国经济文化的不平衡性,采取“只提要求、不明确规定载体”等策略,为课程实施提供了广阔的、自主的空间。教学上,注重学生全程参与、亲身经历,重视技术思想和方法的学习指导,注重技术试验的教学,倡导学生学习方式的多元化和教师教学方法的多样化,并加强对学生的个别辅导,注重信息技术在教学中的使用,力求实现有效的教和学。

(五)发展以评价为特征的课程评价

在评价上,强调以学生的发展为核心,建立合理的评价机制,过程评价与结果评价相结合、全面评价与单项评价相结合、阶段性评价与日常性评价相结合。评价的主体多元化,发挥不同主体在评价中的作用。评价维度实现知识与技能、过程与方法、情感态度与价值观的和谐统一。评价方法多样灵活,表现性评定、技术活动

档案袋评价、书面测评以及学业成就评定有机结合。

(六)注重资源整合和共享的课程资源的利用与开发

技术课程的资源丰富,但存在不平衡性。各地、各学校应根据实际,充分挖掘、开发、整合和利用本地技术课程资源。

[本章小结]

课程标准是课程内容选择与教学实施的依据,理解中小学信息技术课程标准中课程性质、目标、内容、教学建议、评价等内容对信息技术教师准确地把握课程教学内容的重要作用。本章重点是信息技术课程标准中关于课程目标、教学实施、教学评价等方面的学习。

[思考练习]

1. 通过阅读分析信息技术课程标准,思考信息技术课程的性质。
2. 各学段教学内容的衔接应怎样进行?
3. 阅读分析信息技术课程标准,根据自己的理解分析信息技术课程的特点。

第三章　中小学信息技术课程教学设计

[内容提要]

作为一门新兴的中小学课程,信息技术课程有着其独特的教学特点和教学原则,也必然需要运用相关的教学设计方法来确保其教学的有效实施。教学特点是对整个信息技术教学活动的解剖,教学原则是对信息技术教学活动实施过程中需要遵循的一般规律的总结,信息技术教学设计则是规划符合信息技术教学特点和教学原则的教学活动。信息技术说课是把对教学的规划设计按一定的组织以说课的形式描述出来,方便同行之间进行交流,也是促进教师教研活动和教师专业发展的一项重要活动。本章将对此一一阐述。

[学习指导]

1. 领会信息技术课程的教学特点的原则。
2. 理解信息技术课程教学设计的一般方法。
3. 理解信息技术说课的一般方法。

第一节　信息技术课程的教学原则

一、信息技术课程的教学特点

信息技术教学与其他课程的教学既有共性亦有不同,随着课程发展和教育改革的推进,信息技术教学在延续自身传统的同时,又呈现出许多新的特点,也对信息技术教师的教学实施提出了新的要求。

(一) 教学目标——在多元化和全面性中培养学生的信息素养

重视信息素养的全面培养,从单一化向综合化发展。信息素养是一个丰富而全面的能力体系,信息素养对信息技术课堂教学目标的确立和落实提出了更高的要求,主要体现在:要重视问题解决能力特别是创新能力和实践能力的培养,力求知识传授与能力发展的统一;要重视学习能力的培养,从机械模仿、单纯接受向学会学习跃迁;要重视非智力因素的培养,力求认知、情感、态度和谐发展;要重视信息文化的内化,力求技术教育与文化教育的完美统一。当然,并不是任何一堂课或任何一种教学方法都能综合实现各种教学目标,关键在于摒弃传统教学中目标单一的做法,注意教学的全面性和完整性。

重视价值观的多元取向,从同一化向多元化转向。信息社会是高度开放的,价值观念是多元发展的。这就要求我们的教学抛弃主观的个人意志和喜好,抛弃想当然的成人化思维,抛弃对学生进行道德标准和价值取向的简单灌输的做法,抛弃"什么是对的"、"什么是错的"、"什么是美的"、"什么是丑的"等单一僵化的教育评价方式,等等。值得提倡的做法是,一方面,引导学生辩证认识那些受到社会普遍认可的信息技术学习和应用的价值标准和信息伦理观念;另一方面,允许多元价值观的存在和承认其不断发展变化的动态本质,引导和认可学生的不同价值取向的选择和形成,比如,由于因特网的出现和普及,人们在虚拟社会中的多元价值观已经得到表现并不断更新,继而对现实生活中的价值观念产生了强大冲击,价值观的多元取向正日渐显明和张扬。

(二) 教学对象——由被动接受转向主动建构

由被动接受转向主动建构,就是要尊重学生的主体性,把作为施教客体的学生转变为学习的主体。培养学生自主学习的能力,反对将学生作为"扶贫对象"在教师控制下按既定路线被动学习,提倡将学生作为学习的"自强标兵"在教师指导下自主学习,使学生由知识的"容器"转变为知识的"发生器"。

在大众需求和信息技术本身发展惯性的双重推动下,信息技术发展迅速、日新月异,满足各种需求的工具软件,如雨后春笋般涌出,由此导致信息技术知识量的暴增就成为一个不争的事实。面对信息技术迅速变化和知识量猛增的特点,信息技术课程的教学不可能也没有必要让学生面面俱到地接受和掌握各种(哪怕仅仅是主流的)信息技术软硬件,否则,对于知识视野和消化能力尚不健全的中小学生来说无疑是一种灾难。也就是说,学生单靠被动接受已远远不能适应信息技术课程的学习,必须使其领会本质、把握规律、学会学习、主动建构。

(三) 师生关系——构建民主平等的和谐关系

教学的平等性和合作化:现代教育思想提倡民主化的教学,不仅学生之间要结为互助的合作关系,教师也要成为学生学习的伙伴,在平等中对话,在合作中教学,而不是教师控制学生甚至"压迫"学生。这对于习惯于以教学领导者、技术传授者角色自居的人来说,可能会有些不适应,似乎那样就会危及自己的威望和尊严。但是我们必须看到,一个成功的教师应该能够在与学生的平等合作中体现自己的技术才能和教育才能,信息技术的日新月异,进一步促进了信息技术教师知识垄断地位的瓦解,信息技术教师更应该以一种平等和合作的态度对待学生和开展教学,实现心灵的碰撞和教学的相长。

教学的情感性和人性化:教师在教学过程中情感的外显对学生既能起到良好的熏陶、感染作用,又能沟通信息交流的渠道,而学生良好的情感的激发和培养不仅带来了学习的新动力,而且对于学生健全人格的培养和发展也有莫大的好处。正如苏联教育家赞可夫所说:"教学法一旦触及学生的情绪和意志领域,触及学生的精神需要,这种教学法就能发挥高度有效的作用。"从人文主义教育观来看,信息技术教育具有技术教育的色彩,更需要渗透人文主义的因素。因此,信息技术教学更应该克服以往片面强调教学的严肃性、客观性的做法,避免教学过程的严肃有余而活泼不足,注重师生情感的交流和非认知因素的影响作用,尊重学生的价值取向,鼓励人性的向善和人生理想的追求,激发学生的兴趣和情感体验,寓教于乐和寓教于情,使教学生动化和人性化。

教学的互动性和多边性:指师生、生生之间的有效互动和多边交流,以避免教学过程异化为教师单方面的活动过程,使师生之间缺乏有效的沟通和反馈,以至于窒息学生的学习积极性和创造性。信息技术教学在师生互动方面有着比其他学科更多的优势,除了传统的口头对话交流外,信息技术教学还可以充分利用自身的学科优势,有效使用各种电子化的互动方式,如 BBS、聊天室、留言板、E-mail 等。而这些电子化的互动方式又各具特色,既有同步的,如 BBS、聊天室等;又有异步的,如留言板、E-mail 等。这适用于不同的对象、内容和场合,有效地弥补课堂教学时间过短而不利于开展深入交互的缺点,使课堂教学和课外活动连续起来,使信息技术课程学习与生活实际联系起来。

(四)教学方法——以教学需要为中心

教学方法要有针对性:要针对学生的准备状态、教学内容的特点、具体的教学目标、教学方法的适用范围、已有的软硬件条件和教师自身的素养条件等,综合权衡,选择和使用合适的教学方法,而不是无原则地仅凭个人好恶或者因循传统,盲目地或者随意地选择使用。特别是有关态度和情感方面的教学目标,它与信息技术运用能力的培养有很大的不同,各有其适用的教学方法,比如前者可以通过课堂讨论、信息作品欣赏等方法开展教学,后者则可以采用任务驱动教学法等。

教学方法要有灵活性:根据教学过程中的各种条件及其变化灵活选用教学方法。灵活性与针对性是相连的,灵活选用的目的主要是要保证教学方法的针对性,要使教学方法具有针对性就必须灵活地选择和运用。

教学方法应该多样化:选择和使用多样化的教学方法以丰富教学过程,而不是用一种或某几种教学方法一教到底,长期没有变化。多样化与针对性和灵活性也是相互关联的,能做到针对性和灵活性基本可以保证教学方法的多样化,多样化的教学需要灵活、有针对性地选择教学方法。

(五)教学过程——贴近生活、探究学习和因材施教

贴近生活:突出体现在教学过程要贴近学生的学习和生活经验,在"真实"的情境中通过实际问题的解决来培养学生的信息素养。所谓贴近学生学习和生活经验

包括两种可能,一是利用学生已有的学习和生活经验来教学(如:在有关搜索引擎的教学中利用学生以前使用搜索引擎的经验);一是将信息技术应用于解决学生学习和生活中的实际事例(如:设计一个简易的财务管理软件帮助自己管理财务可能是一个合适的事例,而制作一份投标书就可能不是一个好的事例,这个事例虽然来自实际,但学生并不熟悉,会冲淡教学主题)。贴近学生学习和生活经验实质在于连接学生的已有经验,唤起学生的学习愿望,并以此作为出发点,更好地改造和拓展学生已有的经验。可以根据实际需要有针对性地选择这两种"贴近"方式。

探究学习:指教学过程要克服以往单纯依赖教师传授知识和技能的做法,重视学生在教师的引导和启发下通过自身的探讨和研究创造性地获取知识,在探究过程中培养能力。为使学生的学习具有探究性和创新性,需要教师在教学过程中加强对学生学习的引导和启发,给学生以帮助并留下思考和想象的空间,而不是"不厌其烦地对学习者倾其所有,历数菜单,盲目地试图提高学习者操作菜单的水平"。

因材施教:指教学过程要从一刀切和整齐划一向因材施教转变,提倡在教师的指导下学生的个性化学习和特色发展。这个问题主要表现在两个方面:第一,由于受经济和教育发展水平不平衡的制约,地区与地区之间,学校与学校之间,即便在同一个学校的每个班级内部,学生信息技术的起点水平也存在较大差异,导致长期以来,小学、初中、高中各学段的信息技术教学内容和目标都是从"零"开始。随着课程改革的深入,"零起点"问题虽将逐渐化解,但不可能很快消失,学生与学生之间的差异仍将客观存在,需要我们因材施教,满足不同学生的发展水平和学习需求。第二,为了兼顾学生的特色发展,需要我们主动地去发现和培养有专长的学生,正如普通高中信息技术课程标准所指出的,"学校还要善于发现确有信息技术天赋和特长的学生,并给予专门的培养"。

二、信息技术课程的教学原则

教学原则是根据教学目标、教学的客观规律,在总结教学实践经验基础上制订的、为教学工作所必须遵循的一般原理或准则。本章所阐述的信息技术课程的四大教学原则,是在分析信息技术新课程所提倡的课程理念、目标和内容,总结信息技术教学实践经验的基础上形成的,并融入了传统意义上的一些教学原则,如量力性原则、循序渐进原则、因材施教原则等等。在论述教学原则的同时,也引入了一些信息技术教师的优秀教学经验,为落实这些原则提供可借鉴的操作指南。

(一)基础性与发展性相结合原则

基础性与发展性相结合是针对学生信息素养的培养提出来的,它包括三个方面。第一,人类社会已经迈入信息社会,信息技术成为一种基础性工具,信息素养成为社会公民的一项基本素质。这种社会背景,见之于信息技术课程的教学,就必然要求我们注重对学生信息素养这种基础文化素质的培养。第二,信息技术以及信息社会是不断朝前发展的,但是这种发展又是依赖于一定的基础,是建立在一定基础之上的朝前发展。这种历史发展规律,见之于信息技术课程的教学,一方面,在教学目标的定位上不仅要为学生打牢知识基础,同时要使学生掌握学习信息技术的一般方法,学会学习,保持可持续发展,适应技术与社会的瞬息万变;另一方面,在教学内容的选择上既注重基础也适度反映(前沿)进展,使学生在掌握必要的信息技术基础知识和基本技能的同时,增强对信息技术发展前景的向往和对未来生活的追求。换言之,既不故步自封,滞留于信息技术发展的昨天,也不盲目突进,去追逐信息技术发展的风口浪尖。第三,学生的心智发展存在一个循序渐进、逐步成熟的客观规律,而信息技术的各个组成部分在技术深度和文化内涵上又存在程度上的不同区分。学生心智发展和信息技术的这些特点,见之于学生信息素养的培养,要求教师将教学抛锚于学生的"最近发展区",注意内容难度、深度和广度上的取舍,坚持基础性与发展性的有机结合,促进学生信息素养的一般发展。

在教学中贯彻基础性与发展性结合的原则,需要注意如下几点:

1. 重视信息技术基础知识、基本技能、基本方法和基本态度的培养

一般而言,越是基础的知识越具有普适性和迁移性,也就越适用于现在中小学的素质教育。从教育心理学的层面来看,掌握必要的基础知识、基本技能、基本方法和基本态度(也有人称之为"四基")是产生学习迁移的重要条件,有利于学习者形成良好的认知结构,为后继信息技术课程的学习打下良好的基础。而且,更为重要的是,信息技术的大众化又使它迅速地接近大众,走进大众生活。现在以及将来的学习、生活和工作都将处在一个被信息技术充塞的环境中,缺乏基本的信息素养也就失去了生存和发展的基本条件,这样的人必将陷入被动乃至被社会所淘汰。

所以,在中小学信息技术课程教学内容的选取上,应该突出"基础性"原则,学习内容应是信息技术学科领域中具有一定稳定性的东西,是学生将来学习、生活和工作中能够利用的或者能迁移到其他领域中去的。虽然信息技术的发展十分迅猛,令人目不暇接,但我们也应该看到,信息技术的基本概念、原理、方法和发展规律,我们对信息技术的应持态度和使用信息技术的基本习惯都是相对稳定的。例如,信息和信息技术的重要价值、计算机系统的组成和基本工作流程、信息获取和多媒体作品制作的一般过程和方法,等等。

2. 以发展的眼光促进学生信息素养的发展

这里所谓发展的眼光,一是指教学过程的发展,二是指教学内容的发展。两者体现在学生身上,则是要动态地认识学生信息素养的发展水平,并以其信息素养的提升为指归,实质上这也是现代教育哲学所倡导的"发展本位"教育价值观的重要体现。

（1）教学过程的发展性

苏联教育家维果茨基提出“最近发展区”理论，他将学生在成人指导下借助成人的帮助所能达到解决问题的水平与其在独立活动中所达到的解决问题的水平之间的差异（差距）称为“最近发展区”。他认为“教学应当走在发展的前面”，对教学过程而言，重要的不是着眼于学生现在已经完成的发展过程，而是关注那些正处于形成的状态或正在发展的过程，要让学生“跳起来摘桃子”；他同时指出，教学应促使“最近发展区”的形成并使之不断变化。

信息技术课程的教学也应遵循“最近发展区”的原理，使教学有一个适当的起点，并使教学过程动态发展，使学生信息素养水平获得持续的提升，绝不可满足和停留于学生已经达成的能力水平。教师对学生知识、技能水平应及时了解，以发展的眼光认识和评价学生的信息素养水平。由于每个学生的“最近发展区”存在差异，这就要求教师能根据不同的水平设计相应的学习任务并提供完成任务的各种支持条件，或使学习任务具有一定的开放性，允许学生在任务框架下自主确定具体的学习任务等等。

（2）教学内容的发展性

信息技术在不断发展，这体现在：一方面，为适应各种需求研究和开发出来的信息技术新成果，以及在现有成果基础上升级或改造的产品，都在不断地产生；另一方面，信息技术的大众化或者普及性本身就是相对的，随时间而变化的。我们所说的大众信息技术中的各个部分，从文字处理到数据管理，从网络浏览到网站设计，从办公室到家庭，随着信息技术的发展，都有着动态变化的普及程度，对应不同的大众化水平。比如文字处理软件从 WPS 到 WPS 97 再到 WPS 2000 就有不同的大众化程度。

这样看来，适时调整教学内容甚至课程体系是很有必要的，也就使得中小学信息技术课程的教学具有明显的时代发展特征。因此，教师要保持对信息技术最新进展的关注，保持对社会信息化进程中出现的新现象的关注，以便及时发现新问题，补充新知识。

3. 加强学习方法的培养，提高学生对信息技术发展变化的适应能力

从当前来看，信息技术发展速度快、知识更新周期短，光靠学校的有限学习是远远不够的；从未来来看，信息技术是支持信息时代公民进行终身学习不可或缺的工具。因此，提高学生对信息技术发展变化的适应能力，学会学习，既是当前教学的需要，也是培养信息时代公民的需要。换言之，信息技术教师应当注重学生学习方法的培养。

首先，教师应在提高自身业务能力的前提下注意总结和归纳信息技术的基本特征和一般发展规律。比如应用需求与发展变化的关系，每一类新的工具都是为解决某些特定问题而设计的，而每个新的版本或者是更新换代产品，都是为满足新的需求或提供更有效的方法而设计的;又比如不同工具平台的使用方法、不同问题的解决过程具有共通之处,教学时不需强调这些软件的特定细节,而是以这些软件的使用为载体,来教会学生这一类技术或软件的基本知识和基本的使用方法、技巧。

其次,教师要引导学生学会自主学习。在给出教学任务之后,通过组织学生共同研讨、分析任务,尽可能让学生自己提出解决问题的步骤、策略与方法;培养学生使用软件"帮助"和屏幕提示的习惯,使学生在学习中碰到问题时能够自己利用计算机提供的"帮助"和人机对话等途径来解决;还要注意培养学生利用网络获取帮助的能力,一是可以利用搜索引擎获取有关解决问题的方法,二是利用网络寻求他人的支持,实现智慧的互联和互惠。

最后,教师还要培养学生的评价能力,一方面要引导学生学会对自己学习结果的评价,使学生真正成为学习的主人;另一方面要引导学生在具体工具的使用中,认识其优点,发现其不足,培养批判意识。

总之,只有坚持基础性与发展性相结合的原则,我们才可能为中小学学生创造这样的一幅图景:以基本知识和基本技能为起点,以教师教学为支点,以学习方法为杠杆,挑起学生未来发展的朝阳。

(二)全面发展与个性发展相统一原则

人们已达成共识,新世纪合格人才应该具备两项基本品质:一是全面发展的基本素质;二是充分发展的优良个性。

全面发展不是平均发展,个性发展也不是自由无序,两者相辅相成。一方面,个性培养的最终结果必将促进人的全面发展,没有个性的健康发展就不可能有高层次的全面发展。另一方面,全面发展的目的不是消灭差别,泯灭个性,恰恰相反,就是要在注重学生各方面素质全面提高的基础上,尽可能培养、鼓励和发展学生的个性。也就是说,全面发展总是表现为个性的不断扩展和丰富,个性发展也必然伴随全面发展而不断升华和完善。

由于区域经济发展的不平衡,导致我国信息技术教育在不同地区、不同学校的发展存在严重的不平衡,即使对同一所学校来说,由于学生来源不同,基础水平也存在较大的差异。同时,信息技术课程作为一个具有内在特殊性且应用性极强的科目,不同学生对其有着不同的适应性。为此,高中信息技术课程标准在理念上提倡"关注基础水平和认知特点差异,鼓励个性化发展",在课程形式上采用必修加选修的模块设计,在课程内容上不限定具体的教学软件、硬性的设施设备要求,等等。而具体落实到信息技术课程的教学中,则要求教师做到全面发展与个性发展、共同施教与因材施教的辩证统一,"尊重学生的人格,关注个体差异,满足不同学生的学习需要,创设能引导学生主动参与的教育环境,激发学生的学习积极性,培养学生掌握和运用知识的态度和能力，使每个学生都能得到充分的发展”。具体说来，可从以下几个方面努力。

1. 在达到课程标准基本要求的基础上设立多级目标

首先应使全体学生在知识与技能、过程与方法、情感态度与价值观上获得全面的发展，达到课程标准的基本要求。同时根据学生信息技术水平和能力上的差异设置多级教学目标，对应不同能力水平的学生，进行分层次教学。对基础较差的学生，可以适当降低要求，多鼓励、多帮助，提供有针对性的指导，使其向全班平均水平靠齐，减少与先进学生的差距；对于基础较好的学生，可以提出更高的要求，少限制、多支持，鼓励自主探究，更上一层楼。如果采取一刀切的做法，无疑会增加后进学生的学习难度，减弱优秀学生进一步提高信息技术水平的动力。

2. 在实现课程标准基本要求的基础上设计多种学习任务、使用不同的软件工具

教师要充分了解学生的兴趣爱好和特长，一方面，教师应该针对差别设计不同的学习内容和任务，满足不同学生的需要，针对学生能力水平的差异提供不同难度水平的学习任务，如在进行网络资源搜索工具的教学中，可以让初学者了解搜索工具的基本使用方法，而针对那些对搜索引擎已有所了解的学生，则可以要求他们使用各种方法提高搜索效率。另一方面，在完成任务的软件工具的选择上不强求一致，在条件允许的情况下，应该让学生选用自己感兴趣的软件工具。

3. 在实现课程标准基本要求的基础上根据学生的认知风格给予不同的教学指导

不同学生具有不同的认知风格，有些学生喜欢独立地制订解决任务的方法，表现出很强的“场独立性”，而有的学生则常常依赖于教师提供解决任务的线索和启发，具有明显的“场依存性”；有些学生善于用复合思维、综合信息与知识，运用逻辑规律，缩小问题范围，直至找到解决问题的方法，有些学生则可能更具发散思维优势，喜欢沿着多个方向寻找解决问题的方法；还有些学生在问题情境中，倾向于深思熟虑而错误较少，而有些学生则倾向于快速作出反应而常常出错。面对着学生在学习过程中表现出来的种种认知风格的差异，教师在教学过程中应采用不同的教学策略，施以不同的教学方法和指导，鼓励不同意见和思路的迸发与问题解决方式和方法的多样化。

4. 在实现课程标准基本要求的基础上将集体教学、小组合作与个别指导有机结合

教师应根据实际情况和需要，有效使用各种教学组织形式，以适应不同认知方式、不同知识水平学生的发展。对于基础性的内容以及学生在学习过程中反映出的共性问题，可以采用集体讲授的形式；对于基础较差的学生，可以采用个别辅导的方法为其奠定必要的基础，消除他们的恐惧感和畏难感，增强其学习的信心；对于一些优秀学生，可以提供多样化的自主探索空间和条件，给予专门指导，使其能够得到充分提高。也可以采用小组合作方法，变学生的个体差异为优势资源，让学生在合作交流中互相学习并充分发挥各自的长处，协作完成学习任务。

总之，信息技术课程要求教师在承认、尊重学生差异的前提下，既照顾个体差异，又体现教育水平，在此基础上展开灵活多样的教学。需要指出的是，这其中没有固定的模式可寻，需要在实践中不断地探索和创造。

（三）信息技术与日常生活和学习相整合原则

基础教育课程改革风起云涌，世界各国不断更新课程内容，加强学科知识与学生的学习和生活经验、当代社会发展的内在联系，强调以学习者的经验、社会需要和问题解决为核心的课程整合，有效地培养学生学会学习、解决问题和进行综合实践的能力。

信息技术课程教学中的技术训练并不以作用于学习者的未来职业发展为主要目标，而是定位于为他们当前的学习和生活服务。实际上，大众信息技术简单易学的特点决定其本身就是指那些离我们自然经验不远的部分，同时我们更应该看到，信息技术教育的需求来源于社会信息文化建设的日益发展和成熟，生活是信息文化建构的基础，而课程则是信息素养教育的载体，它毫无疑问要以贴近生活的方式来汲取足够成熟的文化营养。因此，信息技术课程的教学，更应该将学生对信息技术与其日常生活和学习有效结合，即一方面信息技术的教学要贴近学生生活，另一方面信息技术的教学要贴近学生的日常学习。

1. 信息技术的教学要贴近学生生活

中小学信息技术课程要充分发掘信息技术课程本身内涵，密切联系学生的现实生活和社会实践。体现在物质文明的建设方面，要鼓励学生将所学的信息技术积极地应用到生产、生活乃至信息技术革新等各项实践活动中去，在实践中创新，在创新中实践。体现在精神文明的建设方面，鼓励学生恰当地表达自己的思想，进行广泛的交流与合作，并在此过程中分享思想、激发灵感、反思自我、增进友谊，共同建构健康的信息文化。

(1)教学场所的拓展

除了普通教室、计算机房，教师可以根据教学需要，特别是在涉及情感态度与价值观的培养时，可以尝试将教学活动延伸到校园、电脑市场、部分企事业部门和行政部门、博物馆等与教学内容相关的活动场所，引导学生在实践、参观、调查等过程中发现问题、分析问题和解决问题。需要指出的是，信息技术教学主要还是以教室和机房为主要阵地，在里面同样可以激发学生的生活经验，“去市场上亲身走一遭”只是一种可供选择的方案，不见得非要如此，况且占用时间较多，应适度把握，不可滥用。

(2)教学时间的布置

教师不仅要结合教学实际，为学生安排可以在课堂上完成的任务，也可以根据条件适当地把一些学习任务安排在课外时间中去完成,以便学生能更方便地在实际生活的体验中学习信息技术,使课堂教学和学生的生活实践联系起来。当然,须注意时间量上的适度把握,以不过度占用学生时间、不加重学生负担为前提。

(3)教学内容的设计

可以适度设置贴近学生生活经验的"真实"学习任务、典型案例、研究性课题或活动课程等。不仅可以把来源于社会生活的实际问题引入教学,也可以在条件允许的情况下吸收学生参与校内的机房建设与管理、校园网建设与管理、学习资源的建设等等。以此引导学生在动手操作、自主探究和解决问题的过程中把"学技术"与"用技术"融合在一起,让学生在活动过程中掌握应用信息技术解决问题的思想和方法。

2. 信息技术的教学要贴近学生的日常学习

信息技术与课程整合存在两种不同的取向,其一是信息技术与其他课程的整合,利用信息技术促进其他课程的建设,有关内容将在第八章中详细介绍;其二是立足于信息技术课程,在坚决反对学科本位的基础上,一方面要将其他课程的内容结合到信息技术课程的教学中来,另一方面要利用信息技术支持信息技术课程自身的教学。

(1)在信息技术课程中整合其他课程的内容

信息技术课程的学习总是要有一定的学科知识作基础,学生在利用这些学科知识基础支持信息技术内容学习的同时,也巩固和加深了对它们的理解和掌握,甚至有可能从中得到新的启迪而获得新知。例如,练习用拼音法输入汉字的技能要用到语文课中学过的汉语拼音知识;学习使用画图工具画图时,需要数学中图形方面的知识和美术方面的知识;程序设计语言的学习要用到许多英语单词和语句;编电子音乐程序需要音乐知识等等。除了这种简单利用学科知识的情况,另一个重要方面在于,教师可以鼓励和引导学生联系学科学习的实际,将其他课程的学习内容和作业任务引入信息技术课程的学习,比如在学习文字编辑软件时,可能其他学科教师给学生布置了自编试卷的作业,这时,教师便可以鼓励学生利用文字处理软件使之电子化;又比如在程序设计课中,鼓励学生通过编程实现数学课有关作业的解答。

(2)利用信息技术支持信息技术课程自身的教学

我们常常重视将信息技术应用于其他课程内容的教学,却往往忽视了将信息技术应用于自身的教学。信息技术不仅是学生学习的对象,而且也是学生学习信息技术和信息技术教师支持教学的工具。学生在学习信息技术的过程中,可以应用已经具备的信息技术基本技能去获取与当前学习内容相关的支持资料,管理当前有关的学习资料和成果,解决学习信息技术所遇到的疑惑,获得老师和学生的启发和解答,交流学习信息技术的经验、感受,利用信息技术与同学合作完成某项任务。教师则可以利用信息技术进行教学事务管理,为学生创造学习条件,等等。

(四)科学教育与人文教育相融合原则

在过去的计算机教育时代,科学主义教育价值观曾一度占据统治地位,以至后继的信息技术教育也深受影响。但是,对于基础教育阶段的信息技术教育来说,其文化教育意义和人文主义教育价值观的凸显已是大势所趋。正如普通高中信息技术课程标准所强调的,高中信息技术课程的设计要体现"信息技术应用能力与人文素养培养相融合的课程目标",并明确指出"选修部分强调在必修模块的基础上关注技术能力与人文素养的双重建构"。

1. 科学教育与人文教育简述

所谓科学教育,即指以征服、改造自然,促进物质财富增长和社会发展为目的,向人们传授自然科学技术知识,开发人的智力的教育,它是以科学主义的工具理性为教育价值取向、以社会发展需要为标准(社会发展本位)的功利性的教育价值观。

所谓人文教育,简单地说,就是培养人文精神的教育,以人文主义价值理性为教育价值取向的教育。它通过把人类积累的人性精神、审美情趣与文化传统传授给下一代,以期使人能洞察人生、完善心智、净化灵魂,理解人生的意义与目的,找到合适的生存方式。人文教育实质上是一种人性教育,它是以个体的心性完善为最高目标、以个人发展需要为标准(个人本位)的非功利性的教育价值观。

科学教育与人文教育在信息技术教学中发挥着不同的功能,有着不同的教育价值取向。科学教育注重信息技术知识、技能和原理的掌握,以适应信息社会的需要,人文教育则强调探求信息技术对人生活的影响和意义,人在信息社会中的生存方式和价值取向;科学教育追求的是速度和效率,人文教育追求的则是体验和沉浸;科学教育追求的是精确性和简约性,人文教育追求的则是生动性和丰富性;科学教育强调客观技术的掌握,人文教育强调主观情绪的感受;科学教育的教学评价标准是定量的和统一的,人文教育的评价标准是定性的和多样的。科学教育与人文教育的不同功能和性质决定了科学教育与人文教育的价值取向的不同:科学教育的工具性价值超过目的性价值,人文教育的目的性价值超过工具性价值。这就是说,科学教育更注重信息技术知识的传授、工具的使用,是启智的过程;人文教育虽然也要传授信息技术知识,也为人们提供一种适应信息社会生活的技术工具,但它更是目的的本身,是情感、人格的陶冶过程。

2. 科学教育与人文教育相融合的重要性

由以上分析可以看出,科学教育和人文教育都各自有其合理的内核与现实价值,也存在局限和不足,两者体现在信息技术教育中是相辅相成、不可分割的两个侧面,因此,实现科学教育与人文教育的融合就显得异常重要,这种重要性体现在如下两个方面。

宏观上,人文教育融入科学教育已成为社会发展之必然。以信息技术为第一发动机的知识经济大大地提高了经济发展水平,极大地改善了人类的生活水准。然而它在推动人类社会向前发展的同时,由于信息技术的匿名性、网络化等特征,也使人类社会面临着一系列新的挑战:网络病毒的泛滥,网络犯罪的此起彼伏,网络文化殖民的潜移默化,等等,都将给人类社会的生存和发展造成极大伤害。由此可见,信息技术越向前发展,人类社会就越是迫切需要信息技术的人道精神、道德规范和价值准则。而这些精神、规范和准则又绝非信息技术本身所固有的,技术本身是价值中立的,而使用它的人却不一定是价值中立的。换句话说,信息技术“致祸”还是“造福”,并不在于信息技术本身,而在于社会和个体的人文精神和价值观。这些人文因素只能由超越信息技术的人文教育来提供,通过人文关怀唤醒人的良知,树立有利于自身与社会发展的价值观,即用价值理性指引技术的开发与使用,方能确定其造福人类于久远的健康方向。诚如汤因比所指出的:科学所造成的各种恶果,不能用科学本身来根治。

微观上,作为个体人的生存与发展呼唤科学教育与人文教育的融合。个体有着各种需要,而且只有在这些需要不断得到满足的条件下,才能够生存、发展并不断自我完善。一方面,人有使用计算机、网络等信息技术工具维系其生存所必需的学习、工作和生活需要。这些需要的满足要求人掌握一定的信息技术工具的使用方法和能力,而个体的这种能力必须通过较系统地接受科学的信息技术教育才能有效地获得。另一方面,人同时也是有自我意识、情感、意志、理想的社会化了的人,具有对真、善、美,对友爱、爱情、尊重,对自我实现的精神需要。这些需要的满足必须要求人具有一定的创造、获取以及享受人类精神财富的能力,而个体的这种能力必须通过接受人文教育才能获得。否则,信息技术在接近大众,走进大众生活的同时,也将导致认知过载、心灵空虚、道德沦丧、信息犯罪、人性异化等负面影响。

总之,科学技术将继续长足进步,这是可以预期的,因为人类创造的工具理性已经赢得了无可阻遏的前行势能;而人类的价值理性还较为脆弱,我们并未寻找到安身立命的精神家园。这个精神家园是无形的,却是绝对不可缺少的,它需要大力营建,需要精心培植。古人云:礼乐所由起,百年积德而后可兴也。对于基础教育中的信息技术教育来说,作为素质教育的一个重要组成部分,也应当具有“百年积德”的自觉,加强科学教育与人文教育的融合。

3. 科学教育与人文教育的融合思路

信息技术教育中的人文教育有别于一般意义上的人文教育(以人文学科为主的人文教育),它的主要任务在于塑造与人的技术行为相关联的人文素养,因此,可行的途径就是在信息技术教育中融合人文教育的精髓。

所谓融合,通俗地说,就是相互融合,形成你中有我,我中有你,浑然一体的状态。因此,科学教育和人文教育的融合,不是两者的简单调和或相加,而是高层次上的融合。这种融合是全方位的,涉及教育思想、教育价值观、课程研制、课程实施等课程建设的各个方面,同样也体现在信息技术教学的过程中。

在信息技术教育中融合人文教育的教学过程可以划分为如下有机相连的几个环节:

其一是感受,要使学生在亲历信息活动的过程中体验到信息技术的作用与价值;

其二是感悟,让学生感悟到信息活动中的合作和探究精神,感悟到信息作品的风格、情调、美感以及蕴含的情感;

其三是理解,理解问题解决过程中发现问题和分析问题的角度和立场,理解问题解决过程中的合作、交流的重要性,理解信息作品所表达的思想、情感和态度;

其四是表达和交流,乐于同他人分享自己的感受和观点,并能用适当的信息表达方式适时、主动、清晰、生动、流畅地表达出来,善于倾听、理解和包容他人意见,和谐、融洽地进行讨论,主动、辩证地吸收他人的观点和思想;

最后,也是最终的目的,是获得精神的自由和升华,个性化地感悟信息活动中的人与技术、人与人的关系,内化社会成员应承担的责任,建立稳定的态度和健康的行为习惯,形成与信息社会相适应的学习方式和生活方式、价值观和责任感。

无论哪个环节,对于教师而言,最根本的是要尊重学生的个性、情感和自由。

第二节　信息技术教育课程的教学设计

要把信息技术新课程所倡导的新理念尽快转化为教育教学的新行动,必须在新理念与新行动之间寻找操作的中介,而教学设计就是这样一种有效的操作中介,事实上教学设计也被称为“桥梁科学”。

所谓教学设计就是指运用系统方法,将学与教的理论转换成对教学系统要素(学习者、学习内容、学习资源、教学目标、教学条件、教学方法、教学评价等)进行具体规划的系统化过程。其根本目的是系统安排教学过程和学习资源,创设有效的教学系统,以促进学习者的学习。它以传播理论、学习理论和教学理论为基础,应用系统科学理论的观点和方法,调查、分析教学中的问题和需求,确定目标,建立解决问题的步骤,选择相应的教学活动和教学资源,评价其结果,从而使教学效果达到最优化。教学设计是一个相对广义的概念,本章将其所指限定为课堂教学设计。

随着新课程改革的深入,传统的某些教学及其备课理念无法适应新的需求。表3-1反映了传统备课与新课程视野下的教学设计之间的某些差异。

表 3-1　传统备课与新课程视野下的教学设计的比较

比较项目	传统备课	新课程视野下的教学设计
主线	教师中心,以教代学,强调教的设计	学生中心,以学论教,强调学的设计
对象	备教材:备课基于对教材知识点的传授,教案就是教学实施的脚本	备学生:立足于学生的实际需要,着眼于学生的全面发展
依据	以教师教学经验为备课依据.	以科学的教育理论做指导,在分析具体教学需要的基础上设计
变通性	备课相当于课前的教学准备,它的内容是预设的、静态的,课堂教学强调教案的忠实执行	教学设计的主体工作需要在课前完成,但需要在教学过程中不断调整,教学设计贯穿于课前、课中和课后
教材观	"权威化"的教材观:将重心放在分析教材、梳理知识、强化考点等方面,教师是"教教材",其重要职能往往是实现和强化教材、教参和其他教学辅助资料的权威功能和诠释功能,缺失自己的教学创意,缺少自我主动的设计意识	"材料式"的教材观:教材只是教学活动的载体和媒介,只是课堂教学中可供利用的一种教学工具,是与学生交往活动的载体。教师在课前的主要准备任务便是策划如何有效利用这一载体、媒介和工具,是"用教材教",其重要职能是课堂教学的活动设计
成果	比较单一,主要为教案	除了教案,还有评价量规等

一、信息技术新课程视野下的教学设计理念

1. 教学设计的基本依据是领会课程标准分析教学需要

课程标准是承载新课程理念的纲领性文件,是实施新课程和课堂教学的根本依据。教学设计要立足于学科课程标准的要求,明确学科课程标准的基本内涵,准确把握课程目标,体会课程标准中教学活动的行为动词和体验性动词所描述的内涵及其实施途径。特别是在落实课程标准、体现学生发展共性的同时,还要充分利用课程标准留出的促进学生个性发展的空间,在教学设计中体现课程内容的差异性、学生学习的选择性和学生发展的个性化。教师要全面分析学生已有的兴趣、经验、知识基础、能力水平、学习风格等,了解学生多层次、多样化的客观需要,确定学生发展的不同途径。

课程标准既是社会需求分析的结果,又是从事教学的依据。因此教师进行教学过程设计,就可以从熟悉课程标准开始,而不必再进行社会学习需求的调查分析。当进行适合于课堂形式的教学过程设计时,首先根据课程标准确定课程总教学目标,然后进行教学内容的分析和学习者的分析;在此基础上,编写本课的教学目标和知识点的学习目标,确定教学的重点和难点;再根据前面分析的教学内容和学习者的特点,选择教学策略,包括教学内容的组织策略、传递策略(教学模式、教学方法、教学组织形式)和管理策略,选择教学资源,包括教学媒体、资源和教学环境;接着设计课堂教学过程结构,即通常所说的教学流程;设计形成性评价的工具,包括检测题、评价量表,以及调查问卷、观测记录表等;最后,运用上述设计方案进行教学实践,并作出形成性评价。根据反馈意见,对教学和教学设计方案进行修正。当单元教学或整个教学任务完成后,可以进行总结性评价。

针对信息技术课程的特点,经常需要教师设计学生的学习活动,此时要从学习需求分析出发,当有进行自主学习活动的需要时,首先要确定学习活动的主题;然后根据活动主题的需要(有时是单学科、有时是多学科),进行教学内容的分析和学习者的分析;在此基础上,拟定本次活动的学习目标。在自主学习活动中,学习目标经常以期望完成的任务和学习成果来表述;在此基础上根据学习活动内容和学习者的特点,选择学习策略,包括情境创设、学习模式和学习方法的选择;再根据前面分析选择教学资源,包括学习活动所需要的材料、工具,必要时,还可能需要对学习资源和环境进行设计和开发;接着设计自主学习活动过程和结构,设计形成性评价的工具,包括范例、评价量规,以及调查问卷、活动记录表等;最后,由学习者按照上述设计方案进行自主学习活动,并由教师和学习者共同作出形成性评价。根据反馈意见,对学习活动和教学设计方案进行修正,必要时,可以进行总结性评价。

2. 学习资源的收集和运用

教师要具备有效处理教材和开发课程学习资源的能力。教材是最常用、最基本的学习资源。但课程改革使教材观发生了深刻的变化,教材的功能定位逐渐由"控制"和"规范"转向"为教学服务",教材的内容和范例只是师生开展活动的中介与话题,只是课程学习资源之一,教师不是"教教材",而是"用教材教"。这意味着教师有权按照自己的理解,根据教学需要和条件选择、创造、生成新的课程学习资源。在这种理念下,学生可以发挥创造性,真正成为学习的主人;教师从教材的控制和束缚中解脱出来,成为拥有专业自主性和课程再次开发能力的研究者。只有教师具备学习资源创生的意识和能力,课堂教学才可能有丰富和生动的"营养保证"。

3. 教学目标的确立应在信息素养的三维框架内细化

在确定教学目标时,一方面要防止片面地理解信息素养的含义,把信息素养等同于计算机和网络操作技能,重技术轻情感,误入"教书"的歧途而丢掉"育人"的目的;另一方面要摒弃过去空泛、抽象的条文性表述,增强目标的针对性和操作性,使信息素养在知识与技能、过程与方法、情感态度与价值观三个维度中得以细化。知识与技能是基础,情感态度与价值观是导向,而过程与方法处于两者之间,起着承上启下的关键作用。过程与方法表征学习信息技术的探究经历与运用过程,这种过程性的学习超越了简单说教的局限,为情感态度与价值观的培养提供了有利条件。需要强调的是,教学目标的确立必须实事求是,既不能忽略信息素养的全面培养,也应反对牵强附会地在一堂课的设计中将信息素养的各个部分都列入教学目标的做法。

·阅读材料·

"过程与方法"目标的实质是要发展学生的能力,这就需要用"能力"的概念来描述这一目标。采用图1的步骤进行分析,有助于"过程与方法"目标描述语句的形成。

学习业绩 → 学习过程的特点 → 学习思想方法或学习过程中的学习能力

图1 "过程与方法"目标的编写

在编写"过程与方法"目标时,首先要对照该知识点的"知识与技能"目标的层次,即学习业绩。不同的学习业绩对学习过程的要求是不同的,比如,要获得"理解"的学习业绩就不能仅靠机械记忆来获得。因此,从"知识与技能"目标中的学习业绩出发,分析为实现这一业绩所需要的学习过程;通过分析该过程中的思维活动特点,就可以明确在这一过程中所体现的学科思想方法或相应的学习能力。规范的"过程与方法"目标的描述应该包括三个要素:学习的知识内容(或研究课题的内容、实践活动的内容)、学习过程的方式、能力发展的内容。学习的知识内容(或研究课题的内容、实践活动的内容)描述的语句是:"在……过程中"。例如,"在获得密度概念的过程中"、"在研究艺术的发展和人类的生存与发展的关系的过程中"、"在对社区的公共服务设施进行社会调查的过程中"等等。

学习过程方式描述的语句是:"通过……"。例如,"通过分析与概括"、"通过实验探究"、"通过文献研究"、"通过采访调查"等等。

能力发展内容描述的语句是:"发展……的能力"、"了解(体会、掌握)……的学科方法(学习策略)"。

能力发展内容描述的语句是:"发展……的能力"、"了解(体会、掌握)……的学科方法(学习策略)"。

摘自李龙《教学设计》,高等教育出版社

4. 教学流程的设计主要体现在教学模式的多样选择与运用

信息技术教学有很多教学模式可供选择,如任务驱动教学、基于问题的学习、

WebQuest、范例教学等等。教学模式的选择要根据课堂教学实际,依据教学需要作出合理的选择,要立足于"让课堂充满生命活力,让学生成为学习的主人",使教学成为师生积极互动、共同发展的过程。传统教学在教学过程的设计编排中,受凯洛夫教育理论的影响,不论学科、年级和教学内容等因素,通常采用的是传递—接受式的五环节的教学模式:激发学习动机—复习旧课—讲授新知识—巩固运用—检查评价。新课程改革倡导的"以学生发展为本"的教育理念,在建构主义学习理论、活动课程理论、多元智能理论的指导下,出现了很多新型的教学模式。因此,在继承传统的基础上,我们还需勇于创新,积极尝试和创造新的教学模式,丰富教学过程。

在实际教学中,课堂教学过程类型是多种多样的。在认真分析各知识点的学习目标、教学内容以及学习者特点的基础上,依据所选择的教学策略,选取最合适的基本类型。然后按照知识点的组织顺序或学生进行信息问题解决的典型学习活动把它们优化组合起来,形成不同的教学流程,经过教学设计的课堂教学过程是科学的、优化的,而且形式是丰富多彩的、生动活泼的,每节课都将会取得较好的教学效果。

二、教学设计的一般模型

(一) 教学设计的两个关键变量

任何理论的研究和应用都要抓住一些关键性变量,教学设计也不例外。虽然教学系统中有众多的要素,但为了抓住主要矛盾,在参考加涅教学设计思想和课程改革理念的基础上,可以认为教学设计的两个关键变量是学习者和学习内容。

强调学习者与学习内容两个核心变量是新课程"以学论教"理念在教学设计中的有力体现,它要求教学设计者站在学习者的立场上提出问题、解决问题,它是教师教学的出发点、凭借点和归宿点。因此要围绕学习的主体——学生的"学"来设计,而不是以教师的"教"为中心,一方面要从"学"的角度,定学生"学"的任务,即要求教学设计时根据学生身心发展和学科学习的特点,根据学生的个体差异和不同的学习需求来确定学生"学"的任务;另一方面要从"学"的角度,定教师"教"的任务,即从"以教为主"向"以学为主"转变,让"教"服务于"学",让"师"协助"生"。

1. 学习者变量

对学习者的重视,是新课程提倡的"学生本位"和"发展本位"的必然要求。问题的关键在于,我们要分析、了解学习者的特征,或者说,这个变量的哪些成分会影响学习的发生和效果。根据已有研究,以下几个方面是这个变量的重要组成要素:学习者的兴趣、经验、知识基础、能力水平和学习风格等。

2. 学习内容变量

学习的结果是作为主体的学生反映和认识作为客体的学习内容的产物,脱离了学习内容这个关键变量谈学生的学习是毫无意义的。学习内容变量主要包括：学习内容的内在联系；学习内容中的基点（重点、难点和关键点），即哪些是最主要的内容（重点），哪些是学生在接受上有困难的内容（难点），哪些是对学生顺利学习其他内容起到决定性作用的内容（关键点）；学习内容的类型和学习条件，参照加涅的学习分类和教学设计理论（见图3－1），人类的学习可分成五类，即言语信息、智慧技能、认知策略、动作技能和态度（每一类下面还有多个亚类），这五类学习结果代表了不同类型的学习内容，不同类型内容的学习需要不同的内外部条件（见表3－2）。

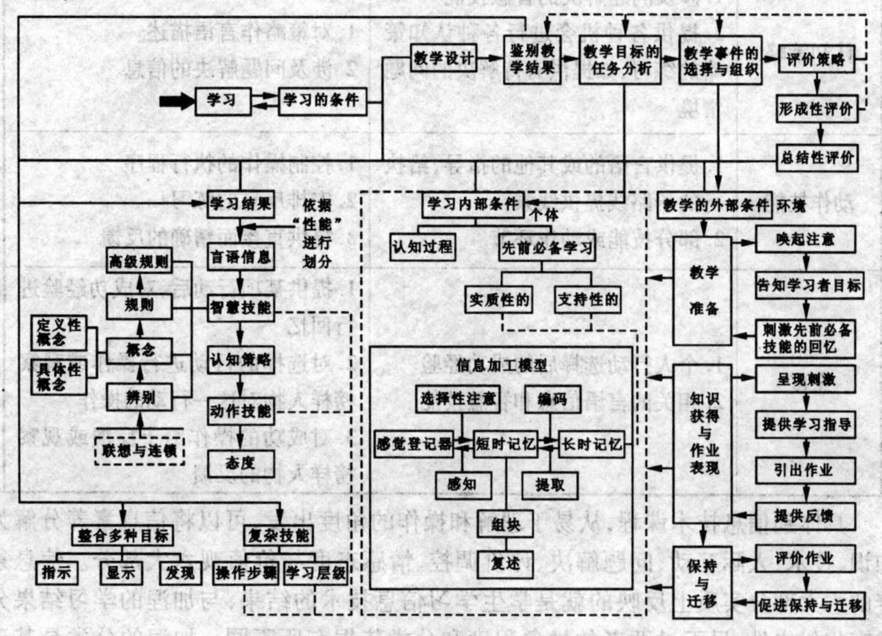

图3－1　加涅的理论体系图

表3－2　五种学习内容类型及其学习条件

学习内容	可能的内部条件	重要的外部条件
言语信息	1. 先前习得的有关言语信息 2. 理解和应用言语的智慧技能	1. 用各种印刷符号或言语激活注意 2. 为有效编码而呈现一种有意义的前后关系（包括表象）

续表

学习内容	可能的内部条件	重要的外部条件
智慧技能	1. 促进先前习得的部分技能的提取 2. 呈现言语线索使部分技能的组合有序	1. 作为组成部分的较简单的智慧技能 2. 与使用的例子特别相关的信息 3. 安排间断复习的时机 4. 运用各种前后关系促进迁移
认知策略	1. 涉及问题解决的智慧技能 2. 提供各种机会进行各种认知策略的练习，如提供有待解决的问题情境	1. 对策略作言语描述 2. 涉及问题解决的信息
动作技能	1. 提供言语的或其他的指导，给执行的子路线提供线索 2. 部分技能或动作环节	1. 控制操作的执行程序 2. 安排反复的练习 3. 提供直接而精确的反馈
态度	1. 个人行动选择后的成功经验 2. 相关的言语信息和智慧技能	1. 提供某项行动后，对成功经验进行回忆 2. 对选择的行动进行操作或观察榜样人物对这一行动的操作 3. 对成功的操作给予反馈或观察榜样人物的反馈

具体到信息技术课程，从易于理解和操作的角度出发，可以将信息素养分解为知识、技术、人际互动、问题解决、评价调控、情感态度与价值观六大部分。信息素养的六大部分实质上反映的就是学生学习信息技术的结果，与加涅的学习结果分类有相似之处，只不过两者的抽象程度和分类依据有所不同。加涅的分类是基于“具有共同特征的人类行为表现”，是在普遍意义上对人类学习结果的分类；信息素养详解则是针对信息技术课程的，可以认为是加涅分类体系在信息技术教育中的具体化，两者的对应关系见表3－3。有了这样的对应关系，我们就可以区分信息素养不同组成部分所需要的内外部条件，为信息技术课程的教学设计提供指导。

表3－3　信息素养与学习结果类型的对应关系

信息素养		学习结果类型
知识	符合	言语信息
	概念	智慧技能
	事实	言语信息

续表

信息素养		学习结果类型
技术	思想	智慧技能
	原理	智慧技能
	操作	智慧技能、动作技能
	方法	智慧技能、认知策略
人际互动	表达	智慧技能、态度
	交流	智慧技能、态度
	合作	智慧技能、态度
问题解决	发现问题	智慧技能、认知策略
	分析问题	智慧技能、认知策略
	确定方案	智慧技能、认知策略
	解决问题	智慧技能、认知策略
评价调控	要素评价	认知策略
	过程评价	认知策略
	个性化评价	认知策略
	调整控制	认知策略
情感态度与价值观	身心健康	态度、动作技能
	信息意识	态度
	作品欣赏	态度
	行为规范	态度
	价值内化	态度

(二)教学设计模型说明

学习者和学习内容作为教学设计的两个关键变量，既是教学设计的起点也是教学设计的关键。教学设计的本质就是依据不同的学习者特征、不同的学习内容进行适当的设计。那么，又如何来整合学习者特征和学习内容呢？可以引入教学需要这一概念，它正好表示学习者从初始状态到新知识(蕴含于学习内容中)的获取之间的差距。通常教学需要的满足就是教与学活动成功完成的标志，因此，整合的平台就是教学需要，有什么样的需要，就进行什么样的设计。基于这样的思路，在史密斯—雷根模型的基础上，本书提倡使用如下教学设计过程模型，亦可称之为“面向需要的教学设计模型”(见图3-2)。

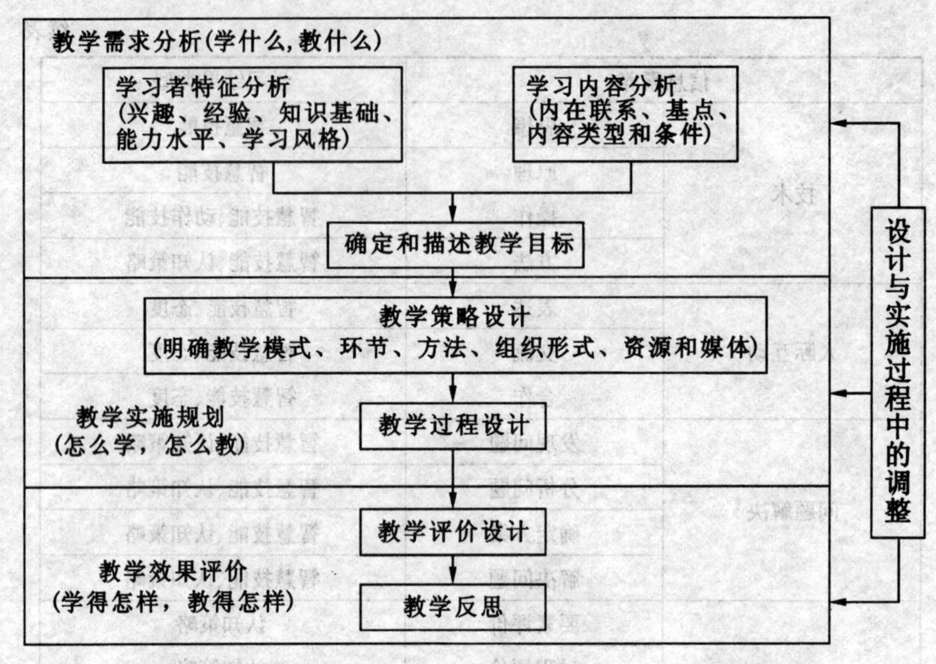

图 3-2　教学设计模型

仔细分析该模型,可以发现如下几个特点:

1. 在教学分析的顺序上,将教学目标的分析后移

有些教学设计模型把教学目标(主要指考试大纲或课程标准等文献中所规定的)放在教学分析的第一位,将教学目标当做一成不变的自变量甚至常量,显然这有悖于"发展本位"的教育理念。教学目标不是静态的,也不应是预设的,只能作为学习者和学习内容两个自变量的因变量,只有根据两个自变量进行有针对性的教学分析,动态地、实事求是地确定教学的目标,才能真正做到因材施教,才能真正体现学生的主体性,才能真正做到教学设计的本土(地)化,也才能符合本次课程改革倡导的"教学是课程创生的过程"的新教学观,从另一种意义上说,也超越了加涅单纯依赖学习结果类型推演教学目标的做法。考试大纲或课程标准等文献所规定的课程目标或教学目标是面向全体的,具有一般性,它们可以作为教学设计者进行教学分析时的一个很好的参考资料和指南,但不应中心化和绝对化,不应作为目标本位来恪守或盲从。教学目标的确立依据考试大纲或课程标准但不拘泥于此,实际需要达到什么样的目标,根本上是看学习者具有什么样的认知结构、能力、兴趣、经验、认知风格,学习内容有什么样的内在联系、基点有哪些、属于什么类型、需要什么样的内外部条件,在两者的结合部上(学习者特征能在多大程度上契合学习内容的特点)确定最终的教学目标,以适应地区差异和个性差异。

2. 在学习者的分析上，增加了对学习者已有经验的分析

新课程非常强调学生的体验性学习，因此，为了贴近学生的学习和生活经验，适应和满足学生的生活和学习需求，教学设计必须充分考虑和分析学习者已有知识技能基础与学习的相关经验。

3. 在评价的设计上，强调教学评价的整体设计

教学评价设计涉及教学评价的类型、方式和方法。评价类型，如诊断性评价、形成性评价、总结性评价；评价方式，如学生自评和互评、教师评价等；评价方法，如利用量规、测验等进行评价。在教学评价设计时，要特别注意教学评价与教学环节的有机整合，使整个教学过程具有流畅性，如什么时候适合进行教学评价，采用何种评价方式和方法为宜等等。

4. 在教学效果的评价上，明确提出教学反思设计

教学的传统告诉我们，要不断提高教学水平，就要做教学上的有心人，将平常的教学经验点点滴滴积累起来；课程改革则明确提出反思性教学，通过教学反思可以发现教学过程中的可取之处和存在的不足，可以发现新的问题和得出新的启发，可以据此调整教学过程和修改教案，更重要的是可以积淀教育教学理论素养。因此，将教学反思纳入教学设计的一个重要环节，从教学设计的角度规范教师的行为，有利于适应课程改革和教师专业发展的需要。教学反思从类型上看有教学过程中的反思和教学过程后的反思，前者是教师有意识或潜意识地不断地对与他以往教学经验不符合的、在教学设计中未曾预料的问题情境的重新建构，后者是教师在教学过程结束后的回顾性思考。如教学目标是否达到，教学过程是否流畅，重点、难点和关键点是否突出，学生的积极性是否调动起来了，教学评价是否较好地起到了促进学生发展的作用，教学中是否出现了令人惊喜的亮点，存在什么失误，补救措施是否得当，尚需做什么样的改进，教学中存在什么困惑，等等。

在教学设计时，教师可以设计好相应的教学反思表，明确需要反思的各个方面，并在教学过程中及教学结束后及时填写。

三、教学设计典型问题分析

（一）关于教学目标的描述

新课程提倡采用行为目标的形式陈述教学目标，有两种类型：一是采用结果性目标的方式，即明确告诉学生学习结果是什么，所采用的行为动词要求明确、可测量、可评价。这种方式指向可以结果化的课程目标，主要应用于“知识与技能”领域，如“能使用合适的通讯工具与同学交流学习经验”，“能用图形表示表格数据”等。二是采用体验性或表现性目标的方式，即描述学生自己的心理感受、体验或明确安排学生表现的机会，所采用的行为动词往往是体验性的、过程性的，这种方式指向无需结果化的或难以结果化的课程目标，主要应用于"过程与方法"、"情感态度与价值观"领域，如"列举身边的各种信息，体验信息的丰富性和普遍性"，"尝试各种应用软件提供的助手，体验智能代理技术的神奇功能"等等。当然，在进行教学目标陈述时，这两种类型往往也是混合使用的。一般认为，行为目标的陈述需要四个基本要素（俗称 ABCD 描述法）：行为主体（audience）、行为动词（behavior）、行为条件（condition）和表现程度（degree）。如"在小组交流中（行为条件），学生（行为主体）能表达（行为动词）自己的主要观点（表现程度）"。

所谓"行为主体"，特指学生，而不是教师，因为判断教学是否有效，其直接依据是学生有没有获得实际的进步，或者学习过程有没有得到贯彻，而不是教师有没有完成某一项工作，因此要避免采用如下的描述方式"使学生……"，"提高学生……"，"培养学生……"等。

所谓"行为动词"，指行为主体的操作行为，要求应尽可能可理解、可评估，有明确指向，尽量避免采用笼统、模糊的术语，如"提高……"、"灵活运用"、"培养学生……的精神和态度"、"了解"、"掌握"等，这些行为动词缺乏质和量的具体规定性，不便操作，反而易流于形式。

所谓"行为条件"，是为了影响、导向学生应有的学习结果或过程而特设的限制或范围，也是评价必然要参照的依据。

所谓"表现程度"，是指学生学习之后预期应有的表现内容，并以此评估、测量学习过程或结果所达到的程度。

然而，并不是所有的目标呈现方式都要包括这四个要素，有时为了陈述简便，通常省略行为主体和行为条件，前提是以不会引起误解或多种解释为标准。

（二）关于教学模式、教学方法的选择

信息技术教学有很多教学模式与方法，比如讲授式、"任务驱动"式、基于问题（项目）的学习、WebQuest 等等，需要教师在教学时作出合理的选择。

（1）要从教学实际出发，根据不同的教学目标、内容、对象和条件等，灵活、恰当地选用教学方法，并善于将各种方法有机地结合起来。

（2）过去的教学多是在技能训练思想指导下的实践，新的高中信息技术课程标准对课程目标和内容的重新界定呼唤新的教学方法的应用，因此教学方法的选择必须以服务于信息素养的培养为前提。

（3）同样的教学内容往往可以采用多种不同的教学方法施教，此时似乎存在一个两难的选择，一方面，对于经典的、仍具较强生命力的传统教学方法要继承和发扬，不要一提到教学改革，好像就只能选用新的教学方法；另一方面，信息技术教学

尚处在发展期,可以利用的优秀经验尚不丰盈,如果因循守旧,必然丧失发展的机会,因此,教师可以尽量尝试自己尚未使用过或使用不多的教学方法,以丰富教学过程和教学体验。合理继承与大胆创新是我们必须坚持的原则。

(4)各种教学方法有相互联系、相互融合的趋势,因此善于将各种方法有机地结合起来,取长补短就显得至关重要。任何一种教学方法或教学模式的选择和使用,都应该建立在深入理解其内涵的基础上。譬如,“任务驱动”教学强调让学生在密切联系学习、生活和社会实际的有意义的“任务”情境中,通过完成任务来学习知识、获得技能、形成能力、内化伦理。因此,要正确认识任务驱动中“任务”的特定含义,使用中要坚持科学、适度、适当的原则,避免滥用和泛化。又如基于问题的学习,利用信息问题解决进行学习是信息技术教学的主要途径之一,但需要注意的是,用于问题解决的综合性项目不宜过多,且大小要与学习的阶段性进展相适应;组织形式也要灵活多样,要合理安排好个人工作、小组合作、班级交流等活动形式;要根据解决问题的需要分解项目任务,再落实到个人、小组,从而达到既使学生体验完整过程又减轻每个学生工作强度的目的;前后项目的设计中,不要出现对问题解决环节和具体方法的简单重复,以免造成学生学习时间的不合理分配乃至浪费。

· 阅读材料 ·

“学与教”方式的内涵包含了教学内容的呈现方式(组织策略)、教学模式(传递策略)和教学活动的方式(管理策略)。教学内容的呈现方式实际上反映的是教学内容的结构化组织方式;教学模式的选择包含了与之相对应的教学方法和教学组织形式;教学活动的方式反映的是教学过程中师生相互之间的主要交互方式。也就是说,“学与教”方式不仅仅是教学方法和教学组织形式的体现,而是包含了教学内容的呈现方式、教学模式和教学活动的方式三个要素,由它们共同组成一个立体结构模型,如图1所示。

信息技术环境下的教学过程将更加关注学生的学习活动,所以“学与教”方式的三要素在图中分别用学习内容呈现方式、学习(教学)模式和学习活动方式三个维度来表示。也就是说,任何一种“学与教”方式,实际上都可以用学习内容的呈现方式(即学习内容的结构方式)、学习模式(及其相对应的教学模式)和学习活动的方式(与教学组织形式密切相关)三个维度来表示。有效的“学与教”方式应该根据学习目标、学习内容和学生的特点从上述三个不

同的维度中进行选择和组合，并作出规范地表述。

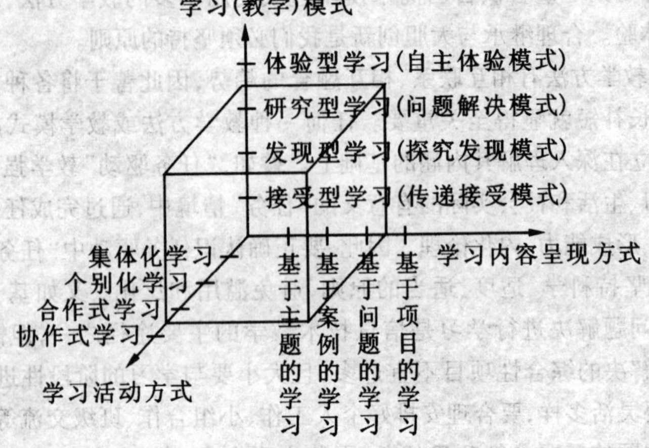

图1 “学与教”方式的模型

由此可见，上面构建的“学与教”方式的三维立体模型正是体现了《基础教育课程改革纲要(试行)》中提出的“逐步实现教学内容的呈现方式、学生的学习方式、教师的教学方式和师生互动方式的变革”的要求，对深入进行教学改革，促进信息技术与学科课程的整合有明显的指导意义。

1.“学习内容呈现方式”维度

学习内容呈现方式维度是指对学生需要学习的全部内容进行的结构化处理，以利于教材内容的呈现和学生学习的便利，又称为学习内容结构方式维度，通常由基于主题的学习、基于案例的学习、基于问题的学习和基于项目的学习四个层面所组成。

(1)基于主题的学习

基于主题的学习(Theme-based Learning，简称TBL)又称为主题式教学，是指学生围绕一个主题(theme)，通过充分发掘和利用各种不同的资源，并遵循科学研究的一般规范和步骤而进行的一种学习活动。其目的是提高学生解决问题、探究和创新的能力，促进学生的学科素养和信息素养同时得到提升。

在这种学习活动中，“主题”是学习的核心，而围绕该主题的结构化内容成为学习的主要对象。“主题”的确定可以从学科知识、社会(政治、历史、经济、文化、生活、信息、国际关系等)现象、自然环境中选择，要注意符合学生的认知结构，充分调动学生的兴趣，使他们能够积极地投入到学习活动中来。基于主题的学习一般过程为：

提出主题→设置任务→积极探究→成果展示→评价反思

(2)基于案例的学习

基于案例的学习(Case-based Learning,简称CBL)又称为案例式教学,它是根据一定的教学目标,以合适的案例为载体,由学生在真实的问题情境之中进行探究,以提高其决策能力、问题求解能力,以及口头与书面的表达能力的一种学习活动。教师是学习的指导者,引导学生探讨案例中复杂而意义深刻的或有争议的问题;学生积极主动参与学习过程,认真观察、倾听、回答问题、响应挑战,探究解决问题的方法、做出假设和归纳总结。基于案例的学习一般过程为:

课前的准备→课中的教与学→课后的反思评价

(3)基于问题的学习

基于问题的学习(Problem-based Learning,简称PBL)又称为问题式教学,是指把学习活动设置到复杂的、有意义的问题情境中,通过学生的合作解决实际的(real-world)或真实的(authentic)问题,来学习隐含于问题背后的科学知识,形成解决问题的技能,并提高自主学习(Self-directed Learning)能力的一种学习活动。通过引导学生解决复杂的、实际的问题,PBL旨在使学生建构起宽厚而灵活的知识基础,发展有效的问题解决技能,发展自主学习和终生学习的技能,成为有效的合作者,并培养学习的内部动机。基于问题的学习一般过程为:

确定问题→分析问题→形成解决问题的假设→确定所需信息→对所收集的信息进行整理/整合/综合→形成最终的解决方案

(4)基于项目的学习

基于项目的学习(Project-based Learning,简称PJL)又称为项目式教学,是以学习/研究某种或多种学科的概念和原理为中心,以制作作品并将作品推销给客户为目的,在真实世界中借助多种资源开展探究活动,并在一定时间内解决一系列相互关联问题的一种学习活动。基于项目的学习一般过程为:

选定项目→制订计划→活动探究→作品制作→成果交流→评价反思

2."学习(教学)模式"维度

教学模式是在一定的教学思想指导下,围绕着教学活动中的某一主题,形成的相对稳定、系统化和理论化的教学范型。也就是说,教学模式是在一定的学习理论、教学理论指导下,根据对教学内容和学习者特点的分析,从而对教学过程进行的简要概括。

由于学习理论、教学理论的发展性,教学内容和学习者的差异性,决定了教学模式的多样性。每一种教学模式都有它的特定使用环境,都有各自的优势和局限性,不存在适用于所有教学过程的超级教学模式。因此,多种教学模式的选择与组合,将对教学过程产生积极的作用;企图只用一种或几种模式来代替所有的模式是不明智的,也是有害的。

在"学与教"方式的讨论中,为了方便理解和运用,学科教师只需掌握中观层次的教学模式即可。与传递接受型、探究发现型、问题解决型和自主体验型四种教学模式相对应的学习模式可以分为接受型学习、发现型学习、研究型学习、体验型学习等不同的类型。

(1)接受型学习

接受型学习(Reception Learning)又称为接受式学习,是指学生通过教师呈现的材料来掌握现成知识的一种学习模式。在这种学习活动中,学生所学知识的全部内容,基本上是由教师以定论的形式传授给学生的,学生不需要进行任何独立发现,而只需接受或理解,即只要求他们把教师所传授的内容加以内化,把新学的材料与认知结构中的有关观念结合起来,并储存在认知结构中。

接受型学习的理论基础是认知同化理论,而学习目标是促进学生对知识的掌握,尤其是对意义的理解、保持和应用,强调依据知识的内在逻辑联系形成良好的认知结构。接受型学习的具体操作程序为:

提出先行组织者→呈现新的学习内容→新旧知识整合→应用→评价和促进迁移

(2)发现型学习

发现型学习(Discovery Learning)又称为发现式学习,是指以培养探究性思维为目标,以基本教材为内容,使学生体验所学概念和原理的形成过程,通过再发现的步骤来进行学习的一种学习模式。

发现型学习的理论基础是知识结构理论,而学习目标是同时强调学生探究能力的发展和学科知识的掌握。

美国心理学家布鲁纳(Bruner, J. S)是发现型学习的倡导者。他认为:发现型学习既包含独创性学习,也包含主动接受前人经验的学习。发现型学习的目的,不仅要使学生能够牢固地掌握教材,同时要尽可能使学生成为自主的思想家。这样的学生当他在正规学校的学习结束后,将会独立地在社会中向前迈进。发现型学习的具体操作程序为:

创设情境→探究发现→新旧知识整合→应用→评价和促进迁移

(3)研究型学习

研究型学习(Research Learning 或 Studying Learning)是指以问题为核心,创设一种类似科学研究的情境和途径,由学生通过自己收集、分析和处理信息来实际感受和体验知识产生的过程,培养分析问题、解决问题的能力和创造能力的一种学习模式。研究型学习的具体操作程序为:

进入问题情境→收集信息→分析信息→处理信息→表达交流

(4)体验型学习

体验型学习(Experience Learning)是学生在一定的学习环境中,通过真实的亲历(或虚拟亲历)和反思来获得知识、技能和态度的一种学习模式。

信息技术的迅速发展为学习提供了丰富的学习资源、便捷的信息检索与查询工具、多种通讯工具和网上模拟实践,因而为体验型学习的开展提供了良好的学习环境,使得原先不能亲历的学习过程可以通过仿真环境得以虚拟亲历,拓展了体验型学习广度和深度。

现代心理学认为:“体验是指由身体性活动与直接经验而产生的感情和意识。”体验型学习就是在亲身经历的学习与探究活动中获得感受,将其融入自身的经验之中,并对原有经验发生影响的活动。因此体验型学习泛指学生亲身介入实践活动,通过认知、体验和感悟,在实践过程中获得新的知识、技能和态度的过程。凡是以活动为开始的,先行而后知的学习活动都可以称为体验型学习。由于体验型学习强调体验对学习的意义,不是简单地主张要在做(实践)中获得新知识和新能力,而是更关注对经验的总结和反思,强调在掌握知识、技能的过程中不仅能知道、能行动,而且能够从深刻的反思中获得经验的提升,掌握学习的一般规律和方法,使学生通过反思与体验过程获得成长性的发展。所以,我们可以将体验型学习看做是“做中学”与“思中学”的结合。体验型学习的具体操作程序为:

体验→分享与交流→反思→应用→体验

3.“学习活动方式”维度

学习活动方式是指教学过程中学生与教师的交互方式,可以分为集体化学习、个别化学习、合作式学习和协作式学习四种形式。前两种分别与班级集体授课、学生自主学习的教学组织形式相对应;后两种都属于小组学习的教学组织形式,只是具体要求不同。

(1)集体化学习

集体化学习(Collective Learning)不仅仅指在班级授课中的集体学习方式,更是指“若干个体在认知、情感和审美方面共同解决问题、创造作品,在这个过程中每个人自主地学习,同时还通过向他人学习的方式进行学习”的一种活动方式。

(2)个别化学习

个别化学习(Individual Learning)是指根据学生的不同特征进行因材施教,通过不同的学习环境、学习方式、学习内容的选择,为每个学生提供最佳的教学支持,让学生自主选择学习内容,制订学习计划,安排学习时间、地点,从而自我获取知识,更新知识的一种活动方式。

(3)合作式学习

合作式学习(Cooperative Learning)指学生为了完成共同的任务,有明确的责任分工地进行互助性学习的一种活动方式。合作式学习鼓励学生为集体的利益和个人的利益而一起互助合作,在完成共同任务的过程中实现自己的价值。每个人负责整体学习任务的一部分,只有各自承担的任务全部完成以后,总的学习任务才能完成。因此,每个人都必须努力工作,而且要学会和别人互相交流、互相合作,共同完成任务。

(4)协作式学习

协作式学习(Collaborative Learning)是通过小组或团队的形式组织学生进行学习的一种活动方式,小组成员的协同工作是实现共同学习目标的保证。小组协作活动中的个体(学生)可以将其在学习过程中探索、发现的信息和学习材料与小组中的其他成员共享,甚至可以同其他组或全班同学共享。在学习过程中,学生之间为了达到小组共同的学习目标,每个成员之间可以采用对话、商讨、争论等形式对问题进行充分论证,也可以采取竞争、辩论、合作、问题解决、伙伴、设计和角色扮演的模式安排学习活动,以期获得达到学习目标的最佳途径。

摘自李龙、刘雍潜《论"学与教"方式的建模》,载《现代教育技术》2010 年第 10 期

(三)关于教学资源

信息技术的发展,促使教材发生了根本性的变化。教材的形态除了传统的文字教材和音像教材以外,出现了以多媒体计算机和网络为载体的教学课件、专题学习网站和网络课程,构成了立体化的教材体系。再加上印刷品、模型等传统媒体,以及试卷试题、测评工具、文献资料、目录索引和网络资源等,构成了丰富多彩的教学资源。

不同的教学资源可以支持不同的教学活动。尤其是多媒体课件、专题学习网站和网络课程,以其丰富、多样的信息资源承载形式,灵活、方便的交互特点,将越来越多地应用于信息技术环境下多元"学与教"方式之中。普通高中新课程技术课程标准(实验)中对信息技术课程的教学提出了建议:(1)营造有利于学生主动创新的信息技术学习氛围;(2)合理选用并探索新的教学方法与教学模式;(3)从问题解决出发,让学生亲历处理信息、开展交流、相互合作的过程;(4)关注基础水平和认知特点差异,鼓励个性化发展;(5)培养学生对信息技术发展的适应能力。

以课堂讲授为主的信息技术课堂由于缺乏主动探索、主动解决问题的学习环境,尤其是在信息化建设落后地区,信息资源比较匮乏,学生的信息能力难以得到很好的培养。在中小学信息技术课程教学中引入专题网站,合理应用"专题探索——网站开发"学习模式是指在因特网环境下,对某一专题进行广泛、深入的研究性学习,而以构建"专题学习网站"作为学习的过程和结果。这种学习方式结合了研究性学习的学习方式与开发资源的技术和目标,很好地将专题知识的学习、综合能力的培养、信息技能的培养几个目标结合起来,形成了一种崭新的数字化学习

方式，可以较好地实现信息技术课程的教学目标。

专题学习网站的本质是基于专题资源的研究、协作式学习系统，向学习者提供大量的专题学习资源和协作学习交流工具，让学习者自己选择和确定研究的应用实践或项目的设计，自己收集、分析并选择信息资料，应用知识去解决实际问题。教师通常要帮助学习者提出问题，引导解决问题的方法，组织、激励学生在研究过程中进行讨论，并引导学生对研究成果进行自评和互评。

根据网站的功能和作用，可将专题网站分为交互学习类网站、专题资源类网站、教育科研类网站和综合类网站。

1. 方便学生进行信息整理加工

专题网站在中学信息技术课程中的应用，以资源集中型网站设计的主要形式为资源集中方便学生进行信息整理和加工，专项学习以其他学科内容为载体，选择特有文化内容作为延伸扩展，方便学生体验信息文化和传统文化，增强民族认同感和民族自豪感，同时提高学生的信息技术操作技能和信息加工能力，如选择“中国传统节日”、“中华特色××”等主题建立专题网站，将有关主题的历史由来、历史变迁、蕴含的传统文化、特有的民族文化、与现代文化的相融性、中西对比、继承保护等主题的各种信息资源集中起来，使学生对选定的主题进行信息整理加工，制作成电子作品（演示文稿、报告等）进行汇报交流，提高其信息技术操作技能的同时又提高了信息加工能力，教师利用头脑风暴方式选取问题，学生在回答问题、加工信息的过程中丰富对民族文化的理解和认同，潜移默化地培养学生的民族自豪感，使其能够更好地、更理性地看待传统文化，从而以现代人的视角继承发扬。

2. 提高学生共同利用信息解决问题的能力

专题学习网站向学习者提供大量的专题学习资源和协作学习交流工具，让学习者自己选择和确定研究的主题或项目的设计，自己收集、分析并选择信息资料，应用知识去解决实际问题。探究交互平台，注重交流与合作，以探究主题为核心进行有意义的交互合作，在交流合作中共同解决问题，共同建构健康的信息文化，提高信息问题解决能力。

3. 提高学生信息交流能力

当前的因特网信息良莠不齐，管理不够规范，中小学生的信息免疫能力还未很好地形成，不适合直接在因特网上进行学习。而信息时代的网络已成为一个必不可少的学习工具和学习环境，学生需要在良好的网络环境中在教师的指导下开展综合学习，并利用网络进行合作学习，从而提高信息交流能力，因此在校园网环境中构建具有交互功能的专题网站，并设置专题交流区和作品展示区，除方便学生进行信息获取、整理加工外，还可以设计网络交流活动，提高学生的信息交流能力，丰富校园网环境，为学校的网络文化活动提供平台。

4. **教师信息素养提高的推进器**

教师通过设计制作专题网站可以提高教师的信息能力、网络资源设计制作能力,对主题选择、学习和管理等方面可以使教师在新教学理念的指导下,提高信息化环境下的教学能力,设计制作专题网站可以成为改变教师教学观念的推进器。如初中信息技术教师Z教师,教学中一直采用演示模仿教学方法,在经过现代教育技术专业培训后,自己设计制作了资源型教学网站并应用于教学,并与其他学科教师合作建立了问题导向的探究性教学网站,Z教师的信息素养和信息化教学能力得到了很大的提高。

5. **促进学科内容整合的工具**

信息技术教师通过与其他学科教师的合作,选择其他学科内容作为学生信息加工和信息搜集的载体,在提高信息技术能力的同时促进学科知识的进一步理解、深入思考、综合应用等。

如学习信息技术基础知识时,信息技术教师与地理教师合作建立一个关于地理课程内容"极地"单元的专题网站,将有关极地基本知识、探险、环保、极地动物、气候等主题的各种信息资源集中起来,使学生对选定的主题进行信息加工,制作成电子作品(演示文稿、报告等)进行汇报交流,提高其信息技术操作技能的同时又提高了信息加工能力。学生优秀的电子作品作为专题网站的一部分,丰富了网站的内容,也为今后学习活动提供了学习范例。

(三)信息素养详解之教学解读

许多教师对于信息素养的概念感觉抽象、空洞,似乎无法与实际教学工作相联系,为了促进人们对信息素养的进一步理解,并在教学中有效地运用。李艺等对信息素养详解中的各个部分再作进一步的举例说明,并提出一些可能的教学建议,以供教学参考。(为方便对照阅读,仍将前面的详解条目列在表3-4中)

表3-4　信息素养教学解读

分项		信息素养	举例	教学建议
知识	符号	能建立信息技术基本符号与其代表的意义和功能之间的联系	工具图标类:能运用粗体、斜体、保存、打印等图标实现对应功能;常用缩略语类:能说出FTP、E-mail等所对应的中文名称和含义;程序设计中的语言符号类:能说出if-then、while等程序语言符号所代表的含义	激发学生的想象,联系具体表象(打印机的形状),引导学生加深对常用界面图标(如粗体与斜体、保存与打印等图标)、常见缩略语和程序语言符号的理解,经历过程强化记忆

续表

分项		信息素养	举例	教学建议
知识	概念	能描述和举例说明信息技术基本概念的本质属性与非本质属性、相似概念之间的共性和差异、关键概念之间的相互关系	能正确说出CPU、内存、缓存、外存等概念的属性及它们之间的关系；能举例说明逻辑运算（或、与、非）之间的差异	利用概念的正例和反例，引导学生在比较中发现概念的本质属性和非本质属性；引导学生利用概念地图组织概念的关系
	事实	能描述有关信息技术的基本事实；能描述和举例说明有关事实的特点和联系	对信息技术的有关历史、现状、发展趋势，有关的重要人物、事件、法律、规定，有关软件及其功能等的了解。如了解计算机操作界面的重要历史变革（从DOS到GUI）；了解对信息技术发展起重要作用的主要人物（如冯·诺依曼、图灵、盖茨、王选等）；了解相关法律法规的主要内容	引导学生关注信息技术领域发生的技术革新和重大事件；引导学生联系信息技术发展的历史，对发生在自己身边的相关事实进行评论，加深对有关事实的记忆和理解
技术	思想	能描述和举例说明支撑信息技术发展的一些重要思想和理念	理解计算机使用二进制数制和冯·诺依曼体系结构的缘由；理解从C/S到B/S的理念变化	可以通过对具体例子的解析加深学生对有关思想的理解；对于有关技术思想还可以引导学生追问，如冯·诺依曼体系，可以引导学生思考为什么计算机发展到今天仍然没有突破这种体系
	原理	能描述和举例说明有关信息技术的基本原理；能利用基本原理解释、推理与预测有关的现象和结果	理解硬件（CPU、RAM、缓存、硬盘等）对数据操作时的工作原理，能理解剪贴板的工作原理，能画出计算机网络组织结构图（服务器、客户端、互联设备等）并解释工作流程	采用联想、类比或具体举例的方法引导学生理解原理；采用图表的形式呈现和讲解原理，鼓励学生采用换位思考理解原理

续表

分项		信息素养	举例	教学建议
技术	操作	能进行信息设备与应用软件的基本操作;能掌握信息获取、加工、传递、管理等基本技能	基本操作特指完成或作为一个基本技能的前提或要素,如开关机、鼠标、键盘操作,开启、关闭、添加、删除应用软件,创建表格、建立链接等基本操作等;基本技能指一个相对完整的工作流程,如使用检索技巧和策略完成历史人物相关资料的获取,使用文字处理工具、多媒体加工工具、编程工具等加工处理各种信息的技能;使用 E-mail、FTP 等完成信息的传递;使用文件夹、数据库等管理各种文件和信息等等	教师要引导学生认识到信息获取、加工、传递、管理的途径、工具和操作方法的多样性,明白各自的优势和适用范围;结合具体实例,使学生掌握利用多种途径和工具获取、加工、传递和管理信息的技能;在基本操作和技能训练的过程中教师可以作出示范、给出提示和规范要求等
	方法	能描述和理解信息技术的技术方法与思想的共性和规律,善于发掘技术应用的价值,适应、把握信息技术的发展和变化并成为推动者;能够将信息技术能力迁移于后继的学习,获得可持续发展的能力	能在教师的引导下利用百度网站(www. baidu. com)的"搜索帮助"学习百度搜索引擎的使用方法;借助压缩软件 WinRAR 的"帮助"功能学习它的使用方法;利用"选择—操作"规律学习文字处理的其他功能;理解硬件技术发展的摩尔定律等等	引导学生在经历过程的基础上,使用观察、比较、类比、分析、综合、演绎、归纳、抽象、概括等思维活动总结信息技术的共性、规律及学习的一般方法,鼓励他们用总结的规律和结论去解释日常学习和生活中的有关信息现象,将其迁移于相关技术的学习

续表

分项		信息素养	举例	教学建议
人际互动	表达	乐于同他人分享自己的观点和思想，并能用适当的方式适时、主动、清晰、流畅地表达出来	利用演示文稿向其他同学清晰地介绍自己的兴趣、爱好，等等	通过恰当的组织，给每一位学生发表观点的机会，有意识地鼓励学生表达自己观点的积极性；引导学生根据表达的需要采用合适的方式适时、主动、清晰、流畅地呈现观点和思想
	交流	富有交流意识，合理分享他人的观点和思想；能根据情境和条件采用恰当的技术工具、交流方式和表达策略与他人交流；善于激发、倾听、理解和包容他人意见，和谐、理性地进行讨论；能辩证地吸收他人的观点和思想，进行信息的创新	倾听其他同学信息作品的创意和制作技巧介绍，并参与讨论，吸收合理的意见，修改自己的作品，同时给其他同学提出修改建议，等等	教师应该有意识地组织交流活动，引导学生根据交流对象的特点采用合适的方式与他人交流观点；使学生明白只有认真学习他人才能促使自己更快进步；培养学生的交流意识、学会交流的基本方法和策略
	合作	富有合作精神，乐于与他人合作；能够利用恰当的工具和途径参与合作；能够灵活运用倾听、理解、说服、妥协等技巧协调与组织合作活动，完成合作任务	在小组活动“中国国歌的来源”的信息搜索过程中，乐于与其他同学进行合作，积极配合其他成员的工作，合作完成搜索、制作、演讲等过程	鼓励学生合作解决任务，引导学生根据任务性质、难度、要求等选择恰当的工具和途径；培养学生的合作意识、合作精神和合作技巧

续表

分项		信息素养	举例	教学建议
问题解决	发现问题	具有问题意识和洞察力，能够从日常学习生活的一般现象、常理、权威观点中发现问题，能在解决问题的过程中不断提出问题	用 Excel 打印文件时，发现部分文档内容不能打印	可以呈现富有认知冲突的教学情境，引导学生认真地思考和发现问题
	分析问题	能够确定问题的结构化程度，根据条件确定解决问题的可行性	分析原因：文档内容超过了打印范围，并在仔细观察的过程中发现超过的内容很少	能结合方法论的知识，培养学生的思维能力，利用多种思维方式科学地分析问题
	确定方案	能确定信息需求，制订解决问题的计划和方案，选择、准备或创设合适的工具和条件	确定几种可行的解决方案：调整文档内容的字体大小、缩小页边距、用大一号的打印纸、调整列宽等。根据实际需要选择缩小页边距方法，并估计缩小值	教师应充当部分信息和信息来源的提供者；对学生如何正确制订问题解决的计划和方案加以指导；并引导学生选择最合适的工具、条件解决问题
	解决问题	实施并完成问题的解决	利用调整页边距的方法进行调整，并利用预览来查看效果，直到合理为止，最终按要求完成文件的打印	提供必要帮助、提示和引导，培养学生积极探索能力，必要时，也可以参与问题的解决，鼓励学生勇敢面对解决问题过程中的困难和挫折，具有耐心和毅力

续表

分项		信息素养	举例	教学建议
评价调控	要素评价	能对信息、技术、技能、方法等要素作出客观的评价	信息来源的可靠性、学习和使用的技术工具和技术手段、信息技术基本技能的掌握情况、学习方法和技术方法的选择和使用等,如获取的若干条对同一主题的不同报道,能从信息来源的角度作出可靠性的判断;在使用经验的基础上评价 Frontpage 和 Dreamweaver 的优势和弱势	引导学生从多个角度和维度反思、评价学习要素,在比较、评价和反思的过程中作出合理选择和使用
	过程评价	能客观地进行过程中的评价以及过程的总结性评价	在个人简历的制作过程中能进行自我反思和自我评价,在制作过程结束后能利用评价量规作总结性评价	引导学生从多个角度和维度反思、评价整个活动过程及结果,从中发现不足,并鼓励学生对作品提出改进建议
	个性化评价	能理解和客观认识多元价值取向,形成个性化的评价方式	能够客观评价个人简历制作过程中自己和同伴的不同习惯、爱好和价值取向	引导学生认识社会发展和个人价值取向的多元性,尊重并客观评价他人的习惯、兴趣、爱好、态度和价值观
	调整控制	富有反省、评价和调控意识,能根据反省和评价结论重新认识活动要素,调整和驾驭活动过程	在制作个人简历的过程中,能不断从设计思路、整体布局、视觉效果、简历内容等多个侧面加以反思和评价,发现不足,调整制作策略和步骤	引导学生正确认识评价的作用,将反省思维和评价调控能力当做了解优势、发现不足和进一步改善的必经途径,督促学生经常、自觉地运用评价调控手段改善学习

续表

分项		信息素养	举例	教学建议
情感态度与价值观	身心健康	能辩证认识和积极面对信息技术可能造成的不良影响和后果，能客观、积极地看待竞争关系、自己和他人信息活动的成败得失，有意识地进行信息环境下的身体保健，保持稳定的情绪和健康的心态	生理方面的用眼、用脑、坐姿等卫生保健，如在连续使用电脑较长时间后能有意识地短暂休息、做眼保健操或进行其他保健活动；心理方面的保健，如面对因特网上的诈骗、病毒等消极因素能认识到这是任何事物发展中必然出现的阴暗面，需要积极面对和及时防护，当遭受损失时能保持克制或采取正面行动，而不是蓄意报复或转嫁他人，当他人成功完成任务时不嫉妒更不应痛恨	教师要及时了解学生的思想动态和行为表现，对不良情绪和做法要及时予以疏导和制止；在教学时，可以列举信息技术的一些负面例子（学生经验过的或了解的例子），引导学生进行讨论或辩论；另外，要求教师能做出表率，身体力行，“言传”的同时更要重“身教”
	信息意识	能认识到信息及信息技术对社会发展、科技进步和日常生活学习的积极作用和影响，激发和保持对信息技术的求知欲，形成主动地学习信息技术、参与信息活动、使用信息技术改善学习和生活质量的意识和态度；能形成更为开放的视野，具有勇于推介自己、合理争取与广泛利用国内外各种相关资源的意识	能体会到网络教育、网上办公、电子商务等给人们学习、工作和生活方式带来的极大变化，对信息技术的发展充满信心，对学习信息技术满怀热情，积极主动地使用信息技术解决日常生活中遇到的学习和生活问题；能积极使用因特网，合理利用国内外广泛的人力、物力和数字资源	让学生通过亲身经历、观察或调查他人利用因特网进行学习、购物和办公的情况，体验和了解信息技术给人们的学习、工作和生活带来的极大方便，激发学习和使用信息技术的热情和动机；向学生介绍因特网所蕴藏的丰富的全球资源，培养学生面向世界的开放的态度和视野，并鼓励学生亲身尝试

续表

分项		信息素养	举例	教学建议
情感态度与价值观	作品欣赏	能正确认识信息产品和信息环境的陶冶功能，在提高信息作品欣赏水平和恰当使用娱乐产品的基础上愉悦心情和陶冶情操	能通过欣赏名画名歌调整心绪、愉悦心情	推荐优秀信息作品，提高学生欣赏技巧和品位，培养学生的美感；引导学生正确认识娱乐产品的作用，鼓励学生适时适当使用
	行为规范	能遵守与信息活动相关的伦理道德与法律法规，负责任地、安全地、健康地使用信息技术	能遵守《全国青少年网络文明公约》等有关法律法规，不从事与法律法规相抵触的信息活动	教师提供或者学生自行查找相关案例，学生阅读、讨论，明白负责、安全、健康地使用信息技术的重要性
	价值内化	能内化社会成员应承担的责任，建立稳定的态度、一贯的健康行为习惯，形成与信息社会相适应的价值观和责任感	养成杀毒的好习惯，保持与人为善的稳定态度，树立民主、自由、平等参与信息活动的价值观	可以采用角色扮演、价值辨析、问题讨论、非指导性教学和适当的奖励和惩罚等教学方法和策略促进学生的价值内化。其中问题讨论指创设充满价值冲突的两难问题供学生辩论

第三节　信息技术教育说课的一般方法

教师是教育目的、意义、价值、任务的直接体现者、承载者和实践者，是教育活动的组织者和主导者，教育智慧是教师在探求教育教学规律基础上长期实践、感悟、反思的结果，也是教师教育理念、知识学养、情感取向与价值观、教学机智、教学风格等多方面素质的高度个性化的综合体现。在具体的教育情景中，教育智慧主要是通过教师的教育教学行为加以体现的。

在教学实践中，教师的教育智慧的形成途径是多方面的，因而教育智慧的构成也是多类型、多层面的，包含了基于整体感知、直觉把握形成的知性智慧，基于理论思考、规律认识的理性智慧，基于职业感、道德感、人际交往、师爱的情感智慧，也包含了基于个体经验积累、实践感悟、教学反思形成的实践智慧。教师的实践是每一位教师成长的基石,智慧源于实践,说课作为一项实践性很强、简便易行的实践和教学研究形式,要求教师不仅学习已经格式化、系统化的教育理论和方法,而且要求教师探索和学习处于隐性状态的教师专业知识,促进教师专业隐性知识的显性化,培养教育智慧,最终实现教师的专业成长。

一、说课的概念与意义

(一)说课的概念

说课是教师面对同行和专家,以科学的教育理论为指导,将自己对课标及教材的理解和把握、课堂程序的设计与安排、学习方式的选择和实践等一系列教学元素的确立及其理论依据进行阐述的一种教学研究活动。①

说课是指说明本节课教什么、怎么教以及为什么这样教等问题,即呈现本节课的教学设计过程并展示进行这样设计的理论依据;集中简练地反映了教师的教学理念、教学技能和教学风格,充分体现了教师的教学水平和教学智慧,是教学智慧生成与表达的重要手段,是智慧型教师成长的重要途径;同时只可以供同行对该教学设计进行评说和讨论,研究并确定该节课教学设计的改进意见。

说课
- 理念:科学的教育理念
- 主体:教师
- 客体:所教的课、怎么做、为什么这么做
- 中介:语言
- 形式:阐述

说课一般包括:说教材、说学生、说目标、说教法、说学法、说媒体、说设计和说小结等。

(二)说课的作用与意义

1. 说课的作用

说课关注的是教师如何设计教学、如何选择教学形式和方法,查找教学中存在的问题、缺陷,并进行改进和优化。在教学实践中的作用表现为:

(1)说课是训练教师心理表征能力的过程。教师通过说课活动对教学的诸多因素及其理论依据,用表象的形式进行演习,利用这些表象生动叙述教学设计的实施,并对实施后可能会出现的结果进行预测,完成个体的认知建构。

说课过程中教师应关注学生进行教学前的学习状态,即学生原来具备的知识、

① 李良兴、马爱玲主编:《教学智慧的生成与表达——说课原理与方法》,教育科学出版社2006年版,第10页。

技能、态度,发现学生学习中存在的问题;思考学生的起点能力转化为终点能力所需要的知识、技能和态度,详细分析可能产生的问题及解决办法;回答"为什么教"的问题。

(2)说课是训练教师教学技能的过程。一般认为教学技能是教师在教学活动中特别有效地促进学生学习的活动方式,是教师运用专业知识、教学理论,依据学习理论和教学原则进行教学设计和教学研究,组织课内外教学活动,有效地促进学生完成学习任务的活动方式。教学技能在说课中有时表现为一种操作活动方式或心智活动方式,有时两者交织在一起。说课有助于教师逐渐掌握一套管理课堂、掌握课堂节奏、使师生活动从一个环节自然过渡到下一个环节的熟练技能,反复演练其执行程序可变得自动化。

(3)说课是训练教师思维的过程。思维是人类认识活动的高级形式,是对事物间接的、概括的反映。教师的教学智慧多来自对教学工作深层的、理性的思考与把握;教师在说课过程中从不同的角度去分析教学,解决教学实践中的"是什么"、"为什么"、"怎样做"、"怎样做好"等问题,则会在复杂而动态的教学世界中产生"实践的智慧"。

(4)说课是内隐知识外显化的过程。说课使教师在把自己作为研究对象的过程中关注自己、觉察自己。在说课活动中,教师既是行动者,又是研究者,研究对象是自己的行动,研究目的是改进行动。在这一过程中,对自身情境和经验作多视角、多层次的分析与反省,促使教师发现和澄清自己的隐性教育观念,领悟和明晰体现新理念的具体操作要求,并在说课研讨与评价的过程中,帮助教师从理念的高度领悟自己的教育行为如何被隐性教育观念所制约,将新的教育理念转化为自觉的教育行为。

2. 说课的意义

说课是教育教学改革的产物,要求教师运用现代教育理念去诠释教育教学的困惑,去揭示教育教学的规律,因此说课是对教育科学研究活动的充实和发展,是普及性很强的一种教育科学研究形式。钟启泉教授认为:"说课是应用研究,中国模式",其功在课下,利在课堂,双向反馈,及时调整。说课开辟了教学研究的崭新领域。说课带有中国的特点,是基于中国教学实践中迫切需求解决的问题,从中国教育教学改革的实践经验中总结和提炼出来的。说课将教学实践中客观存在的某些因素,通过不断探索总结概括出来,成为独立于教学活动的阶段和环节。说课活动中教师用理性的思考、科学的眼光去审视自己的教学行动,将其理念化、系统化、严谨化,可以自己设计、实施、评价研究,也可和其他研究者合作,通过相互平等的互动提高自己的研究意识与能力。

(1)说课有利于教师自身素质的提高

说课不能是教材的简单复述,它要说明本课教材与前后教材的联系,要指出本课教材在整个学科体系中的地位与作用。说课教师不仅要说明“怎样做”，更重要的是说明“为什么这样做”，这就要求说课老师在准备说课的过程中，不但要有实践经验，而且须有理论指导。所以教师必须站在准确把握本学科知识体系的高度来审视教材，同时要学习教育理论书籍，这不仅有助于教师专业知识的强化，而且有助于老师素质的不断充实提高。很多地区的经验已经证明，说课是提高教师素质的有效途径。

说课转变教师的观念和角色，促使教师学习科学的教育理论，不断转变教育思想，更新学生观、课程观、教学观等教育观念。可以提高教师的学生本位意识；注重挖掘、开发和利用各种课程资源，成为一种自觉行为；促进教师之间一起分享、理解、实现教学相长和共同发展。说课是要解决“为什么这样教”的构思与反思，既“知其然”又要“知其所以然”，要求教师学会反思自己教学实践背后隐藏的深层的教育观念与教育思想，促进教师逐步成为“教育型”、“研究型”、“学者型”教师。

(2)说课可以促进教师的教学反思

对自身的教学行为进行不断的反思，是当今教师成长的重要途径。教学反思就是教师在教学实践过程中对自身的教学行为进行不断的认知和评价的思维过程。说课可以在一定程度上达到促进教师反思的效果。在说课中，教师以自己的课堂教学作为分析对象，对自己行为及其产生的结果进行理性的审视和分析，将显性课堂行为背后的假设和思路呈现出来，这本身就是教学反思的形式。这种形式的运用，使得教学反思有了具体的依托，可以使教学反思切实落到实处。

(3)说课有利于形成教师研究共同体

素质教育需要“科研型”教师，更需要教师研究共同体。说课可以加大科研力度，有利于先进经验的传播，有利于教师的成熟和青年教师的迅速成长。在活动形式上不受时间与空间的限制，能有更多的人参与，提高了效率。然而在如今的教育教学实践中，有着一系列待解决的难题，而其中的很多难题并不是某个教师个人可以解决的，需要通过教师群体的努力来达成。通过说课，使得大家将分析的焦点转向某一个需要共同研究的问题上来。说课中教师对问题的提示，更容易引起其他教师对解决问题的这样或那样的建议，使说课成为教师群体共同探究问题的平台。

说课适应校本培训的迫切需求，以校为本的研训制度在重视教师个人学习和反思的同时，强调教师之间的专业切磋，共同分享经验，彼此支持，共同成长，这也是说课所强调的。说课对推动校本教研更重要的价值，不在于解决某个教学难题，学习了某个课例该怎么教，而在于促使教师在学习中反思，在实践中反思，从而使教师们在思维互补、智慧交融、工作的合作中得到了完善和提高。

(4)说课可以推动课堂教学改革

教育理论研究者以及教育实践工作者，正在逐步达成这样的共识：没有课堂行为的变革就没有素质教育的真正落实，也就没有新课程的真正实现。说课不必面对学生,在说课的过程中,各种新理念、新思想、新设计、新手段都可以展示出来,不用担心哪些不合理的地方会对学生产生副作用,经过同行的集思广益、互相补充、共同论证,能形成较为成熟的、有较大成功把握的教改方案,这种经过论证的教改方案通过教学实践的检验,又会得到进一步的充实和发展。说课这一形式可以弥补课堂教学的不可逆性,有利于推动课堂教学改革大步伐进行。

3. 说课的分类

说课作为一种教研活动,可分为正式讲授之前和讲课之后两种形式。正式讲课之前的说课主要是对下面将要实施的教学进行整体设计说明,方便听课者把握讲授者的设计意图,听课时针对性较强,也可以为讲授者分析教学实施的准确性,并精确地发现问题。因此讲授者说课时应重点说明课程的整体设计和教学流程各环节的规划,应说明教学策略的选择与教学环节的安排,需要说清楚具体的设计意图。

正式讲课之后的说课主要是对前面实施的教学进行反思性说明,方便听课者把握讲授者在教学过程中表现出的意图,由于听课者在听课时并不了解教学实施者的教学设计意图,需要讲授者分析教学实施的准确性,并精确地发现问题。因此讲授者说课时应重点说明课程的整体设计和教学流程各环节的规划,说明课程的教学目标与教学环节安排,重点说明教学实施后教学目标的达成情况,教师通过说课进行教学效果评价与教学反思。

二、信息技术教育说课的一般方法

说课是指说明本节课教什么、怎么教以及为什么这样教等问题,即呈现本节课的教学设计过程并展示进行这样设计的理论依据,供同行对该教学设计进行评说和讨论,研究并确定该节课教学设计的改进意见。说课是一个充分、显性地运用教育理论的过程,教师不仅要从微观上弄清弄懂各知识点的内涵和外延,要用大课程观看待教材在教育教学中的作用,从宏观上准确把握教材内容在本学科、本学年段的地位、作用及本课内容的知识结构体系,深刻理解各知识点之间的关系及课程性质与学生成长、发展的关系,还要从学生学习本课的原有基础和现有困难两个方面分层次地、客观准确地分析学情,为采取相应的教学策略提供可靠的依据。

信息技术教育说课一般包括:说教材、说学生、说教学目标、说教法、说学法、说环境资源、说教学过程安排和说评价等,分别分析如下。

1. 说教材

"说教材"是在教材分析的基础之上,说明本课教学内容在这本(套)或本章教材中的地位和作用,说出本课的知识结构、特点以及与学过知识之间的内在联系,并分清本课重点和难点。同时还要根据有关教育、教学理论和《高中信息技术课程标准》,说明确定"地位"、"作用"、"结构"、"特点"、"联系"、"重点"和"难点"的依据。

课程标准是教材编写的依据，是教学和评价的依据，“说教材”应说课程标准对这部分内容教学的总体要求，所选内容在教材中的地位与作用；所选单元的教学内容结构、特点；所选单元的教学重点与教学难点。这部分是说课的重要内容，不可忽视。

2. 说学生

学生是教学活动过程中最基本的因素之一，对学生的充分认识，是取得良好教学效果的必要条件。面对浩如烟海的信息技术，学生有关“信息”的知识水平、“技术”操作能力和对“信息”的意识及思想情感都大不相同，因此“说学生”就是在充分认识、了解和分析学生的基础之上，说明学生的年龄特征、知识水平、能力结构、认知结构、接受水平、当前的发展水平、潜在的可能发展水平、学生的共性以及个别差异等。

3. 说教学目标

信息技术课程的教学目标主要包括知识与技能目标、过程与方法目标以及情感态度与价值观目标三个方面，一般学科大都强调知识目标，而信息技术学科更注重过程方法目标和情感态度目标。

“说教学目标”是指教师要说明，通过本节课的教学，使学生掌握哪些知识，训练哪些技能并且培养哪些情感、道德以及非智力因素。由于信息技术课程本身就是一门知识性与技能性相结合的工具性课程，很多教师在说课时，将学生掌握知识和培养技能的教学方法或措施说得头头是道，而对培养学生文明使用计算机和网络以及具有网络安全和网络伦理意识等方面却涉及很少，这是信息技术说课时往往容易忽略的地方。另外，有关教学目标的确定还必须切合学生的实际，即在分析教材和学生的基础上，根据课程标准、教学内容、年龄特征以及认知结构，合理地确定本节课的具体教学目标，并说明这样确定的有关依据。

4. 说教法

教法是指教师为实现某个具体的教学目标而采取的方法或手段，以及为此而选用的教具。教法的选择是在分析教材、学生和教学目标的基础之上，在以教师为主导和以学生为主体的原则指导下，根据具体教学目标的要求和教学内容的特点分别选择不同的教学方法。

“说教法”就是要求教师说明，如何从学生的实际情况出发，根据信息技术学科的教学特点和目标要求并结合当前素质教育的要求，科学设计教学“任务”，综合选用讲练结合、分组合作、自主探究等教学方法，以便学生多动手、多思考、多实践，从而了解和掌握信息技术的基本知识和技能，要说明所选教学方法在教学过程中的安排顺序并分别说明采用这些教法的依据。

5. 说学法

学法是指学生为达到某个具体的教学目标而采取的方法或手段，以及为此而选用的学具。学法的选择也是在分析教材、学生和教学目标的基础之上,在以教师为主导和以学生为主体的原则指导下,根据具体教学内容和教学目标的要求分别选择不同的学习方法。但是学法的选择要充分考虑学生的情感、意志、兴趣等非智力因素以及年龄特点、认知结构特点、学科知识水平、能力结构特征、现有发展水平和潜在发展水平等因素,以便充分调动学生学习的主动性和积极性。说明学生的学习方法时要与教师所选的教法的教学过程相对应,尽量说清楚教师在教学过程各环节的安排上是如何注意引导学生的学习的。

"说学法"的内容在"说课"活动中,往往被许多说课教师所忽视,而这恰恰又是信息技术学科教师最需要重视的。这是因为,一方面,信息技术学科的知识更新快、教学内容多,如果学生不养成良好的学习习惯,那么学生就很难适应这门学科的学习和今后的发展;另一方面,信息技术的发展也为信息技术教学创造了良好的合作学习环境,即利用网络环境开展合作式的、研究性的学习。因此,说课教师要说出教学中如何努力提高并维护学生对信息技术的学习兴趣;说出教会学生发现问题和分析问题的一般方法;说出如何鼓励学生多动手尝试并善于举一反三,以便更好地更多地掌握信息技术的知识和技能,并用所学到知识和技能去解决实际问题;说出如何指导学生开展"合作"和"研究"活动,最终使学生的心理、生理等综合素质得以全面发展。

6. 说环境资源

随着信息技术的迅猛发展,信息技术在教育教学中应用日趋广泛,突出的表现就是教学信息的载体的多样化,即多媒体在教学中的运用。目前,很多中小学都建设了校园局域网或多媒体网络教室,并建设了多媒体教学资源中心,这使得教师的教学手段更加先进,教学内容更加丰富,教学过程更加形象,教学活动更加和谐。另外,很多教师在备课时还精心制作了课件或选用了一些较好的辅助教学软件。

"说环境资源"就是在说课时,先交代上课时拟采用的教学环境,自己制作或选用的教学软件和为学生提供丰富的可参考的实例、素材、网站资源等,必要时作些演示,并说明选用教学环境和教学软件的理论依据或指导思想。注意媒体资源使用的原则与教学目标、教学内容之间的对应,最好能有内容、策略、媒体的对应说明。

7. 说教学过程安排

一般来说,说课的这个阶段应该是"说过程",就是要把整个教学过程的总体安排,即教学环节安排、时间分配和教学建议等介绍给大家,其中包括情境的设置、新课的展开、练习的设计、小结的安排、任务的布置、资源媒体的设计应用等等。并且要说明这样设计的理论依据;说明教学过程中,教师的教和学生的学是如何安排并有机结合的,教学过程的构想与整体分析;说明本课教学过程中如何运用教学方法、教学手段和媒体资源来突破教学重点、解决本课教学难点,以及如何实现各项教学目标,并阐明如何对学生进行学习方法指导,如何落实学生的思维活动和技能练习,如何根据学生的情感、意志和兴趣等非智力因素以及年龄特点、认知结构特点、学科知识水平、能力结构特征、现有发展水平和潜在发展水平等,来充分调动学生的主动性和积极性,体现以教师为主导和以学生为主体的教学原则。

教学过程是说课内容的主要部分。说好教学过程,一般包括五个方面。

(1)说出课堂教学的整体思路和环节,一般包括复习旧知识、导入新课、新课讲解、知识应用、反馈练习。

(2)说出教材教法处理和学生之间的联系,为完成教学目标,教师如何合理地处理教材,运用哪些教学手段,如何安排师生互动过程,以及这样安排的目的和达到的效果。

(3)说出对每一环节、每个层次、每个步骤的设想、安排以及依据和预期效果。新课程标准特别强调培养学生的创新能力、操作能力、解决实际问题的能力、信息储备能力,思维方式上强调独立、探索、钻研,教师在设计教学环节时首先要考虑这些。

(4)说出教学中突出重点、突破难点、抓好关键的理由和方法。

(5)说出练习设计和资源设计的意图、目的和理论依据。课堂练习与作业是检查课堂教学效果和巩固课堂教学内容的手段,因此习题设计一定要准,既要体现该节课的教学目标,又要考虑到不同学生的接受能力,做到分层设计,区别对待。

说教学结构不同于说教学过程,它可以防止对教学步骤作过细的陈述。具体要求是说清教学过程的总体结构及各个教学板块;说清主要环节的主要设计,如何处理主导和主体的关系,怎样激活学生的思维;说清重点如何突破,难点如何化解。

8.说评价

"说评价"就是对教学设计的评价环节进行说明,评价的设计要体现信息技术课程的要求和课程特点,符合信息技术课程标准中的评价的建议,充分考虑学生在学习中的表现和学习结果,应尽量使用过程性评价与总结性评价相结合的方法。教学评价要与教学目标相一致,学生进行评价的内容和评价的方法得当。

说课除了要说清以上八项主要内容之外,还需要注意如下几个问题:第一,要注意教师的形象。说课的过程也是教师仪表和气质的展示过程,因此,说课教师的穿戴要整洁大方、朴素自然。第二,要注意语言的表达。听课的对象,一般不是学生,而是专家或同行,甚至还可能是领导,因此要注意说课态度和蔼、自信并充满活力,注意表情和称呼,普通话要标准流畅、语言简明扼要、清晰生动、逻辑性强,语言要富有感情、感染力,最好富有个性,以体现自己的独特风采。第三,要注意专业的素养。说课要突出"说"字,要说思路、说方法、说过程、说学生、说训练,要注意详略得当,不可面面俱到,对重点和难点的处理、教学过程、学法指导等应该详说,而对教学目标、教法、媒体运用、时间安排等都可以略说。第四,要注意学科的素养。对于信息技术学科的教师,说课时最好能借助于信息技术的优势,制作一些简单的多媒体说案,灵活、恰当地使用计算机及投影设备。

三、说课的评析

评析说课的内容基本上和说课的内容是相对应的。

1. 评析说课者对教材的理解程度

(1)对教材所处的地位及前后联系的理解、分析是否正确。

(2)对教学内容的分析是否准确、全面、结构合理。

(3)对教学目标的确定是否明确、具体、全面。

(4)对教学重点、难点的确定是否恰当,能否分清主次,抓住主要矛盾。

2. 评析教法的选择和运用是否合理、实用

(1)是否适合该学科的教学要求、特点。

(2)是否根据具体的教学目的选用教法。

(3)是否符合学生的年龄特点。

(4)是否调动学生的学习积极性。

3. 评析方法是否具有指导性和可操作性

(1)教法是否符合学法,是否与学法相适应。

(2)是否考虑到学生的实际情况,如对不同层次的学生的不同指导,所应达到的不同目标等。

(3)是否明确培养学生的某种能力和学习习惯。

4. 评析教学程序的设计是否科学,是否能达到教学目的

(1)授课内容是否科学、正确,是否注重了思想教育。

(2)教学结构是否合理,重点是否突出,难点是否突破。

(3)教法是否灵活多样,学法是否指导得当。

5. 评析学习结果的评价设计是否科学,能否与教学目的相对应

(1)评价内容是否科学、正确,是否注重了学习过程评价。

(2)评价方法选择是否合理,是否与教学目标相对应。

[本章小结]

合理有效的教学设计是教师在课堂教学中顺利实施的保障,理解掌握中小学信息技术课程的教学设计方法是信息技术教师上好信息技术课的前提,将做好的教学设计方案以说课的形式进行说明,是学科教师之间交流教学经验和进行教研活动的重要方法之一。通过本章的学习,应在先修课程教学设计的基础上,基本掌握信息技术教学设计的方法,能够根据信息技术课程标准中的规定,对信息技术课程内容进行完整的教学设计,并结合信息技术课程教学特点以说课的形式进行说明，从而提高学生的学科教学设计能力和说课技能。

[思考练习]

1. 信息技术教学有何特点？

2. 如何贯彻全面发展与个性发展相统一原则？如何在信息技术教育中融合人文教育？

3. 信息技术新课程视野下的教学设计理念如何？传统备课与新课程视野下的教学设计有何异同？

4. 什么是教学设计的过程模型？教学设计的两个关键变量是什么？信息素养与学习结果类型的对应关系如何？

5. 如何分析面向需要的教学设计模型？

6. 如何用 ABCD 描述法描述三维教学目标？

[实践活动建议]

选择信息技术课程一个单元内容进行详细完整的教学设计，以说课形式进行训练，并在教师的指导下进行评析。

第四章　中小学信息技术课程常用的教学方式与方法

[内容提要]

作为一门新兴的中小学课程，信息技术课程有其独特的教学方法。教学方法因教学目的、教材内容和教学对象不同而不同，同时还受师资条件及学生身心发展特点的制约，因而要善于分析判断，选择适当的教学方法来实现教学目的。本章主要介绍比较典型的中小学信息技术课程教学方式和方法，重点说明了教学方法的特点和一般过程，并结合教学实践简要分析总结教学方式方法的优点和局限性。

[学习指导]

1. 理解信息技术课程常用方法（讲授法、演示法）的一般过程和特点。
2. 初步掌握信息技术课程任务驱动教学方法的过程。
3. 初步掌握信息技术课程基于项目学习（PBL）方法的过程。

教学方法是师生为达到教学目的而相互结合的活动方式。它包括教师的教法和学生的学法。实际上教师的教法要通过学生的学法来体现，学生的学法又是在教师的指引或影响下的学习方法。教学是师生结合在一起的共同活动，教法与学法不能截然分开，而要辩证统一。

教学方法因教学目的、教材内容和教学对象的不同而不同。不同的历史条件下，教学方法也有所不同。教学方法还受师资条件及学生身心发展特点的制约，因而要善于分析判断，选择适当的教学方法以实现教学目的。必须指出，无论是哪一种教学方法，都必须围绕学生的创新思维与创造能力的培养而展开。

·阅读材料·

教学模式是在一定的教育思想和教学原理的指导下，围绕某一主题，为实现教学目标而形成的相对稳定的规范化教学程序和操作体系。①

教学模式实质上是在一定环境下展开的教学活动进程的稳定结构形式，是开展教学活动的一套方法论体系，是基于一定教学理论而建立起来的较稳

① 黄甫全、王本陆主编：《现代教学论学程》（修订版），教育科学出版社 2003 年第 2 版，第 432 页。

定的教学活动的框架和程序。教学模式是教学理论的具体化，同时又直接面向和指导教学实践，具有可操作性，它是教学理论与教学实践之间的桥梁。

黄甫全、王本陆认为，一个完整的教学模式应该包含以下五个因素：(1)理论基础：指教学模式所依据的教学理论或教学思想。(2)教学目标：指教学模式所能达到的教学结果，即能够在学习者身上产生何种效果。不同的教学模式总是为某种教学目标而设计的，而不是完全通用的。(3)操作程序：指教学活动的环节步骤以及每个步骤的具体操作方法，当然这种程序并不是一成不变的。(4)实现条件(手段和策略)：为了发挥教学模式的效力，教师在运用教学模式时必须对各种教学条件进行优化组合，要遵循一定的原则，采用一定的方法和技巧。(5)评价：由于每种模式有自己适用的条件和教学目标，因此，其评价的标准和方法也会有所不同。

第一节　信息技术课程常用教学方法

一、讲授法简介

讲授法是教师通过语言向学生描绘情境、叙述事实、解释概念、论证原理和阐明规律的一种教学方法，是当前我国最常用的一种教学方法。讲授法除了让学生迅速掌握知识外，很重要的是培养学生注意力(无意注意和有意注意)。其特点是：(1)讲授教学要根据一定的教学目的进行讲授；(2)讲授中教师起主导作用，引导学生关注新知识并进行思考；(3)学生在倾听与反馈中建构知识；(4)口头语言、表情语言、体态语言是传递知识的基本工具；(5)教师要对讲授的内容进行合理的组织。

讲授法教学之所以长久以来普遍为教师所欢迎，主要是其进行过程极为简单、方便，多数教师只要依教科书来讲解说明即可。其次，讲授法的功能包括：(1)直接可将完整的知识教给学生，使学生所获知识有一完整的体系；(2)节省学生获取知识的时间；(3)适合基础学科和概念的学习；(4)能展现较广泛有趣的教材来进行教学；(5)有利于培养学生的注意力。

虽然讲授法有上述功能，但也有其缺点，主要表现在易使学生养成被动听讲，静态、消极学习的习惯和态度，也不能提供给学生进行探究发现的学习经验。如果讲述方式缺乏变化或时间过长，则易使学生失去兴趣和注意力。此外，纯粹由听讲所得的知识不易长期保留。在1986年做的一项研究中发现，学生的记忆量因下列情况而有差异：能记住所"读到"的10%；能记住所"听到"的20%；能记住所"看到"的30%；能记住所"听到及看到"的50%；能记住所"说过"的话的70%；能记住所"说过并做过"的90%。

从以上的记忆百分比可以看出，学生的学习如果偏重于读、看、听，而缺少说话及习作的机会，那么所能保留的学习记忆量不多。由于讲述法容易形成学生静默式的听、看习惯，因此，学习的成效往往不甚理想。虽然教师的“讲”是教学活动中不可缺少的活动，但是教学并不等于教师的讲演。

真正的学习在于学习者本身心智的活动。学生的学习可以从教师的活动中获得协助、指引及激发，但是没有任何一位教师能够代替学生的学习。当教师所表现的活动造成学生的被动时，学生将不再是一位学习者，也许只是一位“记录者”而已。

讲授法源于德国教育家赫尔巴特的“明了、联想、系统和方法”的四阶段教学模式，他认为学生接受系统的书本知识的学习，必须经过“感知—新旧知识联系—知识系统化—知识的运用”这一教学程序。苏联教育家凯洛夫根据辩证唯物主义的认识论原理，对这种教学模式作了进一步的分析，提出了感知、理解、巩固、运用、检查等几个教学阶段。这种教学模式传入我国后，我国教育工作者又在此基础上作了适当的调整和修改，形成了一种中外结合的讲授模式。

(一)讲授法的教学过程

讲授法的教学过程大致可以分成以下四个阶段(见图4-1)。

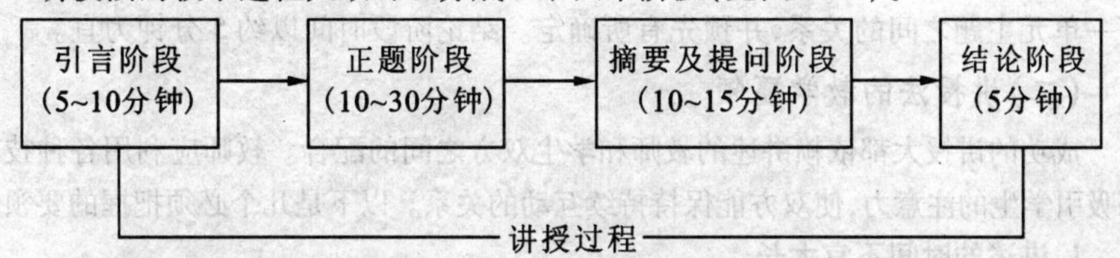

图4-1　讲授法的教学过程

1. 引言阶段

在引言阶段，教师的讲授必须能引起学生的注意力和学习动机。此阶段也是任何教学活动的第一个步骤，对培养学生的有意注意力十分有用。

这一阶段，教师可以提出一些与本单元教材主题相关的“问题”供学生讨论。例如，在讲解数组的应用之前，首先告诉学生，数组在日常生活中有广泛的应用，比如可以打印任一年的年历，将各年级学生按期中、期末考试成绩进行排队，进行选票统计等。

在这一阶段也可复习上一节课所学的下标变量和数组的基本概念及数组的基础应用。

例如，数组的输入、输出方法，两数组元素值的交换方法，这些都是本节课所要讲授的数组排序部分的前提知识，由这些旧知识作铺垫，可引出新知识。

此外，教师也可先说一个与主题有关的事实、趣事引起学生的注意力，随后再导入正题。一般而言，在引言阶段，教师所用的时间以5~10分钟为宜。

2. 正题阶段

讲授法教学第二阶段即讲述主题的阶段。教师应先把讲述的主题内容和顺序作系统的组织，且应力求简明、扼要、清晰。一般教师常误以为讲述的主题内容越多对学生的学习越有帮助，事实上，内容的多少应根据教学时间的长短来决定。较为理想的主题讲述是，在时间上以 10～30 分钟为宜，在内容上则以“基本概念”为主，并尽量举例说明。

这一阶段，教师要有意识地经常调控学生的注意力，适当安排一些练习。经常练习可提高学生自身的调控能力。

3. 摘要及提问阶段

教师应将讲述的主题内容作简明的归纳。通常是在讲述完每一基本概念之后进入另一概念之前，将前述内容作扼要归纳。而在全部概念讲述完之后再将全部主题概念的内容作完整的归纳。如此，将可给学生提供确定自己了解的机会，并可使学生提出真正值得讨论的问题。理想的“摘要”及“提问”时间为 10～15 分钟。

4. 结论阶段

在这最后阶段，教师可以最简洁的方式对讲述内容进行总结，也可在此阶段提出下一单元相关的主题或指定学生预习的作业。此种安排可使学生了解本单元及下一单元主题之间的关系，并预先有所确定。结论阶段时间以约 5 分钟为宜。

（二）讲授法的教学要领

成功的讲授大都依赖讲述的教师和学生双方之间的配合。教师应利用各种技巧来吸引学生的注意力，使双方能保持持续互动的关系。以下是几个必须把握的要领：

1. 讲述的时间不宜太长

教师在讲述正题阶段所用的时间最多 30 分钟，这是大学生及一般成年学生能注意听讲的限度。在中小学阶段，正题讲述的时间以 20 分钟为宜。讲述的时间如果超过 1 小时，主讲者必须用高度的技巧来吸引听众，避免其分心或打瞌睡。

2. 讲述的内容适合学生理解的程度

在内容上最好能适合学生目前的学习经验和能力，不宜过深，也不应太过简化。在了解概念时尽量举一些能为学生理解的例子来说明。

3. 教师应注意讲述时的动作、表情和语言

讲述的动作要自然，不夸张、不轻浮。表情要有亲和力，不宜太严肃或者毫无表情(变化)。要求语言清晰、鲜明、熟练、准确、生动、通俗易懂，音量和快慢适度。

4. 避免照本宣读，兼用教学媒体

讲授法的主要特点是教师运用口头语言作为传递知识信息的媒体，通过教师讲、学生听的方式，向学生传递知识信息。这种方法比较容易控制所要传递的知识信息内容，教师可以根据自己的认识和需要确定详略，安排轻重，但学生处于被动接受地位，如果讲授缺乏启发性而整堂课一讲到底，就成为“满堂灌”，学生缺乏思考活动，又易疲劳。

教师在讲述时不应照着教科书的内容从头到尾逐字宣读。教师应常使用板书并利用各种教学媒体,可使教学生动而富有变化,亦可增加学生的无意注意力。

另外,教师本身应有清晰的逻辑思路,并要引导学生注意讲授的思路,培养学生清晰、敏捷、开阔、活跃的思路。对一些一题多解的题目要配以简练的思路图。讲授过程中要引起学生的求知欲,激发学生的思维活动。要善于提出问题,创造问题情境,激发疑问,引起学生的学习动机,使学生主动和教师配合,跟着教师指引的思维路线积极主动地思考问题,探求新知识,掌握新内容。可以先提出启发性问题以开启学生的心扉,或者插入启发性问题引导学生生疑和解答,或者由教师自问自答,使学生在思路上动脑筋。

5. 随时与学生保持眼神接触

教师在讲述时要随时注意学生是否仔细听讲,因此要随时注视学生,保持与学生的眼神接触,以维持其注意力,并了解学生的反应。

6. 适时地强调重点

教师在说明重要概念时,可以用暂时停顿或提高音调的方式来引起学生的特别注意,并使学生有时间作笔记或思考。

7. 同时提供多媒体演示材料或书面资料

除口头讲述外,最好能再提供讲述大纲或其他相关的书面材料,这样将有助于学生的听讲、记忆和了解。教师在讲授时一定要注意尽量借助一些直观手段,如某些媒体、实物,边讲授边操作、演示。譬如,像程序设计这种较复杂、需要较多逻辑思维的内容,在系统化讲授的同时,要鼓励学生自主尝试,才能使学生更好地理解。

(三)讲授法评价

1. 讲授法的优点

(1)有助于系统知识和技能的传授。讲授法是学生直接接受教师教给的人类知识成果,它主要运用于系统性的知识、技能的传授和学习,适用于以传授知识为目的的教学情境,可以使学生在短时间内循序渐进地掌握比较深奥、靠学生自学较难理解的内容。综观中小学信息技术课程,我们不能否认,很多知识仍然属于基础知识的范畴,学生听教师讲授仍然是重要的学习途径。

(2)适用于班级组织教学。班级授课制是目前我国教育教学中主导性的教学组织方式,而且,在相当长的时期内,这种形式将不会发生较大的改变。教师面向全体学生讲授,可以节省教学时间,提高教学效率。另外,讲授法对教学内容组织、教学时间安排等要求严格,教学工作具有严密的组织性和计划性,适合以班级为单位的集体讲授,教学质量有一定保证。

2. 讲授法的局限性

(1)容易产生"满堂灌"、注入式教学。现代教学论认为,教学应该是教师与学生、教材与学生、学生与学生之间的多向信息传递，而讲授法在很多时候是师生间的单向信息传递，容易使学生处于单纯接受教师所提供的信息或知识的地位。所以，如果讲授法运用不当，很容易演变成“满堂灌”和注入式教学。

(2)难以顾及个别差异。在面向全体学生教授时，很难实施个别化教学，难以顾及学生的个别差异，因材施教原则难以得到实施。

(3)在培养学生的创造力等方面具有较大的局限。讲授法和其他教学方法如基于问题的学习、任务驱动等教学方法等相比，缺乏直观化和自主性的学习活动，在培养学生的探索精神、创造才能、解决问题的能力、自主学习的意识和学习方法的掌握等方面都容易受到忽视或限制。

因此，在教学应用中要认清讲授法的优势和局限性，结合其他教学方法，尽可能地扬长避短。在信息技术教学中，运用讲授法时要特别注意与上机练习的结合。因为如果在教学过程中教师只是讲授理论知识，而不给学生充分的练习时间，信息技术教学就失去了意义；反之，教师不讲，只让学生盲目地上机练习，那么，学习效率也难以保证。因此，讲解要和操作练习结合起来，讲授要与学生尝试结合起来，这样，学生才可能将教师讲授的知识应用于实践并加以巩固，直至熟练掌握。

二、教练法简介

作为实践性与工具性特点明显的课程，信息技术课程的教学需要培养学生的技术能力，而技术能力的培养与运动技能有类似的地方，因此，使用教练法对于信息技术课程中的技能培养与过程方法的训练是一种常用而有效的教学方法。

教练法的主要理念是以学生为主体，围绕某些学习任务，组织学生进行信息活动、操练某些技能，并且按照学生的个体差异在学生操练中给予帮助和指导，使学生的知识与技能、过程与方法、情感态度与价值观得到有效培养。教练法在群体学习倾向基本一致时可以采取群体教练法，由教师提出任务与注意事项，然后学生操练，教师根据倾向性问题进行集体指导，然后归纳与交流；个别教练法则要根据学生的个体差异确定有差异的任务和组织有差异的学习过程，以使每个学生的信息素养都得到提升。

(一)教练法的教学过程

教练法实施的基本过程可以归纳为：提出任务和注意点——动手实践，教练指导——归纳交流。

首先，教师要根据课程的目标，提出这节课的学习任务和实践活动的工作课题，使学生明确做什么，并且还要指出学生实践中的注意事项，特别是学习方法与思维方法方面的要点。任务提出时，要使学生明了课题任务与学习任务的关系，布置课题时要指出所要操练的信息技术技能与熟悉的信息活动的过程与方法，这样能够使学生了解学习的意义,调动学生的学习积极性。例如在布置学生完成美化一个电子板报的课题时,同时指出学习艺术字的使用与排版的技能。

然后,让学生开始实践活动,通过完成工作课题,进行各种操练与练习。教师在这个过程中要针对学生的情况与问题进行指导与教练,帮助学生掌握知识与技能,并且注意帮助学生养成正确的学习态度。要根据学生的个体差异进行针对性指导。根据马梯尼兹的学习倾向理论,对于变通型学生,教师可以鼓励他们发挥敢于冒险、善于控制自己的学习、积极参与学习过程的特点,使之积极创造,进行多种尝试与探索;对于实干型学习倾向的学生,则要不断提供来自于外界的压力,促使他们积极向上;对于顺应型学习倾向的学生则可以每次提出一个单一的目标,使他们以直线式的学习方式进行操练与练习,并且及时给予简单明了的反馈,同时,要不断帮助他们总结与提高,促进他们知识的结构性内化,并且形成比较积极的学习态度与科学的思维方法;对于逆反型的学习者则要进一步区别对待,对于漠不关心而被动地接受知识的一部分人要用动手操作的意义和美的教育刺激他们的积极性,逐步克服他们厌恶学习的心理,培育他们学习信息技术的积极性;而对于那些认为已经懂得比教师多、对教学内容的知识反而感兴趣的学习者,则要利用他们的热情和学习动力,鼓励他们做更多、更好的作品进行交流,及时指出他们思维方法上的问题,帮助他们养成正确的学习态度与学习方法。

最后,教师组织必要的交流,并且归纳总结,再一次强化教学活动的成果,促使学生把学会的东西内化成为自己的信息素养。

(二)教练法的方法评价

教练法具有如下一些特点:首先强调的是学生动手实践活动和学生主动学习,要求学生自己做而不是教师灌输,学生在实践活动中通过自己的尝试而得到提高;其次强调通过实践与教练,对于学生的学习方法、思维方法、学习态度、知识技能等全面进行培养,而不仅只是知识与技能的培养;还要鼓励学生之间的经验交流。但是,在实施教练法时,一定要注意不能把教练法演变成简单的学生的操练与练习,而要强调教练结合、引导学生信息素养的提升和思维方法、学习方法的形成。

三、演示法简介

演示法是教师展示各种直观教具、实物、多媒体 CAI 课件,做实验或操作的示范,使学生获得关于信息技术的感性知识,领会有关事物的结构或变化过程,了解操作的要领和方法。要求学生在观察演示时一定要进行定向观察,而且要做到:(1)观察按一定顺序;(2)抓住特征进行分析比较;(3)观察时积累感受。

演示法大体可分为四种:(1)图片、挂图、示教板的演示;(2)实物和模型的演示;(3)幻灯片、录音录像、多媒体课件的演示;(4)信息技术实验或操作的演示。这四种方法各有特点,应根据教学要求和实际条件合理选用。

演示法要求教师做到:

(1)演示的目的明确、有条理,要突出及清楚地展现要求学生了解的内容。对演示的图形或实物要精心设计,有所取舍,防止喧宾夺主。同时,要适时、适当地演示,为掌握理论、形成概念服务。过早、过多地演示会分散学生的注意力,降低教学效果。

(2)演示时要做好指导和启发,指出观察的要点,提醒学生注意容易忽视的问题,培养学生良好的观察能力或者引导学生边观察边联想。

(3)演示的对象要大小适中,色彩鲜明,摆设合理,使全班学生都能看清楚、听清楚。特别是动态的对象或几方面有关联的对象,要提防学生顾此失彼。并且尽可能让学生用多种感官认知事物,使用多媒体教学网或大屏幕投影,增强演示的效果。

(4)演示之前要做好充分准备:认真设计、绘制,检查完好性,在机上或上网操作试用,防止在教学演示时发现遗缺或发生网络故障。

演示后的操练是学生在教师指导下巩固与运用知识,掌握技能与技巧的方法。其中需要利用一定的仪器设备进行独立作业,通过观察事物的变化以获取知识的方法,则属于实验法。在这一教学方法中,教师应充分调动学生的眼、耳、口、手和脑等的作用。在操练和试验的过程中运用多元记忆法,不仅能使学生在学习中得到实践,获取知识,而且更重要的是能增加学生的记忆力,使学过的知识能够有效保持。

操练环节是以学生自身独立活动为主的学习活动,方式多种多样,有口头的、书面的,有发展智力技能为主的和发展动手操作技能为主的,有个人的、集体的,有单项知识技能的操作和包括各种知识技能的综合性操作,有半独立性的操作和完全独立性的操作,有简单模仿性的操作和复杂多变、创造性地运用知识技能的操作。例如,上机操作,计算机多媒体素材的输入、编辑,调试程序等。

操练环节要求教师要认真做好组织工作。需要分组的操作应编写好小组,指定组长,明确职责。要使学生明确操练的目的要求,弄清使用的器械、仪器、设备、用具的主要性能和操作要领,遵守安全操作规程,掌握有关的理论知识并在这些理论的指导下进行操作作业。

操练作业要有计划、有步骤地循序渐进,实验还要有指导书和实验报告。要注意培养学生自我分析、自我改正的能力。

操作要有一定的重复分量,使操作和行动得以熟练,速度得以逐步提高;也要有适中的难度以保持适度的兴奋,并锻炼克服困难的精神。操练时,教师要巡视、辅导和纠正错误。操练的最后阶段是小结,教师对学生的表现及效果进行评价,或考核评分。实验课还要审阅实验报告。

下面提出上机操作的要求：

(1)保证一定的上机实习时间。一般来说,上机实习(或边讲边练)应占总课时的1/3。在条件不允许的情况下,部分教学内容可由教师采用演示等方法完成(但不能完全用演示取代上机实习)。

(2)明确上机实习目的。中学生上机实习不仅仅为了验证信息技术课程中各种软件的功能,而且以掌握计算机操作技能为主要目的,包括开机,关机,上网浏览或下载,程序的输入、运行、调试,多媒体操作,击键指法以及常用软件的使用等技能、技巧。

(3)上机实习要注意趣味性。例如,指法练习单调无味,我们在教学中可运用指法练习自测程序。程序包括慢速、快速、加速三种形式,均可记分,其中加速尤其适用于竞赛。这样,不仅使学生能及时地得到反馈,而且可以通过记分竞赛激发兴趣。另一方面,在强调寓教学于游戏之中的同时,还要教育学生不要把上机实习当做单纯的游戏,上网时防止学生在网上无目的地漫游。

(4)爱护计算机设备。要教育学生爱护计算机设备,强调操作使用时应注意的事项,以确保在有限的经济条件下,持久地开展信息技术课教学。由于中学的教育经费有限,而中学生好奇心又强,且好动,所以必须订出在机房有关注意事项的规定。

四、讨论法简介

讨论法是指在教师组织和指导下,以小组或班级为单位,围绕一定的问题和内容各抒己见,展开讨论、对话或辩论等,进行知识和思想的交流,互相启发、共同探讨,以求辨明是非、扩大知识面和提高认识能力。讨论法有不同的讨论方式,如小组讨论、全班大讨论、辩论式讨论(班级辩论赛)等,在组织和操作方面也有一些差别,教师应当在教学过程中灵活把握。讨论可以贯穿在其他的教学方法中,也可以整节课以讨论为主,如辩论式讨论。

讨论法是一种历史悠久的教学方法,中国古代书院就有学术讨论的传统,现代学校教学的讨论法则起源于美国大学的课堂讨论。对于广大的信息技术教师来讲,讨论法也并不陌生,特别是在倡导发展学生主体性、培养学生创造性的今天,讨论法更是频繁地出现在合作教学、分层教学以及问题教学等各种形式的课堂中。同时,BBS 讨论版、电子信箱等也成为信息技术教师运用讨论法的有效工具,扩大了讨论法的应用场合。

(一)讨论法的教学过程

1. 提出讨论的主题

即创设讨论的"焦点"问题。教师可以自己先设计一些问题,让学生针对这些问题提前阅读资料，再开展讨论，也可以让学生自己提出问题。

讨论的主题可以是多种多样的，举例如下：

(1)根据教材的重点和难点，为便于学生掌握并加深理解而精心设置的题目。如：因特网上信息资源的主要特征是什么？各类信息资源分别有哪些局限性？网络信息检索的主要策略与技巧有哪些？在实际操作中，如何根据检索需求运用这些策略和技巧？等等。

(2)探讨性的题目。如：在教学中，学生之间对某个问题的认识发生分歧，或者学生对教材中的结论提出怀疑时，教师不作正面回答，将分歧点和疑点交给学生讨论。此类讨论题目具有很大的随机性，教师要及时捕捉学生的想法，进行适当的引导。

(3)针对学生的态度、行为、价值观而设置的题目。主要用于培养学生辩证地看待与信息技术应用相关的问题，培养良好的行为习惯和正确的价值观。举两个简单的例子：①某同学性格内向，很少与同学说话，老师组织发言时，他也很少发表意见。在网上，他不但能敞开心扉、畅所欲言，有时甚至是讨论的发起者和组织者，俨然一个高手……你的周围有这样的事情吗？请同学们对此现象进行讨论。②许多人都认为 E-mail 极大地提高了交流效率，然而，另一些人则认为它减少了人与人之间面对面的交流，你如何看待这一问题？

(4)设置一些"两难问题"引发讨论。"两难问题"或"两难故事"是美国发展心理学家柯尔伯格(L. Kohlberg)研究儿童道德发展与教育的一种典型方法。通过向学生提出一些两难问题，让学生作出选择和判断并说出理由，从而了解学生的道德水平，继而就"两难故事"展开讨论，激发学生认知上的矛盾冲突，使他们产生重建自己道德经验结构的需要，在这种需要的激励下，促使自身道德水平的提高。我们可以设计信息技术教育中的两难问题，让学生展开讨论。例如，"一位远方的朋友在春节前通过电子邮件给你发了一张贺年卡，可是这个贺卡文件已经感染了病毒，把你的一些数据破坏了，这时你会怎么做？你将怎样对待这个朋友？"让学生阐明观点，判断学生的道德水平。在讨论的深入阶段，教师要支持和澄清重要观点，引导道德水平阶段相近的学生进行观点比较，促进较低阶段的学生趋向较高阶段，达到提高学生道德判断水平的目的。

总之，讨论的主题可以是具有争议性、探讨性的或是两难问题，也可以是解释性或应用性的问题。一个明确的事实或共识的观点，是无法引起讨论的。讨论题不能太简单也不能太深奥，太简单会让学生觉得无话可说，或者几句就说完了，他们的积极性调动不起来；太深奥，学生会感觉吃力，无从下手。对于一个较大或者较复杂的问题，可以将问题化小，使层次序列化。

2. 列出讨论提纲

为防止讨论走题，或者没有焦点，教师可以预先准备一个讨论提纲，以便学生在讨论时能有次序、有焦点地进行。尤其是在学生刚刚接触讨论的相关内容或者初次使用讨论法的时候,此举尤其重要。

3. 讨论前的准备

宣布讨论的原则,向学生介绍讨论的题目、目的以及评价等具体问题;根据讨论的形式做必要准备,如学生分组、辩论中双方辩题的确立等;对于需要做资料调查或实验准备的讨论,可以预先布置讨论的任务,让学生分工去搜集资料、从事调查或实验、写好讨论发言稿,然后再进行课堂讨论。

4. 展开讨论

组织学生发言,可以有以下的形式:自由发言、指定主要发言人、临时指定发言人或者轮流发言等。在讨论中教师需要把握的一些问题:

(1)要尽量引导多数学生发言,可以专门征求一些不喜欢发言的学生的看法。如:你赞同哪位同学提出的观点?你认为对你启发最大的观点是什么,为什么?你认为讨论中不切题或者没有意义的讨论有哪些,为什么?等等。尽管我们希望发言的人越多越好,但也并不是说每一位学生在讨论的过程中都必须发言。

(2)要正确处理讨论中出现的争论,所谓"水可导不可堵"。不同意学生的观点,最好不要当时就打断,以免影响学生发言。教师需要随时捕捉学生发言中的闪光点,给予表扬鼓励。同时坚信,多元化的价值取向是真正生活意义的体现,学生在讨论过程中所经历的思考过程与取得的结论同样重要。

(3)认真倾听、分析研究发言中的实质,把讨论引向深入。在学生的讨论中,可以适当地提出问题加以深入引导。如:你为什么这样说?有什么数据作为支撑吗?你能为你所讲的举个恰当的例子吗?你能解释一下你刚才所用的术语或者换一种说法吗?在决定你的观点时,什么人或者什么事件对你的影响最大?你个人认为,你观点中最独特的是哪一部分,为什么?等等。通过教师提问引导,可以改变讨论的进度和角度,使学生注意保持高度集中并积极参与。教师需要有一种"海纳百川"的心胸,兼容多种不同的意见,这也是形成民主讨论的重要前提。

(4)把握好讨论形式的灵活运用。与传统讨论法不同,信息技术课程教学中的讨论形式是多样化的:既包括传统的口头形式的讨论,又包括信息技术支撑的电子形式的讨论,如 BBS、聊天室、留言板、E -mail 等,教师要根据教学内容与讨论形式的特点灵活运用。总之,不断变化的讨论节奏和多样性的讨论方式方法是讨论成功的关键所在。

5. 总结

教师可以从以下几个方面进行总结:概述讨论情况,点评学生在讨论中的表现,分析讨论结果。对于不统一的问题,教师可以阐述自己的观点,但允许学生保留自己的意见;对于讨论中错误的观点,要指出问题所在,分析错误的根源,澄清模糊的认识;对于不够全面的观点,要加以补充,使之完善。也可以指导学生自己作总结,如:讨论中最具有争论的话题是什么?针对这个话题讨论的主要观点有哪些?什么观点引起了更多人的争议或同意?有哪些观点是比较含糊和不确定的?有什么问题需要进一步讨论?等等。

(二)讨论法评价

讨论法具有如下优点:

(1)讨论有助于学生思考多方面的意见,有助于对不同意见形成新的理解。由于经验背景等的差异,学生对问题的理解常常各异,在学生之间,这些差异本身便构成了一种宝贵的学习资源。讨论使潜藏的不同意见发表出来,而且每一位参与者都可能有机会解释自己的观点。讨论为学生们提供了开阔视野,接受新事物、新观点的机会,使学生能够从多个角度认识一种事物,并且意识到对于事物并非仅有唯一的、不可辩驳的认识。在讨论中,信息是多向流动、多向刺激的,师生在思想的激烈碰撞中产生智慧的火花,促进个人的发展和成长。

(2)讨论有助于思想的转变。在讨论中,学生对自己和他人的观点与论据进行"权衡"、思考、反思,或反驳他人的意见,或修正自己的观点,或理智地坚持己见、尊重事实。学生是询问者与探索者,一些片面看法在受到同伴审查时,往往会得到改变;当学生把各自的见解集中起来时,他们纠正论据和推理中的不足之处的可能性要比他们个人去做大得多。

(3)讨论有助于学生发展分析、综合问题的能力以及交流合作的能力。①学生在讨论中遇到分歧时,为了证明自己观点的正确性,否定对方的观点,必然竭尽全力,运用分析、综合、比较、评论等方法分析问题,从多个角度对另一方的观点提出怀疑、诘问。②为了说服别人,学生就需要把零碎的、粗糙的思想片断系统地组织起来,向他人传递。这种积极的思维活动提高了思维的质量。同时,在讨论交流的过程中,学生需要学会倾听、理解、说服、妥协等交流技巧,学会耐心地听取他人意见,尊重、理解并包容他人的见解,养成求同存异的习惯。

讨论法也有一些局限性,比如讨论容易偏离主题;讨论易流于形式,有些讨论表面看起来热热闹闹,但是并没有实质内容。在开展讨论法教学的同时,不可排斥其他教学方法的作用和应有地位,应协调配合使用各种方法,实现教学目标。

五、范例教学法简介

范例教学理论及范例教学法源自于德国,20 世纪 50 年代到 70 年代在德国的发展和应用达到了高潮,成为德国教育现代化的标志之一,甚至有人将范例教学理论与赞科夫"教学与发展实验"教学理论、布鲁纳"结构主义"教学理论一起誉为二战后的三大新教学论流派,在世界上颇具影响。20 世纪 80 年代,范例教学法开始在我国传播,不少教育工作者对此作出了深入的理论探讨和进行了广泛的教学实践，在与中小学学科教学相结合的过程中，产生了一些成功的案例。

所谓范例，瓦根舍因认为就是“隐含着本质因素、根本因素、基础因素的典型事例”。该流派的另一个代表人物克拉夫基指出：“范例”更确切地说就是“好的例子”、“典型的例子”、“学生能够理解的例子”。他们认为，世界的本原现象是可以通过学生真正理解的个别例子（范例）来加以说明的。因此，范例教学法就是以典型范例为中心的教与学，使学生能够依靠特殊（范例）掌握一般，并借助这种“一般”独立地进行学习。从教学的方法论意义上讲，范例教学法首先要求根据学科理论体系整理出包括基本概念、基本定理、基本理论和应用在内的典型范例；从教学目的意义上讲，则要求在有限的教学时间内，组织学生进行“教养性学习”，即让学生从选择出来的有限的典型范例中主动获得一般的、本质的、规律性的东西，进而借助于一般原理和方法进行独立学习。他们认为，教学的成功就在于学生在教学后能独立地依靠自己的力量迈开步伐；把培养学生独立性既看做教学目标又看做教学手段，尤其是后者特别值得注意，因为只有当教师把培养学生具有独立能力看成教学手段时，教师才会自觉地执行这一要职。

从信息技术课程目标的角度看，应该培养学生的信息素养，但从学科的角度来看，则应该使学生掌握信息技术课程的基本框架结构、各种知识之间的联系，建立对信息社会和信息技术的整体认识、全局观念。范例教学法恰恰非常强调这种基本结构、相互联系、整体观念的培养，主张范例应具有针对性，将范例当做引导学生发现规律的突破点，而这个突破点又是整个教学链上的关键点，能够同前后的问题和知识发生有机联系，因此有利于将学生的知识结构串成一个整体。

（一）范例教学法的教学过程

1. 课前的三个分析

在进行范例教学前，教师必须根据范例的基本特性，进行充分的教学分析，以指导范例的设计或已有范例的选择以及范例教学的实施。

（1）基本内容的分析

分析范例应包含的重要的、普遍的意义和关系；对它的探讨可以使人“范例性”地掌握的基本的现象、原理、方法、技能和态度，它们与今后教学的联系，比如，关于百度搜索引擎的范例，可以包括它的基本使用方法、常见问题、优缺点以及和学习其他信息技术知识有什么联系等等。

（2）内容结构的分析

包括：组成整个范例内容的个别要素；这些个别要素之间的联系，如搜索引擎中关键词和组合检索的关系；所教范例的真正前提，学生是否已经掌握，如会使用网络浏览器是使用搜索引擎的前提。

(3)未来意义的分析

分析这个范例对学生的未来生活的意义,对他们的前途的影响。以百度搜索引擎为例,对百度及相关搜索引擎的学习,可以使学生掌握信息检索和获取的一般方法和策略,可以方便今后的工作和生活。

2.课中的四个阶段

范例教学过程可以归纳为如下四个阶段(见表4-1):

表4-1 范例教学的四个阶段

教学过程	教学目标	教师活动	学生活动
掌握"个"的阶段	通过"个别"典型事例掌握事物的本质	激发起学生学习动机,以具体直观的方式提出范例	激发起学习的欲望与动机,主动地操作尝试和体验范例
探索"类"的阶段	从上述个案出发对个别事例进行归类,探讨"类"似现象或事例	提供学生尝试其他"个"的帮助,把学生从一个发现引到另一个发现中去	尝试利用对"个"的认识迁移到其他"个"的使用
理解规律的阶段	理解"类"背后隐藏着的规律	提示学生一步一步深入地探讨,引导学生发现规律、作出总结	发现、总结和掌握"类"背后的一般规律
获得关于世界和生活的经验的阶段	把教学的重点从客观的内容转移到开拓学生的精神世界方面,内化关于世界和生活的经验	引导学生把获得的知识用于解释现实问题中,使学生获得关于世界和生活的经验与体会	将学习与世界、生活相联系,理解知识的社会意义,加强自己行为的自觉性

(1)掌握"个"的阶段

首先应呈现与范例相关联的实际问题,激发学生思考,寻找解决问题的方法和设想,引出范例;然后,集中精力于这一典型范例,通过教师的讲解和实际演练,说明该范例的特征和使用方法,通过学生的实际操作尝试和体验它的应用方法,从具体的"个"的范例中引导学生理解和掌握该范例,以百度搜索引擎为例,要使学生了解百度搜索引擎的功能特征和搜索信息的方法等等。有效范例的基本特性如下:

①基本性。这是从教学内容的基本特征的角度提出的,即强调要选择最基本的知识作为范例的内容,包括基本概念、基本原理、基本规律和基本知识结构等。

②基础性。这是从学生的认知特点的角度提出的,即强调范例内容要针对学生学习和生活实际,要从学生的基础出发,符合学生生活实际和时代发展,适应他们的知识经验水平和智力发展水平,避免繁、难、偏、旧和偏重书本知识。

③范例性。这是从教学内容的教育功能的角度提出的,即范例所包含的教学

内容应是典型事例。这些典型事例应本质特征明显，富有启发性，能引起学习兴趣、激发学习动机，能使学生认识知识内在逻辑结构，能发展学生解决问题的能力。因此，范例不能是极端的特殊，选取或设计的范例应该是能反映一般的"特殊"，使学生从特殊中获得一般。

(2)探索"类"的阶段

从"个"的本质特征去探讨"类"似的事例，对个别事例进行归类，目的在于使学生从"个"的学习迁移到"类"的学习。此阶段要求学生积极思考、主动运用，教师要引导他们尝试多个"个"，从一个"个"的发现，走向另一个"个"的发现，在众多"个"的尝试中探索一般。例如，把百度搜索引擎归为众多搜索引擎中具有代表性的一个，尝试使用其他搜索引擎搜索信息。

(3)理解规律的阶段

要求在前两个阶段的基础上，找出隐藏在"类"背后的某种规律性的内容，把对客观世界的认识提高到规律性的认识。因此，教师要引导学生对各种个别事例和现象作出总结，理解某一类事物的普遍特征和一般规律。比如，比较搜索引擎的异同点，概括出搜索引擎的一般或共性的使用方法、功能特征、不足之处等，以达到举一反三的目的。又如在大多数 Word 对象上单击鼠标右键时，一般都会弹出一个菜单，从而方便地进行设置，再推广到其他软件一般也有类似的操作规律，从而达到广泛迁移的效果。

(4)获得关于世界和生活的经验的阶段

这一阶段是前面三阶段的升华，把教学的重点从客观内容转向学生精神世界的开拓，目的在于使学生不仅认识客观世界，也认识自己和人类社会及其关系，使他们在获得客观知识的同时，也能把这种知识转化为自己的认识和经验，转化为他们可以用来指导自己行为的能力，真正掌握"个"和"类"的知识。对于信息技术教育而言，要鼓励学生利用获得的"个"与"类"的知识去解释和解决世界及生活中的实际问题，引导学生了解信息技术的发展变化及其与人类工作、生活与学习的关系，辩证地看待信息技术对个人、社会发展的积极作用和局限性，实现信息文化的内化。比如，通过搜索引擎的使用理解它对人们(包括自己)生活与学习的作用和影响，认识到搜索引擎虽然存在不足，但仍是信息社会人类得以生存和发展的一种重要工具。

(二)范例教学法的评价

范例教学法具有如下优点：

(1)淡化学科本位的信息技术教学。使用范例的形式进行教材组织和教学，可以改变原有按孤立、线性的学科体系向学生传授知识的原则，使教学更具整合性；可以突破局限于单一内容(如某一应用软件)的教学，让学生掌握某一类信息技术工具所蕴含的技术思想和应用方法。由此，可以促进课程结构向均衡性、综合性和选择性的方向发展，符合当前课程改革的思路。

(2)全面培养学生的信息素养。范例教学法强调范例与学生的学习和生活实际相结合，提倡“教学与训育的统一”和“范例性地获得关于世界和生活的经验”，一方面可以激发学生的学习积极性和主动性；另一方面，不仅使学生获得了知识，掌握了技能，而且也将使他们的智能得到发展，情操得到陶冶，精神世界得以丰富和拓展，这对于以往信息技术教学中重技能轻人文的做法无疑是一个有力的匡正。

(3)教学具有开放性。从特殊到一般，由点到面即是一种开放式的教学，有利于培养学生开放的视野。而且，这种点面结合的教学思路、开放的视野，可以激发学生探索那些与范例相关内容的欲望，利用掌握的“一般”指导特殊事物的学习，使学生的学习不再局限于课堂上，而是延伸到学生的整个学习和日常生活；不再囿于单一的学科，还将触角伸向其他知识领域；不仅善于接受知识还学会了自己去探究知识。

(4)教学效果具有较大的迁移效应。范例教学法强调从特殊中获得一般，容易引起学生的联想、类比，易于举一反三、触类旁通。从心理学的角度看，范例教学不是机械的教学和知识的灌输，而是一种有意义的教与学的过程，可以帮助学生形成良好的认知结构，易于同化或顺应新的知识。

虽然范例教学有如此多的可取之处，但同样存在一些比较难克服的问题，一是比较难选择和组织具有基本性、基础性和范例性的典型范例，二是因为教学内容的扩展容易占用过多的时间。

第二节　信息技术典型教学方式——信息问题解决学习

教师在信息技术课程教学中面临着从内在理念到外在方法的全面转型，在新课程改革思想的指导下，行之有效的教学方法和教学模式应关注以下几点。

1. 关注体验性教学，促进直接经验与间接经验的交融

所谓体验，既是一种活动，也是活动的结果。作为一种活动，即主体亲历某件事并获得相应的知识和情感；作为活动的结果，即主体从其亲历某件事并获得相应的认知和情感。教师在教学中要加强书本知识与现实生活的相互联系，使学生的学习贴近日常生活，并将信息技术整合到学生日常学习中。

2. 从解决问题出发，提倡交流与合作的学习，建立互动的教学过程

利用信息问题解决学习是信息技术课程教学的主要途径之一。一方面，通过问题解决活动学习信息技术，可以激发学生的学习动机，发展学生的思维能力、想象力以及自我反思与监控的能力；另一方面，也可以促使学生把信息技术应用到日常的学习和生活实际中，甚至可以间接或直接地参与到社会生产、信息技术革新等各项活动中去。教师要根据教学需要,尽量将信息技术课安排在计算机机房等与教学内容相关的实践场所;教师要引导学生在探索过程中解决问题;教师不仅要结合实际,为学生安排可以在课堂上完成的任务,也要注意把一些"课外"的实际问题交给学生去处理,如机房的建设与管理、校园网的建设与管理、学习资源的建设等。

教师可以在教学过程中设置认知冲突,让学生自己发现问题并提出解决问题的方案;要合理安排教学,让学生亲身经历处理信息、开展交流、相互合作解决问题的过程;要指导学生学会选择与确立主题,分析需求并规划、设计内容,根据需要与创意获取并加工信息,准确表达意图或主题思想;要引导学生通过交流,评价和反思问题解决的各环节及效果,在"做中学"和"学中做"的过程中提升他们的信息素养。

需要注意的是:用于问题解决的综合性项目不宜过多,大小要与学习的阶段相适应;组织形式也要灵活多样,合理安排好个人工作、小组合作、班级交流等活动形式。

3. 注重科学探究教学,努力发展学生能力

新课程强调探究学习,要改变学生传统的习惯于单纯接受教师控制的接受式学习方式,更主要是在教学过程中培养他们的自主意识与解决问题中的探究方法。探究式学习的关键是"问题"、"任务"等的设计,使中小学信息技术教育真正与学生的日常生活、学习,与学生所在地的发展紧密相连,更好地激发学生的学习动机,发展学生的思维能力、想象力以及自我反思与调控能力。

一、基于问题(项目)的学习(PBL)

(一) PBL 简介

基于问题的学习(Problem-based Learning,简称 PBL)是指把学习置于复杂的、有意义的问题情境中,通过让学生以小组合作的形式共同解决复杂的(complicated)、实际的(real-world)或真实性的(authentic)问题或完成一个接近真实需要的项目,形成解决问题和自主学习的能力。整个教学过程围绕一个弱构问题的解决进行,学生在学习过程中进行分组和协作,通过多种形式获取信息,形成问题解决的方案,并以作品展示等方式对问题解决和学习成果进行表达。

在基于问题的学习中,一个合适的问题是决定其能否成功的重要因素,因此,首先需要明确"问题"的内涵。根据纽威尔和西蒙的观点,"问题"实质上就是一种情境,这种情境是实际的或接近于实际的,也常称作问题情境。在这种情境中,学习者通常会产生认知上的冲突,也就是说,这个情境是与学习者密切相关的,但是学习者的现有知识还不能解决问题,需要经过一定的努力才能达到预期目的。

"问题"具有如下基本特征:

(1)真实性。指设计的问题应贴近学生的生活经验。将学习置于真实的问题情境中,主要基于以下考虑:①真实的问题能够在所学内容和学生求知心理之间设置一种联系,将学生较快地引入一种与问题有关的情境中;②贴近学生生活经验的问题能够激发学生的学习动机,吸引并维持学习兴趣;③学习知识的情境与以后应用知识的情境具有某种相似性,能够促进知识的提取和解决问题能力的迁移。

(2)弱构性。根据知识的复杂性,斯皮罗等人将知识划分为良构领域(well-strutured domain)的知识和弱构领域(ill-structured domain)的知识。所谓良构领域的知识,是指有关某一主题的事实、概念、规则和原理,它们之间是以一定的层次结构组织在一起的。而弱构领域的知识则具有以下两个特点:第一,概念的复杂性,知识应用的每一个实例,都同时涉及许多概念,如多种图示、角度和组织原则等,每个概念都有其自身的复杂性,而且,这些概念存在着相互作用;第二,实例的不规则性,每个实例所涉及概念的数量、地位、作用以及相互作用的模式各不相同。一般来说,弱构问题的答案不是简单的、固定的、唯一的,可以有多种解决方案、解决途径,或者没有公认的标准的解决办法。以信息技术教学内容举例,信息技术的发展历程、因特网服务的基本类型、因特网信息检索工具的工作原理等,这些问题的答案和解决过程基本上是确定的,可以认为是良构问题。而信息技术对我们生活的影响、资源的来源、资源的获取渠道、多媒体的采集与加工方式等,都可以认为是弱构问题。

(二)教学过程

环节一:创设情境、提出问题

要吸引学生的注意力,一个有效的办法就是创设一个与学生生活密切相关,能够引起学生兴趣的情境。让生活走近课堂,就犹如给课堂注入了新鲜的血液。

创设情境的方式可以多姿多彩,例如讲一个故事,放一段录像,听一曲音乐,观察一组调查数据,浏览一个网站,呈现一种现象,等等。如果情境比较复杂,可以与学生一起分析问题情境,引导学生回忆关于这个问题情境的个人体会,加深其对问题的理解。同时,教师可以提出一些引导性的问题,例如:为什么会出现这种现象?这种现象背后的实质是什么?如何促进/消除这种现象?

环节二:分析问题、组织分工

进一步仔细分析情境背后的问题实质,例如,电脑死机是硬件原因、软件原因、病毒入侵、操作不当还是其他的原因。界定自己要研究的问题,例如某个同学认为是硬件的原因,那么他可能继续研究:引起电脑死机的硬件原因,硬件引起电脑死机会出现的现象,教师呈现的情境中是否有这种现象,具体的解决办法,等等。

将全班同学分成小组,小组成员进一步确定需要解决的问题,可以以列表的形式记录小组成员关于问题的意见,例如:对需要解决的问题已经知道了哪些信息?

还需要搜集哪些信息？可以从哪些渠道获取这些信息？通过什么方式获取这些信息？有哪些可以利用的资源？等等。提出解决问题的假设,明确需要做的事情,确定研究计划后,进行小组成员分工。

环节三:开展探究、解决问题

探究解决问题的过程就是“从当前状态向目标状态转化所需要的一系列操作”。仍以“电脑死机”为例,呈现的现象是:“开机后黑屏,听不到硬盘自检的声音,有时能听到喇叭的鸣叫”,探究解决问题的过程可能是:考虑是否是硬件接触不良,打开机箱检查设备连线、电源插座以及插接卡是否松动,如果需要,可把各个插接卡重新拔插一遍等一系列的操作。

如果原有的知识不能解决问题,可以通过各种途径(调查、访谈、查阅书籍、上网等)搜集相关的信息。将小组搜集的信息进行汇总、整理、分析、加工,评价判断信息的有效性,判断所搜集的信息是否能够解决问题。在获取信息的基础上,讨论、交流解决问题的建议、主张、方案。实施解决方案,查看效果。如果没有解决,可以继续寻找原因和解决的办法。

环节四:展示结果、成果汇总

展示的结果可以包括小组对解决问题的建议、推论、方案等,也可以鼓励学生简单地阐述自己(或小组)解决问题的过程,例如小组成员是如何开展活动的,对于搜集的信息的分析处理,分析问题以及根据搜集信息确定解决方案的过程,等等。如果必要,在展示之前,可以先将各小组的资料彼此交换和查看,便于提问和讨论。可能有些小组尚未形成完整的问题解决方案,可以鼓励他们汇报目前的进展以及困惑,让大家出谋划策。

环节五:结果评价与学习反思

采取多种方式对学生进行评价,如同伴互评、教师评价、自我评价等。除了对小组解决方案的评价,还需要对小组合作情况、活动开展情况、小组成员表现等进行评价。评价可以采取多种形式,如口头陈述、书面报告、作品集、实践考试、书面考试等等。

反思主要指学生对学习的内容和学习的过程进行反思。第一类是关于学习结果的反思,学生提出诸如“我现在已经知道什么”,“我学到了什么”,“这个概念我理解了吗”等问题。第二类是关于学习过程的反思,学生提出诸如“在此环境中我怎样做一个学习者——一个自主学习者、一个问题解决者、一个合作者”,“我如何改进提高”等问题。

(三) PBL 评价

基于问题的学习具有如下一些优点:

(1)以学生为中心,学生在开放的学习中合作交流。无论是设计问题,还是制订计划、解决问题、反思和评价,都是围绕学生进行的,学生是活动的中心和主体;学习又是开放的,在确定了需要研究的问题后,学生直接操作活动材料进行活动和学习,无论是学习的内容还是学习的结果,都会超出教师的预期。学生可能会就一个问题提出许多种解决方案,也可能会提出许多新的、有意义的、需要进一步研究的问题,让学生真正体会学习不是一个简单的、线性的过程,而是复杂的有时甚至是难以预测的。

(2)与学生的实践操作能力相结合。学习是基于真实情境的,所创设的问题是学生关注的问题并且与当前和今后的工作与生活密切相关。这给学生提供了一个运用所学知识的"虚拟"平台,甚至是实际平台,缩短了知识与应用之间的差距。当学生看到他们的学习资料与实际生活之间的联系时,学生们的积极性会被调动起来,他们会尽力学习、掌握相关的信息,并运用所学解决问题,从而提高了实践操作能力,有助于加深学生对知识的理解以及应用。

(3)促进学生掌握基本的学习策略和学习方法,掌握解决问题的方法。基于问题的学习是学生自主参与学习的过程,学生愿意学习(具有学习的动力)、主动学习(成为学习的主人),并且通过与同伴、教师的合作与交流,通过不断的反思与评价,调整自身已经习惯的学习方式和方法,在解决问题的过程中获得解决问题的能力,从而更加善于学习,成为独立的学习者。

(4)促进教师之间的合作。基于问题的学习中的问题通常是综合的、开放的,可能会涉及很多的学科,或者是多个领域的知识。依靠一名教师的力量通常是不够的,教师可以向其他的同事请教,扩展知识。或者与其他的教师合作,共同完成基于问题的学习的教学。教师的合作不但能够增强自信,减轻焦虑,还能给学生起到一个很好的榜样作用。

但是,基于问题的学习同样具有一些不足之处,这主要体现在如下几个方面:(1)需要花费较多的时间。我们告诉学生一个事实可能只需要几分钟的时间,而如果让学生自己搜集资料、分析资料、得出方案可能要花上几个星期甚至几个月的时间。同时,教师也需要花费大量的时间创设情境、整合知识、调整课程等。(2)难于形成合适的问题。创设一个合适的问题情境,既要融合所需要学习的知识,又要激发学生的学习兴趣,实在不是一件简单的事。(3)应用难度比较大。在基于问题的学习中,教师经常会遇到:怎样结合课程内容提出合适的问题,怎样引导学生开展基于问题的学习,什么时候给予指导和提示,教师的角色应该是怎样的,遇到不合作的学生如何处理,等等。

二、WebQuest 教学简介

WebQuest 是美国圣地亚哥州立大学教育技术系的伯尼·道奇(Bernie Dodge)等人于 1995 年开发的一种课程计划。"Web"是"网络"的意思,"Quest"是"寻求"、

“调查”的意思。因此,WebQuest 是一种以网络探究为取向的学习活动,在这类活动中,学生活动的内容往往都是围绕某个主题进行的,与学生互相作用的部分或所有信息均来自互联网上的资源,因此我们可以称它为“网络专题调查”或“网络主题探究”。WebQuest 的主要作用在于架设从接受性学习向自主学习过渡的桥梁,帮助学生实现学习方式的转变。

按课程活动时间的长短,WebQuest 有两种学习方式:(1)短期 WebQuest。大约持续1~3课时,其目的是知识的获取和整合。例如,我们设计出一个关于“黑客”主题的 WebQuest 课程单元,让学生“调查由于计算机黑客造成的破坏和损失以及各国针对黑客犯罪而制定的相关法律,对我国的信息安全问题提出建设性意见”。这样学生不但知道了什么叫“黑客”,消除了青少年中经常存在的对黑客的盲目崇拜心理,还认识到了信息安全的重要性。通常探究这样的主题和完成任务,学生只要用2~3 课时就可以完成。(2)长期 WebQuest。大约持续 3~6 课时,其目的是深入分析、拓展和提炼知识。例如,我们可以设计 WebQuest 课程单元,让学生在网上进行调查,通过一系列的比较研究和问题解决,然后设计出一张与自己需要相符的电脑配置清单,同时还要学会商业交易过程中的各种手续,学生将获取和理解比单纯由教师讲授多得多的计算机硬件知识和社会知识。

(一)教学过程

1. 选择主题

WebQuest 教学的第一步,即选择一些没有清晰答案甚至有争议的问题,用一个较为复杂的情境吸引住学生,使他们着迷、惊奇和疑惑,继而产生强烈的探求欲。首先要考虑主题和任务的可行性,应当选择符合新课程标准和现阶段学生的学习发展状况,并适合用 WebQuest 表现的主题。其次,选择能激发学生兴趣并具有挑战性的主题,即完成任务和回答问题需要更高级的思维水平,那些拥有内在复杂性的主题将是一个很好的候选对象。例如:主题“从因特网获取信息”本身并不具有挑战性,但将问题引申为“如何更快、更准确地从信息海洋中寻找自己所需要的信息”,就需要学生对多种获取方法进行比较、分析、综合才能得出答案。

2. 设计 WebQuest 学案

在 WebQuest 课程单元的教学设计中,为指导学生进行主动的知识建构和高水平思维,教师依据学生的认知水平、知识经验和教学目标,编制学习方案并精心设计成 Web 网页。学习方案的设计以方便学生学习为目的,学生直接与教师设计的网页和资源对话,根据网页上的学习任务、活动指南、过程等开展探究、合作、讨论、创作等活动,因此,这些承载学习方案的网页也称为 WebQuest 学案。

WebQuest 学案包含以下六个部分:

(1)引言。又称为“情境”,主要提供主题背景信息、动机因素和学习目标等。

在主题背景信息中,我们可以通过给学生分配角色来激发他们探究的兴趣和动机,比如:"假设你是一位程序设计员","如果你是一位网络工程师","假如你想要……"等等。

(2)任务。主要阐明学生在完成对主题的学习时,要达到什么样的任务结果或解决什么样的问题。任务是在主题的统领之下的,应是可行的和有趣的。在阐述时,我们可以将任务划分为一些小的子任务或一些关键问题,还可以对任务完成结果和问题解决结果("学习产品")进行一些规定,如要求学生最终设计一个图形、写一篇论文、制作一份电子演示文稿等。

(3)过程。该部分描述学习者完成任务所需要经过的步骤,教师通过过程设计引导学生经历高水平的思维过程,以培养学生的高级思维能力。在 WebQuest 的学习活动中,学生高级思维能力的运用具体体现在下面几个方面:对 WebbQuest 任务的分析、资源的收集和加工、完成自己的作品或是解决方案、评价和总结。

(4)资源。该部分包括一些学生完成任务所需要的资源,它们一般都是经过教师精心挑选出来的,作为学生上网查找资源的定位点,以避免学生在网上漫无目的地冲浪。这些资源包括网络文件、专家的电子信箱或实时会议、网上可查找的数据库、书籍和其他实物文件。

(5)评价。在每一个 WebQuest 单元学习中都需要有一套评价标准对学生的学习过程和结果进行评价。评价标准必须是适合特定任务的,要清晰、一致、公正。为更好地促进学生学习,达到评价量规中体现的学习目标,在引言部分可以提出学生表现的三种类型:示范性的、可接受的和不可接受的。这既能鼓励学生朝着优秀的目标奋斗,也为学生的行为表现确立了一个下限。

(6)总结。这是学生进行反思,教师进行总结的阶段。教师可在此部分设置反思问题,对活动过程和结果进行总结。让学习者知道自己学了什么,并鼓励他们将这种方法用于别的领域。

3. 教师制作 WebQuest 学案并为之"安家"

为方便教师使用,很多网站提供 WebQuest 模板,教师只要在下载的模板网页的相应部分内填入自己设计的内容即可完成学案的设计。模板有两种样式:单网页、多网页(框架)式,如在:http://www. being. org. cn/WebQuest 网页上就可以下载这两种模板。虽然有模板可以参照,但教师有个人的兴趣爱好和风格,当熟练掌握了 WebQuest 的教育理念和技巧后,学案的设计就不必拘于模板,可以灵活变化。做好的 WebQuest 学案既可以上传到远程服务器上,也可以放在局域网服务器上,以便学生学习。

4. 组织实施教学

WebQuest 将教师从书写板书、精细讲解中解脱出来,但并不意味着教师可以高枕无忧了。如果说原来的步骤都是战斗部署,进入教室上课才是战斗的开始,不仅教师自己要加入这场战斗，最重要的是使学生参与进来。要帮助学生做好以下几件事情：

(1)理解主题背景、意义(引言部分)，知道任务目标，建立合作与协作机制(最好采用异质分组)，发展完成任务所需的新知识与技能。

(2)确定完成任务所需的条件和提出与之相关的疑问。

(3)阅读资料，搜集素材，提取主要观点，寻找上述问题的答案，将有价值的观点、支持性材料、新疑问和对问题的思考发布到讨论区。

(4)对搜集到的素材和自己提出的论点进行判断、分析、综合、归纳。

(5)进行创作。

(6)展示成果，演示汇报。

在整个学习过程中，教师要及时发现学生的疑点、难点并作出示范或解答，提醒学生及时反馈小组任务开展情况报告，有时还要作出一些调整(人员、资源、步骤等)，注意学生在小组中的表现并及时给予激励。

5. 对活动进行总结

与学生一起进行评价，对完成任务的过程和结果进行反思，并思考这种探究的经验如何运用到其他的学习过程。

(二) WebQuest 教学评价

WebQuest 教学建立在建构主义的基础上，整合了探究学习和合作学习的理论，在合作、探索、分析、思考和体验的过程中可以使学生的多种智能得到锻炼。WebQuest 是一种基于资源的教学方法，其课程资源来源的广泛性和内容的丰富性还打破了传统课堂教学的局限性，使课堂不再局限于小小的一间教室。WebQuest 还实现了教学评价方法的多样性和评价标准的多元化。

没有十全十美的教学方法，WebQuest 也有其局限性，主要表现在：其一，教师把握 WebQuest 教学方法的难度大，耗费的精力多，一方面要求教师要有足够的教学设计经验，要有很强的课堂调控能力和亲和力，另一方面，教师虽在 WebQuest 学案中提供了资源链接，但很难实现进一步的资源阅读指导，学生对具体信息资源的需求是多样化的，问题解决计划和学习步骤往往也是不同的。其二，学生不可能每次上课都保持积极性和投入高水平的思维，而若没有学生的积极投入，WebQuest 就失去了它本该实现的价值。

三、任务驱动教学简介

任务驱动教学(Task-based Learning)是建立在建构主义教学理论基础上(见表 4-2)的一种具体应用。这种教学主张：教师将教学内容隐含在一个或几个有代表性的任务中，以完成任务作为教学活动的中心；学生在完成任务的动机驱动下，通过对任务进行分析、讨论,明确它大体涉及哪些知识,需要解决哪些问题,并找出哪些是旧知识,哪些是新知识,在教师的指导、帮助下,通过对学习资源的主动应用,在自主探索和互动协作的学习过程中,找出完成任务的方法,最后通过任务的完成实现意义的建构。简言之,信息技术教学中的任务驱动教学可以概括为:以任务为主线、以教师为主导、以学生为主体,确定任务是核心,怎样驱动是关键,信息素养是目的。

表 4-2 任务驱动教学的建构主义取向

角色	行为
学生要成为意义的主动建构	能进行自主探究和小组协作式的学习,通过完成任务培养信息素养、体验成功的喜悦、增强学习的信心 在完成任务的过程中,主动去搜集并分析有关的信息和资料,对要完成的任务提出各种解决方案并亲身尝试 要把当前需要完成的任务所体现的知识和技能尽量和自己已掌握的知识和技能相联系,并对这种联系加以认真的思考
教师要成为学生建构意义的帮助者	激发学生的学习兴趣,帮助学生形成学习动机 将学生的学习设置到实际的、有意义的任务情境中,提示新旧知识之间联系的线索

任务驱动教学中的"任务"大致可以划分为两大类型,一种是封闭型的,另一种是开放型的。当然,没有绝对封闭也没有完全开放的"任务",在两者之间,还存在不同封闭程度或开放程度的任务,可以参照这两者的典型特点去认识它们,不应非此即彼。

1. 封闭型任务

封闭型任务是每个学生都应自主完成的任务,它包含的主要是一些学生没有学过的新知识,新旧知识有一定的联系,要求每位学生都能掌握。这类任务规定了一个比较明确的学习目标、任务主题、任务要求和相关的资源,一般需要教师针对任务包含的重点问题引导学生作出比较清楚的分析,以明确重点,少走弯路,同时,也需要学生在确定的任务主题内做出自己的特色。一般采用个体学习的组织形式,有时也可以采用松散的任务分组。学生在完成封闭型任务后能获得解决其他任务的基本的或关键性的知识和技能。设置封闭型任务的可能情况通常有如下几种:(1)这些知识和技能非常重要,需要熟练和准确掌握,是学习后继知识和技能的关键和前提;(2)根据学生的学习水平和状况,将某些学生容易产生较多问题的基本知识和技能设计成任务;(3)作为开放型任务的前导性任务。举一个封闭型任务的例子:插入一幅图形并使文字协调地环绕在其周围。基于此类任务时的教学,教师的角色就相当于"导演 + 演员",而学生则是"观众 + 演员"。

2. 开放型任务

开放型任务指的是一个任务框架，允许学生根据个性特点和能力水平自主选择和设计任务类型和任务主题（大部分教师倾向于先确定好任务类型，如制作电子广告，然后允许学生在此框架内自由设计作品主题）。开放型任务一般需要由小组学生共同探讨完成，而任务完成的结果通常是一个电子信息作品。开放型任务主要涉及学生已经学过的知识，通过完成任务可以整合学生已经学过的知识和技能，激发其创新精神和创新思维，从而提升学生综合应用信息技术的能力。此类任务量相对较大，但不管怎样，考虑到任务完成上的连续性和教学实施上的可行性，应力图控制在两课时以内完成教学任务，有条件的地方还可以连堂排课。教师的作用主要在于提出任务框架，提供任务设计和实施的建议，提供有关信息的咨询，对学生进行评价和鼓励等，但不宜给予直接的示范和方法指导。举一个开放型任务的例子：在电子表格的教学中，要求学生能针对一份完整的数据，使用电子表格工具作一个统计分析报告（如一份五年内校运会田径比赛成绩的处理和分析）。基于此类任务的教学，教师的角色相当于“导演 + 顾问”，而学生则是“演员 + 导演”。

显然，由于具有不同的特点，也就决定了二者的不同功用。简单地说，应以封闭型任务为铺垫，以开放性任务作提升，多层面地培养学生的信息素养。

（一）任务驱动的教学过程

综观目前中小学信息技术教学过程中所运用的任务驱动教学，除了课前的任务设计和课后的有关环节之外，课堂中的教学往往要经历这样一个过程：“呈现任务—分析任务—完成任务—总结评价”。但针对不同的任务类型，教学步骤也就有所不同。

1. 封闭型任务的教学步骤

环节一：创设情境、引起注意、提出任务

从建构主义学习理论的观点来看，学习总是与一定的“情境”相联系的，因为在“情境”的媒介作用下，那些生动直观的形象才能有效地激发学生的联想，唤起学生原有认知结构中有关的知识、经验及表象，从而使学生利用有关知识与经验去“同化”或“顺应”新知识。信息技术课的任务驱动教学，要充分发挥计算机的多媒体功能，从声音、色彩、形象、情节、过程等方面创设与当前学习任务相关的、尽可能真实的学习情境。封闭型任务情境创设的一个例子：呈现任务完成前后的效果图，引导学生作出比较和评论。有了任务情境的烘托，接着教师就可以“顺理成章”地提出封闭型任务，使学生明确所要完成的学习任务及任务所包含的教学目标。

环节二：共同讨论、分析任务、发现问题

给出任务之后，教师需要与学生一起讨论、分析任务，提出完成任务需要解决哪些问题。这些问题可以在教师的引导下由学生自己提出来，也可以根据实际情况由教师主动提出，但要采用先粗后细，逐步求精的方法。有些问题只有学生在完成任务的过程中才能发现并有深刻体会，因此，在本环节不可能也不宜把所有的问题都一次提出来。要解决的问题可能大部分是以前没有遇到过的，教师可以引导学生联系学过的类似内容进行比较分析，找出任务的特点和难点。

环节三：针对问题、明确思路、提示重点

针对发现的问题，教师要引导学生提出解决任务的各种可能的想法（比如，"你认为应该……"，"你觉得怎样做才好"，"你有什么新的想法"），并作出评判（"这可能会……"，"如果这样将……"，"也许……会更好"），及时引导学生形成正确的解决任务的思路和计划。对于重点问题和难点问题，教师可以进行明确的分析，举出例子，并作出适当的示范。如果情境的创设利用了任务完成前后的效果图（样例），那么学生可以参考效果图，以启发思路、明确目标、少走弯路。

环节四：自主探索、领会意图、解决任务

有了上面的分析和提示，学生对解决任务的过程应该已经比较清楚，接下来就应该让学生亲自动手解决任务。此时，学生可能已经跃跃欲试了，教师要多鼓励和表扬学生，调动他们的积极性。在解决任务的过程中，教师应该要求学生仔细揣摩任务和样例，联系前面重点和难点问题的分析和示范，明晰解决任务的意图和思路，避免陷入毫无目的的尝试和简单机械的模仿；鼓励学生与周边同学讨论、交流，互帮互学，进行松散的合作学习。对于完成任务有困难的学生或小组，教师要与学生一道找出存在的问题，给予恰当的引导。对于很快就完成任务的学生可以布置拓展任务以促使进一步的提高。

环节五：检查结果、发现不足、总结经验

既然给出了任务，就一定要检查任务完成的情况。这项工作可以由教师逐个检查，看是否符合要求，并作相关的记录。检查完后，教师还要对学生完成任务的情况作出及时的反馈和总结，指出存在的问题和需要改进的地方；发现和挖掘每位学生的优秀表现，并作出中肯的评价和表扬。

2. 开放型任务的教学步骤

环节一：创设情境、引起注意、提出框架

开放型任务的情境创设与封闭型任务类似，目的是要引出任务框架。比如播放一个动画片、讲述一则有趣故事、呈现一幅作品，并结合日常学习和生活实际说出自己的感想、作出相关的评论，然后提出任务框架（主要的学习目标、大致的任务范围、原则上的要求、完成任务的评价标准等），尽量不要作任务主题和内容上的限制。

环节二：共同讨论、分析框架、进行分组

任务框架提出后，教师可以与学生共同讨论，找出一些可供利用的任务类型（文字处理方面的如电子小报、个人简历、贺卡等，程序设计方面的如家庭财务管理小软件等)，或者同一类型的不同任务主题(比如不同主题的电子贺卡、不同主题的多媒体广告等)，教师也可以列出以往学生学习过的相关任务类型、主题及相关作品供学生讨论，与学生共同讨论任务设计的基本思路和实施过程中要注意的问题。教师宜多鼓励，少评论，激发学生的想象和思维，激发他们的创作欲望。

接下来就要对学生进行分组。可以根据学生的兴趣、爱好、特长、性别、年龄、能力、知识结构、以前小组学习的经验等将学生分成2~5人的小组。分组需要坚持一定的原则，如"组内异质、组间同质"、"教师引导和自由分组相结合"。组内异质有利于学生的协作学习和不同智能优势的发挥，组间同质(基本相同的成员结构)有利于开展公平竞争。但学生一般有优势趋同和排差心理，若完全按照学生的意愿分组，往往形成强强联手，差生结合，组间悬殊，不易开展组内协作和组间竞争。另外，小组内还可能出现伪合作问题：个别能力强的学生充当"救世主"，大包大揽，减少其他学生锻炼和表现的机会，有些学生甚至会主动放弃这些机会。教师需要做大量的引导工作，使分配的学习小组既有利于协作，又有利于竞争。教师还要提倡小组成员的互教互学，这不仅有助于小组任务的高质快速完成，更重要的是，当学生将其掌握的知识和技能教给其他同学时，可以加深对有关知识和技能的深层理解和熟练掌握。小组长应由乐于助人、善于协调小组成员完成任务的学生担任，当然，小组长人选和小组成员并非总是固定的，在学生已经熟悉了小组合作式学习的情况下，可以根据需要更换小组成员和小组长，以锻炼每位学生适应新的小组环境(与不同的学生协作，可以丰富学生的经验，取百家之长)和领导小组进行合作学习的能力。

环节三：小组讨论、明确任务、制订方案

小组分好后，各小组成员就可以分头行动，首先就是要确定本组的具体任务。教师的重要职责就是引导学生回答这么一个问题：你到底想利用信息技术来做什么？经过小组讨论，联系上一环节中讨论过的任务主题，选择一个适合本小组的任务。教师要作好宏观调控，如果小组间的任务类别相同，则要求有不同的任务主题和设计风格。有时小组任务可能在上一环节中的教师指导下已经安排好了，那么这一步就可以省略。

小组任务确定后，小组成员就要共同讨论分析任务，依据任务框架明确完成任务的具体目标和要求，确定解决任务的思路和基本步骤，发现需要解决的问题和可能要用到的资源，将任务分解成多个子任务，并依据各自的兴趣、特点和愿望进行小组成员的职责分工，最终形成一个比较合理的完成任务的方案。教师可以接受学生的询问，提供有关线索，启发学生的思考。

环节四：自主探索、积极合作、解决任务

这一阶段是整个学习过程的核心阶段，学生将投入最多的时间与精力来设计、开发、解决各自的任务。在此过程中，教师可以为学生提供少量以前学生设计的信息作品供他们观摩,同时提醒学生不要简单模仿、重复创意。在这一过程中,教师应主动去观察学生,发现学生解决任务时出现的问题,并进行适当的个别指导或就共同问题进行集中“解答”,但要注意好分寸,点到为止,(比如“你可以回忆我们以前经历过的……”,“你可以看看书上关于……的介绍”,“问题的关键可能是……”)充分相信学生的学习能力和解决问题的能力,鼓励学生积极思考、共同讨论和利用软件的帮助功能解决面临的问题,不要贸然地帮助和过多地干扰。这个阶段也是学生的创造性思维最容易产生“火花”的时候,教师要及时抓住学生的闪光点,鼓励学生大胆创新,寻求不同的方法、内容和设计。

自主探索和积极协作是辩证的统一体,在小组学习过程中应引导学生科学、有效地使用。在自主学习的过程中要积极与其他成员沟通,相互了解子任务解决的进展情况,共同讨论遇到的问题,交流和共享有关资源和经验;在各自子任务的完成过程中努力做好相互工作成果的有机整合,形成一个完整的信息作品。另外,为减少“伪合作”问题,避免一些学生躲在同伴的背后“搭便车”,教师应该加强这方面的监督。

环节五:作品展示、经验交流、总结提升

各小组将本组完成任务的思路、方案、方法、最终作品及获得的知识、技能、经验与体会等总结和汇报给全班同学。教师要作出点评,并与同学们共同讨论,引导大家说出自己的感受,指出作品的优点与不足之处,提出改进建议和方法,以便在进一步的学习中不断完善与提高,甚至可能产生新的任务,使学习成为一个连续发展的过程。

(二)任务驱动教学评价

任务驱动教学具有如下优点:

(1)任务驱动教学充分体现了“学生主体”的教学思想。传统教学模式的主体是教师,教学时往往是教师讲学生听,学生被动地接受学习,这不仅不利于调动学生的积极性,而且不能有效地培养学生的能力素质。在建构主义教学理论指导下的任务驱动教学法,则要求师生改变传统的观念和角色。学生在学习中起主体作用,是学习和完成任务的主人,教师则在教学中起组织、引导、促进、评价、咨询的作用。

(2)易于激发和保持学生的学习主动性和积极性。在教学过程中,随着一个个任务的完成,一个个知识点的掌握,一个个目标的实现,伴随着学生的一个接着一个的成就感的实现,学生学习信息技术的兴趣、自信就油然而生了。

(3)可以锻炼学生的合作精神和沟通能力。通过合作解决问题、小组讨论、意见交流等形式,可以使学生学会表达自己的见解,学会聆听他人的意见、理解他人的想法,学会评判、接纳和反思。这种认知的重建促进了学生高级思维的培养,提升了学生的信息素养水平。

另外，任务驱动教学在培养学生实践和创新能力、促进学生个性化发展、增强学生探索精神、锻炼学生顽强意志等方面都有积极的作用。

总之，任务驱动教学继承了传统教学方法的很多优点，充分吸收了温故而知新、因材施教、学以致用等教育教学思想，比较适用于信息技术课程的教学。但任务驱动教学也同样存在一些不可忽视的弱点，如非线性的教学内容组织方式，较难兼顾知识的系统性，容易造成教学内容的简单重复等。

[本章小结]

选择和正确应用符合教学内容和学生特征的教学方法是教师顺利实施课堂教学中的根本，理解并掌握好中小学信息技术课程的典型教学方法是信息技术教师上好信息技术课的前提。本章的学习，应在掌握教学设计一般方法的基础上，重点掌握任务驱动，基于问题的学习，讲授法、演示法等信息技术常用教学方式方法，能够根据信息技术课程标准中的规定，对信息技术课程内容进行正确的教学方式方法选择，能够区分各种常用教学方法的优点和局限性，并结合信息技术课程教学特点正确安排教学过程的各个环节。

[思考练习]

1. 讲授法可以体现为哪些形式？教学过程及其评价如何展开？
2. 如何提出讨论主题并组织展开讨论？教学过程及其评价如何展开？
3. 对于任务驱动教学法中的封闭型及开放型的任务，你怎么理解？
4. 什么是基于问题的学习？“问题”具有哪些基本特征？教学过程及其评价如何展开？
5. 什么是 WebQuest 教学法？如何设计 WebQuest 学案并组织实施教学？教学过程及其评价如何展开？
6. 什么是范例教学法？如何把握课前的“三个分析”以及课中的“四个阶段”？如何评价范例教学法？

[实践活动建议]

选择信息技术课程一个单元内容进行信息化教学设计，教学方法选择就以任务驱动、基于问题的学习为主，在教师的指导下进行交流评析。

第五章　中小学信息技术课程的教学评价

[内容提要]

注重过程是第八次基础教育课程改革评价理念的基本特点之一，信息技术课程强调实践性、参与性，要求课程的评价不能仅仅局限在对基本知识和简单操作技能的简单测试上。信息技术课程教学评价强调过程性评价与总结性评价结合使用。本章重点阐述过程性评价。

[学习指导]

学习本章后，你将达到以下目标：

1. 理解信息技术课程过程性评价的内涵。
2. 初步掌握信息技术课程过程性评价的主要内容。
3. 初步掌握信息技术课程多媒体作品评价量规的设计。

第一节　信息技术课程的过程性评价

注重过程是第八次基础教育课程改革评价理念的基本特点之一。以往只注重结果的评价将注意力集中在学生解决问题的答案上，忽略了学生在解决问题过程中思考问题的方法和认识问题的态度等一系列潜在的东西，其结果是导致学生只注重学习的结果而轻视学习的过程，只关心是否达到目标，而不去考虑用什么样的方法是最合理的，如何最便捷地达到目的，因而，不利于培养其严谨的科学态度和治学精神。另外，以往只关注结果的评价在学科为本、知识为本的课程理念的指导下，仅仅对知识和技能方面的结果给予关注，忽略了对学生的人文关怀。如果没有积极的人生态度、正确的价值观、良好的与人协作的能力和对待困难的积极姿态，即使学富五车也无法获得真正的成功。

一、信息技术课程过程性评价的理念与价值

信息技术课程强调实践性、参与性，要求课程的评价不能仅仅局限在对基本知识和简单操作技能的简单测试上。信息技术课程评价的整体观要求在评价中把课程、教学和评价进行统整，融合为一个有机整体，贯彻到实践活动中去。一方面，只有结合具体的教学过程，通过适当的过程性评价方式随时诊断、及时获得反馈，我

们才能了解学生在发展过程中所遇到的“知识与技能”方面的问题、取得的进步以及存在的不足，从而给予正确的引导，真正发挥评价对教学的调控作用。例如，将学生在实践活动中的各种表现和成果——研究报告、制作过程、电子作品等作为评价他们学习情况的依据。对学生活动过程的评价，应该揭示学生在活动过程中的表现以及他们是如何解决问题的，而不仅是针对结果，即使最后结果按计划来说是失败的，也应从学生获得了宝贵经验的角度将其视为重要成果，肯定其活动价值，营造其体验成功的情境。

二、信息技术课程过程性评价的方法

（一）常用过程性评价方法介绍

1. 表现性评价

表现性评价不同于以往的评价方法，它强调通过真实的行为表现来体现学习成果并实施评价，因此，在具体的操作层面上，在设计评价任务时要注意把握以下几个特征，只有任务设置得合理有效，才能够发挥其最大效用。具体描述如下：(1)情景性，即评价的问题应该涉及真实的生活场景，让学生在真实的场景中去应用学过的知识和技能，实现学习的迁移。(2)灵活性，表现性评价允许学生用多种方式来展示自己的知识和技能。在这一评价的过程中没有唯一的答案，只有评价的标准，即尊重学生的个性，关注每一个学生的发展。(3)整体化，表现性评价所关注的是学生解决问题、处理实际问题的综合能力，而不是支离破碎的技能。

表 5－1　表现性评价相关术语及其解释

术 语	解释
表现性评价（performance assessment 或 performance-based assessment）	是指要求学生通过实际操作某项任务或一系列任务（如制作一个信息技术作品、利用信息技术开展一项研究等）来表现出他们的理解水平和操作技能水平的评价
另类评价（alternative assessment）	是表现性评价的另外一种称谓，强调这些评价方法提供了有别于传统纸笔测验的其他一些评价方式
真实性评价（authentic assessment）	是表现性评价的另外一种称谓，强调在评价时关注学生将理解和操作技能应用于真实世界中的实际问题

学生在一个真实性的学习任务中的成功表现都是以有关的知识为基础，以临场的各种操作技能为外部表现，并体现了有关情感态度和价值观。所以，如果把表现性评价内容归结为表现性技能的话，那么表现性技能是由知识要素、技能要素和情感要素等各层次的要素构成的（见图 5－1）。例如，考查学生数据库规划、设计、建立、使用与维护的实际能力，要同时关注学生对有关数据管理思想方法、数据管理技术的基本概念的掌握，考查学生熟练使用某种数据库软件的技能水平，并要考

虑学生在整个操作中是否能自觉遵守相关的法律、法规和道德规范等等。在表现性评价中的主要评价内容是技能要素，知识性要素可以在对技能进行评定前用测验的方法加以测量或进行部分的评定，同时，表现性评价也不能忽视对情感性要素的评价。所以，制订表现性评价计划时，要全面考虑一个成功表现的所有构成要素，不能有所偏废。

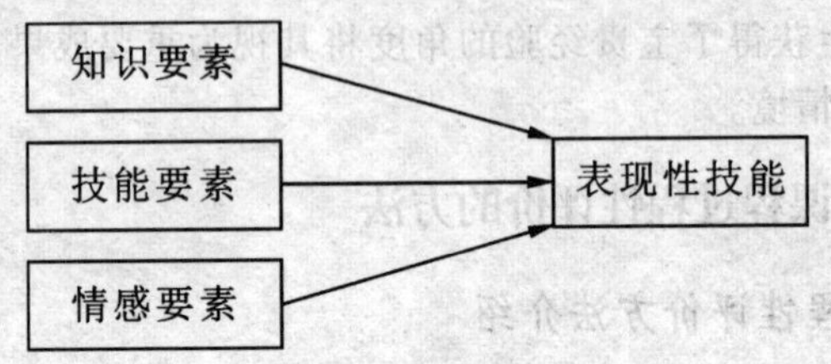

图5－1　表现性技能的构成要素

(1)限定性和拓展的表现性评价任务

表现性评价的表现性任务可以限定在一个非常具体、有限的技能上，例如，用键盘尽量快速、准确地输入一段规定的文字，根据教师提供的素材和明确的要求用作图软件绘制一幅图片或制作一个简单的多媒体作品等。表现性任务也可以拓展到一个包含大量具体技能的综合性操作任务上，如搜集某个主题的资料并利用搜集到的资料制作网站；就某一主题利用数据库检索资料，根据查询到的资料之间的关系得出结论并采用合适的方式呈现结论等。拓展的表现性评价给学生提供了更大的自由去选择或执行任务，给学生更多的机会去自我评估和自我提高，对学生的活动过程和活动结果的讨论既要重视其活动过程的质量，也要注重学生独立学习能力的发展。

尽管信息技术课主要关注学生的综合信息素养和信息技术的综合应用能力，但对某些信息技术技能的限定性评价可以帮助教师了解学生在某些方面的具体操作水平，并有针对性地提高学生的操作水平。所以，在将具体的技能放在复杂的综合性任务中进行评价之前，可以使用限定性评价对其进行单独评价；或者在利用复杂的任务对学生进行表现性评价时，运用限定性任务来诊断学生存在的问题。

(2)准备表现性评价的步骤

有效的表现性评价需要采用系统的方式来准备和实施，以下是准备表现性评价的主要步骤：

①对操作性任务的学习结果作详细的界定

如果在教学设计中已经对预期学习结果进行了详细的界定，那么可以直接从中挑选需要使用表现性评价的学习结果。如果教学设计中没有提供表现性的学习结果，就需要重新考虑是否需要测量有关的学习结果并对必要的表现性学习角度进行界定。可用于描述限定性表现性学习结果的典型行为动词及其对应的教学目标见表5-2。

表5-2　描述限定性表现性学习结果的典型行为动词及其对应的教学目标

行为动词	对应的教学目标
识别:选择正确的物体、物体的组成部分;选择正确的方法、过程;选择正确的特性 典型的行为动词有:识别、查找、选择、接触、获取、标记、描述	根据任务需要选择合适的工具、软件 选择正确的问题解决方案 识别一个软件、系统、平台或作品的组成部分、所用数据结构、算法等 发现程序、系统、软件等的缺陷或问题 确定一个宏观概念或较大系统的组成部分
制作:制造一个符合规定要求或规格的作品典型的行为动词有:制作、组合/组装/装配/搭建、建造、设计、绘制、制造、准备	利用计算机软件按要求描画一幅图形、图画 设计一个程序/作品,如数据库、一段程序、一个简易专家系统等 将素材组合成一幅作品 准备合适的计算机硬件环境、软件环境、网络环境等
展示:表现出一系列的操作或者过程 典型的行为动词有:展示、使用、运行、测试、操作、演示、组装	熟练使用某个软件、系统 运行某个系统或程序

因为关注一个表现性任务中所有的具体过程或细节往往会使评价目标过多和过于繁琐,所以通常只关注其中最关键的、具有代表性的行为样本,使其长度控制在合适的范围内,以便能对操作进行更加精确的观察和判断。所以,对表现性评价结果进行详细说明的细目表应包含对完成某项工作或任务最关键要素的分析。有些表现性评价中操作任务的顺序并不重要,而另外一些表现性评价则需要严格遵循系统的操作步骤,例如,网站和多媒体作品的制作任务中,就应遵循相对固定的顺序:先进行设计规划,接着选定工具软件,然后搜集、加工素材,最后集成或制作作品。

拓展性的表现性评价包括多元的教育目标,所以在设计有关的学习时应该全面考虑这些教育目标。例如,如果要求学生经过文献查阅,选定某一名人或英雄人物进行研究,根据搜集到的资料和研究结果,制作一份关于该名人或英雄人物的多媒体演示文稿。则在确定评价目标时,不仅应对学生的信息技术应用水平进行评价,还应对作品中体现出的学生对内容的理解、小组合作情况甚至口头报告情况等方面进行评价。在确定了需要评价的表现性学习结果后,再对这些结果用操作性的术语进行更具体地界定,如表5-3所示。

表 5-3　多媒体作品的表现性目标细目表(示例)

一般性目标		具体的表现性目标描述
多媒体作品的内容		内容全面,包括任务要求的所有基本主题,能论及有关的其他主题
		观点准确,论证清楚、有力
		主题内容逻辑顺序准确、清楚,重点突出,易于理解
		包含细节、提问,能引发读者思考、好奇和探询更多信息的动机技术
技术	布局	区域划分清晰,版式美观,易于理解
		内容表现形式多样、合理
		布局合理,易于观看和检索
	界面	页面风格与主题相符,形式新颖
		背景能很好地衬托出主题
		图片使用合理,能提高访问者兴趣并有助于理解相关文本
	多媒体素材应用	声音使用合理,能创造与主题相符的氛围
		能根据演示的需要合理设置有关对象的动画效果,动画播放顺序准确、自然
		能准确、合理地使用外部的多媒体素材,如声音、动画、视频素材等
	导航	有用于导航帮助的目录页,各幻灯片标题清晰易懂,利于理解和检索
		能利用母版设置各页之间的链接,相关页面之间的链接准确、合理
		页面切换自然、准确
口头报告		能使用生动、准确的语言
		报告组织严密,条理清晰,易于理解,能引发观众兴趣
		能灵活地使用信息传递和交流技巧
		小组成员轮流发言
		做过较好的预演
制作的分工合作		分工明确,能相互合作、取长补短
		小组成员能完成分配给的任务
		各小组成员主动帮助别人,共同完成项目
总分		

②选择评价的重点

如上所述,表现性评价的目标是多方面的,但由于每次教学及评价的具体目的不同,所以表现性评价的重点也会有所变化,有时会侧重过程,有时会侧重结果或作品,有时可能两者并重。评价的重点应主要根据表现性任务的特点来确定,并根据具体的情况进行适当的调整。

侧重过程的表现性评价:

不会得出某种作品的表现性任务要求使用侧重过程的表现性评价。在多数情况下,操作的过程和结果在教学和评价中都应得到重视。例如,评价学生利用键盘打字时,开始时强调学生正确的指法、坐姿等,但后来则强调打字的准确性和速度。一般来说,在下列情况中,会比较侧重对过程的评价:没有作品,或者对作品的评价不可行,比如,难以评价作品或评价作品的成本和代价过高;操作的过程具有一定的顺序并可直接进行观察;正确的过程或操作步骤对后续学习或活动的成功至关重要;对过程的分析有助于提高作品质量。

侧重作品的表现性评价:

在某些学习领域或表现性任务中,作品则更值得关注,过程则显得比较次要。一般来说,在下列情况中,比较侧重对结果的评价:不同的过程都可以得到同样优秀的结果,例如,设置一段文本的格式时,字体、字号、行距的设置顺序;过程难以观察到,如学生在家里或课外开展的活动。或者,一些在课堂中开展的活动,但主要过程是内部的思维过程,不具有观察性,尽管过程的某些成分可以通过学生的大声思维(think aloud)来得到,但评价重点仍是活动的结果;过程虽然重要,但学生已经掌握;结果可被清楚地确定和判断。

③选择任务的合适的真实程度

从真实性的角度看,表现性评价介于普通的纸笔测验和现实情境中的实际操作之间。在评价中不可能完全复现学生离开学校后运用所学知识的现实情境,但在准备表现性评价时应尽可能使表现性评价的情境接近现实世界中的真实情境,而且越真实越好。

表现性评价情境的真实性达到何种程度最合适取决于诸多因素。首先,要考虑教学目标的性质。并非所有的教学都需要利用真实性的任务情境来评价学生,例如,在每门课程的导入课中,运用纸笔测验或其他真实程度很低的方法来评价学生的技能即可满足教学需要。第二,具体课程的教学序列也可能要求在测量学生实际动手操作之前先采用纸笔测验。例如,先考查学生对信息技术基本概念、基础知识的掌握情况,然后再测量学生对不同操作软件的掌握水平。第三,大量的实际条件的限制,如耗时、成本高、需要使用特殊器材/设备、施测和评分的难度,都会限制问题的真实程度。第四,在测验情境中,任务本身的性质也会限制问题的真实程度。例如,在分析违反与信息活动有关的法律、法规可能产生的后果时,只能采用已有的、他人的案例,不可能创设真实的情境。所以,尽管在表现性评价中应追求最大限度的任务真实性,但在准备表现性评价时通常是在理想的目标和现实的条件之间进行必要的折中。

④选择或设计表现性任务情境

表现性评价可根据评价情境或背景的不同而划分为不同的类型。根据表现性评价所用情境的真实程度,可将表现性评价采用的情境分为以下两种。

识别型测验(identification test):

识别型测验包含真实程度不同的各类情境,最简单的可能仅仅要求学生识别某种工具、设备、软件并说明其功能;稍微复杂一点的可能是呈现给学生某个具体的操作任务,让学生选择合适的工具、软件以及完成这个任务所需要的步骤;更复杂一点的可能是让学生识别或测试一个有问题的程序、软件,分析出问题及造成问题的原因。

识别型测验更多的是作为学生进行真实操作或模拟操作的准备程序,但有时候也用来对操作技能进行间接的测量,例如,识别一段程序语言中存在的问题等。

结构化的表现性评价(structured performance):

结构化的表现性评价是在标准的、有控制的条件下,要求所有的学生都对同一系列的任务进行操作,并对学生的表现进行评价。结构化的表现性评价多用于职业教育中对受训者某种操作的熟练程度进行评价,在中小学信息技术课中只有少数对操作的熟练性、精确性有一定要求的教学内容适合采用这种评价方式。

结构化的表现性评价非常强调测验情境的高度控制和高度标准化,并要求学生按照相对规定的程序进行操作。中小学信息技术教育的目标更侧重学生在真实的情境中综合运用信息技术的能力,因此在教学过程中,不宜过多在人为设置的高度结构化的任务情境中评价学生操作的精确程度,尤其要避免对学生信息技术操作过程中无意义的细微差别而斤斤计较。

如果确需使用结构化的表现性评价,应制订表示最低操作水平的绩效标准,包括精确程度、合适的操作步骤、遵循有关的规则、操作速度等。在实际教学中,通常需要将多项绩效目标合并起来评价学生的表现。应综合考虑不同的教学阶段、操作的性质和具体的情境,选用合适的标准并确定各标准的权重。

2. 学程记录袋

学程记录袋是较早被介绍到国内的一种质性评价方法,也是现在少数在教学实践中付诸实施的质性评价方法之一。

学程记录袋又被称为档案袋评定(portfolio assessment),是20世纪80年代中期在美国教育实践中涌现出的一种学业成就评定方式。它是通过收集学生在某一科目学习过程中的作品,并对学生的这些现实表现进行价值判断的一种评价方法。有学者以学程记录袋的不同功能为标准把其分为:理想型(ideal)、展示型(showcase)、文件型(documentation)、评价型(evaluation)以及课堂型(class)等五种。而根据入选作品的性质则又可以分为最佳成果型、精选型和过程型。

理想型档案袋主要由三个部分构成,分别是作品产生过程的说明(biographies

of works)、系列作品(arrange of works)和学生的反思(student 's reflections)。作品产生过程的说明是学习计划制订和实施的文件记录,系列作品是学生在完成某一学习计划的过程中创作的各种类型的作品集,学生的反思记录对学生在学习上的成长尤其重要。在学期的不同时间里,教师要求学生充当专门批评家或传记作家的角色,让学生描述自己作品的特征、自己在成长过程中所发生的进步、已经实现的目标等,这些都可作为反思记录的内容。通过这种反思,一方面为学生的成长提供了重要契机,另一方面也培养了学生自我反思和自我教育的习惯。

学程记录袋建立和完善的过程就是教师对学生进行评价的过程。记录在档案袋中的作品可以反映学生学习知识和技能的结果,同样,作为记录袋构成部分的学生对自我作业的评价、对作业完成过程的说明,可以看做学生情感态度的一种书面反应。而教师通过对记录袋中作品内容的审阅,能够间接地了解学生各方面的能力、情感、态度的发展,而在与学生一同完善记录袋的相当长的一段时间里,教师在与学生的交流中又可以直接观察到学生的反应能力、研究问题的态度、与同学的协作能力以及面对困难和挫折的态度等情感层面上的隐性能力。学程记录袋反映了学生学习发展过程中的信息,每个学生都可以看到自己的进步和努力,学生的个性差异得到了充分的尊重,评价主体也实现了多元化。

当然,作为一种崭新的评价方法,学程记录袋还存在着一些不足,有待进一步的研究和改善。比如,学程记录袋需要记录学生在学习发展过程中的点滴活动,因此,往往容易积累大量的记录资料。一方面,仅仅是记录用的纸张的消耗就非常惊人,对于一些条件比较差的学校也是一个不小的负担。另一方面,全班几十个学生,教师往往无法在有限的时间里阅读完每个学生的学程记录,那么利用这些资料进行评价也就无从谈起。因此,在使用这种方法时,一方面,要实事求是地设计评价的内容,使得记录下的资料有用而且适度。另一方面,可以让学生参与到评价过程中来,通过自我评价以及同学互评、小组互评等方式,减轻教师的负担。另外,还要充分发挥信息技术课程本身的优势,结合电子学程档案的使用,将相关的资料存储在计算机、磁盘等介质中,节约评价成本、提高效率。

表5-4是内蒙古师范大学传媒学院张利桃老师在网页设计课程中使用的一个向全体同学公开的作业评价表,其特点是简捷明了,利于学生自评、互评,在评价过程中相互学习,相互督促。在此推荐给大家参考,作为学程记录袋中一个有机的组成部分。在这个作业中,教师要求学生将完成的作业打包后通过电子邮件发给教师,教师评阅后使用这个表格公布结果。

表 5-4　作业评价表

学生	发邮件	作业客观状态				教师评语			上次作业改错情况	同学评价
		文件打包	建作业文件夹	交作业数	可打开的个数	个人简介	欢迎页	有无创意		
A	√	√	×	2	2	界面美观，布局合理，内容清晰	主题突出，界面不够美观，导航清楚		改过	
B	√	√	×	2	2	界面较乱，内容不清晰	主题突出，界面美观，导航清楚	有	改过	
C	√	√	√	2	2	布局合理，内容清晰，界面不够美观	主题突出，界面较美观，导航较清楚		改过	
D	√	×	×	1	1	布局较合理，内容清晰，界面较美观	主题不突出，界面美观，导航不清楚	有	改过	

三、过程性评价的主要内容

1. 评价标准或评价量规的制订

过程性评价的内容涉及学生在任务完成过程中的各个环节，包括根据任务要求分析问题、收集信息的能力，选择合适的信息工具解决问题的能力，应用工具有效分析、处理信息的能力，合理应用信息工具来有效地表达相关问题答案的能力，对活动过程中相关信息问题的价值判断能力，在活动过程中与他人的协作、交流能力等等。这些能力涵盖了信息素养的各个方面，充分体现了“知识与技能”、“过程与方法”、“情感态度与价值观”三维目标。培养目标是制订评价标准的直接参照，比如，信息素养培养是信息技术课程的整体目标，对于具体的教学内容，需要重新认识，重新分解，形成更加具体、针对性更强的评价标准，作为实施评价的参照。

对于过程性评价来说，评价标准一般以评价量规的形式出现及应用。所谓量规是指根据教学目标围绕某一主题制订的经过量化的评价指标。这个量规并不仅仅用来评价某具体内容的学习结果和过程，它的制订先于学习过程，更多地被用来引导学生正确有效地实施学习过程。在制订量规时，首先要将评价内容进行合理划分，将其分割为若干个能够客观反映学习过程和结果的重要维度，或者是多个可以观测的行为指标，然后为每个维度或行为指标制订能体现具体表现水平的标准，并将其划分为若干个等级水平，或者还可以根据实际情况，为不同的指标建立不同的权重。评价量规的设计可以由教师来完成，也可以在教师的引导下由学生来完成，这主要根据任务的内容和评价的要求来确定。在以教师为主的评价量规的设计过程中，提倡鼓励学生加入到量规表的制订中来。一方面，可以激发学生的主动意识，提高他们的积极性；另一方面，通过对评价量规制订的介入，学生能够更加深入地把握评价的内容。如此，学生能够有意识地根据评价的内容来反思自己的学习，促进学习的进步。表 5－5 是一多媒体制作评价量规实例，这个案例考虑得比较全面，但是实施中可能会耗时较多，实际应用时可视具体内容、学时、教学方法、设备条件等进行缩减或者其他适应性调整。

表 5－5　多媒体制作评价量规实例

评价内容		标 准	小组自评	教师评价	其他
			1～5	1～5	1～5
作品主题和内容		内容全面，包括任务要求的所有基本主题，能论及有关的其他主题			
		观点准确，论证清楚、有力			
		主题内容逻辑顺序准确、清楚，重点突出，易于理解			
		包含细节、提问，能引发读者思考、好奇和探询更多信息的动机			
技 术	布局	区域划分清晰，版式美观，易于理解			
		内容表现形式多样、合理			
		布局平衡合理，易于观看和检索			
	界面	页面风格与主题相符，形式新颖			
		背景能很好地衬托出主题			
		图片使用合理，能提高访问者兴趣并有助于理解相关文本			
	多媒体素材应用	声音使用合理，能创造与主题相符的氛围			
		能根据演示的需要合理设置有关对象的动画效果，动画播放顺序准确、自然			
		能准确、合理地使用外部的多媒体素材，如声音、动画、视频素材等			
	导航	有用于导航帮助的目录页，各幻灯片标题清晰易懂，利于理解和检索			
		能利用母版设置各页之间的链接，相关页面之间的链接准确、合理			
		页面切换自然、准确			

续表

评价内容	标 准	小组自评	教师评价	其他
		1 ~ 5	1 ~ 5	1 ~ 5
口头报告	能使用生动、准确的语言			
	报告组织严密,条理清晰,易于理解,能引发观众兴趣			
	能灵活地使用信息传递和交流技巧			
	小组成员轮流发言			
	做过较好的预演			
组内分工合作	分工明确,能相互合作、取长补短			
	小组成员能完成分配给的任务			
	各小组成员主动帮助别人,共同完成项目			
综合评议				
总分				

注:每位评价者根据被评价者的具体表现与各评价标准的符合程度分别给予1 ~ 5 分。其他小组或同学、学生专家、家长等,可根据评价者的数量在后面添加相应数量的系列。

2. 评价资料的收集

信息技术课程的过程性评价一般通过两个方面来实现。一方面,在学生学习的过程中系统客观地记录学生在学习的自然情境中的真实表现。主要可以通过多种开放的质性评价方法如现场观察、访谈、轶事记录、成长记录等方式来完成。这一评价的过程是长期的、连续的,可以系统地把握学生在知识技能、情感态度等方面的变化和发展。另一方面,可以通过设置一定的作品设计作业和实践活动来引发学生的特定行为,通过对活动过程的观察和作品的完成情况来收集有价值的评价资料。

(1)系统的观察和轶事记录

可以通过在自然情境下观察学生,获取过程性评价所需的信息。在日常教学中对学生的观察往往是不系统的,而且缺乏对观察结果的正规记录,难以为评价学生复杂的表现提供全面、客观的信息。因此,需要将评价标准或评价量规指导下的系统观察活动和日常教学中的随机观察相结合,保证在收集评价计划中与学习目标直接相关的信息的同时,也能收集到其他没有包括在评价计划中但对评价有价值的信息。

轶事记录是指在观察过程中以文字的形式对被评价者的行为作描述和诠释,

主要包括观察到的行为、行为发生的情境以及对事件的独立说明。[①] 轶事记录比较耗时，可限制使用在能体现被评价者情感态度与价值观的行为上，例如体现对信息技术的求知欲和参与信息活动的态度等方面的行为；同时，也可用于记录需给予特别关注的被评价者，如信息技术低起点的学生。实施轶事记录时，注意体现以下原则：①记录有意义的事件；②记录包含足够的信息以便日后理解；③事件发生后及时记录；④观察到的事件应与对事件的说明严格分开；⑤记录方法简捷有效，记录结果易于整理。真正能够起到实效的轶事记录应是切实可行的，对有意义事件进行简洁、客观、充分的描述，并含有对事件必要的说明。当轶事记录用于集中表现某一行为或某一个体时，应能获得该行为的典型特征或该个体的典型行为模式。

(2)典型的作品设计

一方面，典型的作品设计可以是在课堂中随机选择的学生作品；另一方面，也可以是在课后作业或是在考试、测评中围绕某一知识内容所设置的作品设计任务。在对这些作品的评价过程中，不要简单地给予等级的划分和优劣的评述，而要综合考虑知识和技能之外的诸多其他能力。比如学习了电子幻灯的制作，要求学生自由选择专题做一个演讲稿，并告诉学生在评价时将要求用电子幻灯片向全班同学进行讲演。在评价实施过程需要考虑：每一位同学的审美观和讲演能力都有所差异，但是只要是能够独立完成任务的同学都应该给予良好的评价。并且，还要看到每一位同学的进步，也许一名天性腼腆的同学的讲演远远不如另一位性格开朗的同学好，但他战胜了自己，并且与过去相比在口头表达能力方面有了进步，在评价中就要给予肯定。并且还应提倡创新精神，在评价中对于有特色和创新性的作品要给予积极的鼓励。

在信息技术课程中，作品设计的评价有些类似于语文课程中的作文及其评价，虽然两者在对评价目的的认识、对评价方法与尺度的把握及对期望评价结果产生的效用等方面都有所不同，推而广之，虽然信息技术课程历史较短，在评价方面积累的经验较少，但其他所有相对成熟的学科教学中积累的评价思路与方法，都可以为我们所借鉴。

(3)项目型作业或实践活动

在应用信息技术解决实际问题的过程中，可以全面了解学生的信息素养，包括在活动过程中所表现出来的信息技术操作水平，利用信息技术进行交流、合作的能力，组织协调能力以及价值判断能力等多方面的素养。

例如，项目型作业：你和几位同伴承担了一个组织12～15岁的游客到西藏旅游的项目，需要准备一份内容广泛的小册子，包括文化交流、旅游路线、交通方式、费

① 苗逢春：《信息技术教育评价：理念与实施》，高等教育出版社2003年版，第117页。

用、预算建议、服装、保健等方面的介绍，这些都将给孩子的家长作为参考，以决定是否让他们的孩子参加这次旅行。学习者需要呈现：①一系列解决问题的程序或者方案；②一个可以观察的学习结果或者产品（旅游小册子、多媒体展示等）。

任务应该代表一个有效的样本，从中我们能够将学习者的知识、思维能力和态度概括成理论。任务覆盖范围不必很大，但应该能够可以让我们在一个狭窄的领域或具体技能方面观察大量的行为。所以，任务的设计应足够复杂，在细节上足够丰富，对其他任务具有普遍代表性。

需要说明的是，这几种收集资料的方法并不是独立使用的，往往是相辅相成的。而前面介绍过的学程记录袋评价法，也可以作为一种过程性评价中收集资料的方法。如，在学生完成项目型作业或实践时，可以采用观察、轶事记录等方式来收集过程性的信息，形成活动记录或活动档案袋。这一活动的记录可以由教师通过观察来完成，但一位教师不可能深入到每一组学生的活动中去，因此，教师要有意识地引导和培养学生形成自己记录学习过程、活动过程的习惯，并学会充分利用记录进行自我反思，调整自己的学习、活动过程。同时，可以充分发挥信息技术课程的学科优势和特色，利用信息技术工具来存储、管理和处理活动过程的相关信息，建立起电子档案袋。

3. 评价结果的处理

虽然过程性评价需要评价者和被评价者都投入大量的时间和精力，但其作用和价值是不可忽视的，因此，当我们决定运用过程性评价时，应确保其评价结果在阶段性考核或期末成绩中占合理的比重。

过程性评价有较强的表现力，它所收集的资料涉及知识与技能、过程与方法、情感态度与价值观三个目标维度，因此，所形成的评价结论既可以针对某一学生的整体表现进行全面分析，也可以针对学生在不同方面的表现分别进行分析。需要注意的是，评价结论中的分数或量化评价结果主要提供有关学生表现水平的参考依据，必须将这些量化结果与定性分析相结合，切忌单纯利用量化分数对学生的学习下结论或排名次。

第二节　信息技术课程的终结性评价

终结性评价和过程性评价是评价的两种不同形态，它们是依据评价功能的不同划分出来的。其中，终结性评价指的是在教育活动结束后为判断其效果而进行的评价，包括一个单元、一个模块，或一个学期、一个学年、一个学段的教学结束后对最终效果所进行的评价。实际上，终结性评价是一个相对概念，学习是连续且循环的，没有绝对的终结点，而是多个过程的循环。一个单元教学结束后的测验相对于这个单元来说是终结性评价，但相对于整个模块或整个学期的教学来说，又发挥着过程性评价的功能。本部分讨论的终结性评价从外延上包括各种阶段性的评价,但主要针对模块教学结束后的学业评价,对其他阶段性小步子的终结性评价有借鉴意义。

一、信息技术课程终结性评价的理念

终结性评价是过去、现在以至今后相当长一段时间内,教育教学实践领域中一种应用较广的评价方式。新课程改革提出的新目标、新理念带来了一系列教育教学观念的变化,也为实践探索提供了新的发展空间。如何更好地体现新课程改革的理念,针对信息技术终结性评价的特点与发展需求进行有效的改革,是一个需要认真对待的重要课题。

(一)信息技术课程终结性评价的目标分析

信息技术课程将信息素养的培养作为目标,并从"知识与技能"、"过程与方法"、"情感态度与价值观"三个维度对信息素养作出了具体的诠释。但是,就过程性评价来说,相对而言,比较容易实现关于"情感态度与价值观"维度的评价,而对终结性评价而言,有研究表明,"情感态度与价值观"的评价是非常难以实现的,至少在具体操作上有非常大的难度。

针对终结性评价的这些特点,为使终结性评价得以顺利开展,在坚持实事求是基本思想的基础上,下面有针对性地为终结性评价重新设定三个层面的评价目标,可供大家在实际操作中参考:

(1)掌握信息技术的基础知识;

(2)掌握操作和使用信息技术工具的能力;

(3)具有应用信息技术解决实际问题的能力。

从逻辑层次上来看,信息技术的基础知识和操作、使用信息技术工具的初步能力是基础,而应用技术解决实际问题的能力则是升华,它们构成了一个金字塔的结构。对终结性评价而言,这个新的目标具有较强的可操作性。信息技术教师在围绕信息技术课程开展终结性评价活动时,可以参考这个特定结构设计自己的评价方案。

针对终结性评价调整评价目标的理由是:学生学习与发展情况的总体的评价,应该是终结性评价与过程性评价相结合的产物,这样才能全面地评价学生在学习和解决问题的过程中所表现出的能力与成就,以及在整个学习活动过程中表现出的情感与态度建构、价值观取向的形成与稳定等。也就是说,过程性评价与终结性评价的相互结合和共同作用,构成了评价活动的整体,有机地支持教学活动的进行。终结性评价是一种必要的评价手段,对它的认识及预期,都要恰如其分,不可以片面地追求这种局部评价活动目标的完整性。

二、信息技术课程终结性评价的内容分析

一方面，信息技术课程由过去的计算机课程演变而来，它对简单技能训练的超越不是抛弃技能训练，而是在包容的基础上丰富技术思想与文化思想的内涵，所以它必然包含有一定的技术取向；另一方面，日益强烈的信息素养教育的诉求源自社会信息文化建设的日渐深入，而这些方面的建设又根基于信息技术的日渐大众化，这显然是当前所谓信息素养培养的极其重要的方面。因此，在评析终结性评价时，也需要针对课程的两种取向属性进行进一步分析：(1)技术取向属性，(2)大众文化取向属性。

大众信息文化取向的评价，应该重在强调学生对基础知识的掌握程度，在体验生活的基础上利用工具处理信息和解决问题的能力的考核。因此，在题目的描述和设置中要源于生活、贴近生活，强调题目的实用性和情境性。针对大众信息技术工具的特点，同一功能意义上的不同软件层出不穷，又都“操作简便，功能豪华”，表达着设计中的人性化和个性化理念，即每个人可以根据自己的兴趣爱好，各取所需。此时对应用能力的考核，不是去了解学生对某个特定的具体软件在某个微观层面上使用功能的掌握情况，而是不限于具体的功能、操作方法甚至软件的种类，遵循个性化原则，以“合理、有效地解决问题”为目标。也就是说，应该给学生以充分的自主权和自由选择权来自由选择软件、功能和方法，只要能够解决问题都可以认为合格。

面向全体高中学生的信息技术课程以打造学生终身发展的共同基石为宗旨，因此它所能够形成的技术纵深十分有限，技术取向属性的评价一般表现为对一些专门化技术取向的思想方法、应用方法与价值的简单了解、某些个性化的发展情况，等等。因此在目前情况下，对整个基础教育领域而言，不适宜专门设立独立的、以技术难度区分的等级考试来进行信息技术课程的终结性评价。假设需要对部分得到充分个性化发展的学生进行某种专门化取向的评价，可以“借用”社会上已经成熟的某些等级考试来进行。

三、信息技术课程终结性评价的一般方法

(一)纸笔测验和上机测验相结合开展终结性评价

在组织终结性评价时，要根据课程标准的要求和具体考试内容，综合运用纸笔测验、上机测验等多种评价方法；创造条件全面考查学生信息素养的协调发展，避免只重视知识记忆和计算机操作，忽视学生利用信息技术解决实际问题的能力；注意结合学生平时学习表现和过程性评价结果，改变单纯以一次测验或考试为依据评定学生一学期或整个学段学习情况的局面，适度加大过程性评价在成绩评定中的比重。

纸笔测验和上机测验各有所长，适合不同的评价内容和目标，应相互补充，综合运用。纸笔测验的效率较高，适于短时间内对大量学生进行集中考查，适于考查

学生对信息技术基础知识的掌握和理解。信息技术的纸笔测验,要控制选择题、填空题等客观题题型所占的比例,适度设置和增加要求学生通过理解和探究来解决的开放性题目,如问题解决分析、作品设计、短文写作等,以拓展纸笔测验在评价内容和评价目标等方面的广度。

上机测验是信息技术课程终结性评价中不可或缺的重要组成部分,可测查学生利用信息技术解决问题的过程、方法和能力。可供选择的上机测验主要有两类:一类是某些需要上机完成的题目,如需要一定技巧的网络信息检索题,如"流感流行期将临,请从网络上查找最权威、最具时效性的防治流感网站或者网页";一类是通过实际操作完成的综合任务,这样的题目包括作品设计与制作等,也包括某些包含上机环节的综合任务,例如:"利用服务器上给定的一些素材,制作一份反映某一主题的电子小报(或演示报告)","利用服务器上已有的软件,为你熟悉的某一产品制作一份广告"。上述第一类题目类似前面讲的适合纸笔测验的客观题,它比较简捷,答题用时较少,同一试卷中可以包含的题目数量较多,有利于提升试卷的信度和效度。第二类题目耗时较多,每次考试一般只能设置一个,因此信度、效度都比较低,它的价值在于平衡试卷的结构,考查学生利用信息技术解决实际问题的能力,在实际考试中必须结合其他类的题目综合使用。

终结性评价中,教师要针对具体评价内容和评价目的,灵活选用上机测验的题型和考试方式,尽量避免单纯依赖题型单一、功能有限、只考查基本知识和部分操作能力的机考系统,否则容易对信息技术课程教学产生误导。

(二)评价内容的设置与选择

高中信息技术课程标准推出以后,其必修与选修相结合的课程结构为各地区乃至学校提供了较大的选择空间,不仅可以选择具体的应用软件,还可以选择内容。譬如,我国内地所有省份都存在这样的问题,不同市、县,不同学校的条件有着很大差别,有些学校的设备设施条件较好,教学可以在一些流行软件的基础上进行;而有些学校条件较差,则教学只能在一些老版本的软件的基础上或者对硬件条件要求不是很高的工作环境中进行。因此,信息技术课程终结性评价的设计和实施,必须在坚持信息素养的培养和评价的前提下,尊重地区、学校的差异。

决定信息技术课程终结性评价内容的另外一个重要因素就是教材。各省不同地区甚至不同学校必然会根据自己的实际条件,或选用不同的教材,或在同一版本教材中为学生指定不同的选修内容。地区差异与校际差异往往在教材选择的环节上就表现出来,以至后来延续到影响终结性评价方案的设计。

(三)试卷设计的人性化

1. 试题类型:客观题+综合任务题

根据前面对信息技术课程终结性评价目标的讨论,宜采用客观题和综合任务题相结合的形式，才能较好地达到“具有应用信息技术解决实际问题的能力”所描述的层面，从而实现对“知识与技能”、“过程与方法”、“情感态度与价值观”三大目标的最大可能的包容。以综合任务题实现对“操作与应用能力”、“应用信息技术解决实际问题的能力”的测量，同时又以精心设计的客观题，抵消由于综合任务题目数量少（往往只能有一个题目）而可能造成的考试的信度与效度的不足，形成比较完整、科学、合理的终结性评价整体方案。

需要说明的是，典型作品设计、项目型作业或实践活动与综合任务题都属于开放型任务，并无本质上的区别，都可为过程性评价和终结性评价所用。只是在过程性评价中更关注被评价者在操作过程中的表现；而在进行终结性评价时，因为其组织实施的严整性和规模性，评价者难以关注过程，基本是通过被评价者最终提交的方案、作品等完成评价。

2. 人性化的试卷结构

在充分理解现代评价理念的基础上，对学生的人性化关照也可能在试卷结构中有所表现。有一种方案可以在试卷结构的层面上一定程度地实现对学生的人性化关照，即超量出题，就是即将评价的题目分为必答和选答两种，必答部分的内容是信息技术课程中的最基本的内容，换言之，是对学生所必须具备的信息素养的评价。选答部分的内容则体现了对学生个性化的尊重。在选答题的设置中，可根据知识点的难度系数划分不同的等级，允许学生在同等难度的一组题目中，自由地选择作答，只要回答出了自己选定的题目，并达到了规定的数量，即可以认为合格。

3. 人性化的题目设计

试卷中题目的人性化也是提高试卷质量的重要保证，在此给出如下建议：

（1）模糊工具：随着计算机技术的不断发展，大众信息技术工具也在不断地推陈出新。一方面用于实现同一功能的工具软件层出不穷，各有千秋；另一方面，基于图形用户界面的不同的工具软件在图标、菜单等方面有着许多共通之处。信息技术课程无法也没有必要教给学生所有软件工具的操作和使用方法。我们所能教给学生的只能是在某一时间阶段使用的工具软件，因此，更重要的是要培养学生举一反三的迁移能力。再者，同一地区不同学校可能会因条件的不同，而设置不同的课程内容。因此在信息技术终结性评价的过程中，对于大众信息工具的部分，我们可以在保留各软件的突出特色的基础上，模糊工具的概念，强调同类别工具的共性，而不必拘泥于不同的软件，从而体现大众信息工具的应用价值。

（2）个性化：客观题往往会流于对机械记忆能力的考察，要避免这种状况，可以通过使用人性化设计的题目予以弥补。如“请举出一两种你所熟悉的从因特网上下载资料的办法”，既能实现评价目标又是对学生个人网络信息获取经验的尊重，或者“一位化学老师要打印一份化学试卷，在试卷中有许多类似‘$2H_2+O_2=2H_2O$’的化学公式，请告诉他一种下标的输入方法”，学生可以根据他所熟悉的工具给出答案。如此，在题目设计上人性化地关注考生的个人特色，可以认为能够按照要求给出答案的考生已经具备了该项技能。

(3)与生活实际相联系：在以综合任务完成为特征的作品的题目命题中，一方面，任务要与学生的学习、生活紧密相连；另一方面，在同一组中的备选题要有所差别，要能够分别适应不同学生的生活背景和经验差异。例如，对一个学生来源较复杂的学校来说，农村学生对季节、植物的生长相对较为熟悉，而城市学生对旅游、电子相机有较多的认识。因此，可以在同一组中同时安排这些知识背景的题目，由学生选答。

(四)题目的具体设计

1. 客观题

客观题可按认知水平划分成了解、掌握和应用三个层次，分别是：第一，了解。对已经学习过的计算机基础知识和基本操作技能能够记忆或复现。第二，掌握。能够用自己的语言来描述计算机的相关基础知识，并能够自己判断和执行操作方法和技能。第三，应用。能够综合运用基础知识和操作技能处理实际问题。

而具体的题型，客观题可分为选择题、是非题、匹配题、解释性练习、填空题、论述题。详细解释如下：

选择题由一个用于呈现问题情境的题干和若干个提供该问题可能答案的选项组成。选择题是应用得较广泛的客观题题型，既可以测量简单的学习结果，也可测量部分复杂的学习结果。

是非题的基本格式是呈现一个描述性句子，要求学生对其正确与否作出判断，一般用于测量学生识别一个陈述是否正确的能力。

匹配题包括一系列的题干，以及一系列的备选答案，两者分栏纵向排列，并提供指导语说明匹配规则。很多情况下，匹配题是选择题的一种变式。

解释性练习是在通用的一段节选材料的基础上设计一系列的选择题，以测量复杂的学习结果。这种题型可以使用一段特定的介绍性材料来测量一系列不同类型的学习结果。

填空题，又称短答案题目，要求受测者提供合适的词汇、数字或符号去回答一个问题或完成一个陈述。填空题主要用于测量简单的知识型的学习结果。

论述题为学生的作答提供了一定的自由度，与填空题一样，论述题也要求学生自己形成答案，比较适于测量学生组织、整合和表达观点的能力。

在设计客观题时，需根据涉及的课程内容和课程目标确定题目的分布及采用的题型。

2. 非客观题

对于信息技术课程的评价，非客观题一般以综合任务题的形式出现。综合任务题是为了测量学生应用信息技术解决实际问题的能力而设置的一类具有主观色彩的试题。综合任务题包括一般的作品题,也包括给定条件(背景、环境、数据、资料等)完成具体任务的题目。综合任务题还肩负着测查学生操作与应用能力的责任,故一般包含上机等需要设备或者实践环境支持的环节。

(1)设计思路

综合任务题的设置旨在对学生应用信息技术解决实际问题的能力进行考核,这一评价的过程是综合性的,是建立在学生对信息技术基础知识充分理解和对信息技术基本操作技能的熟练掌握的基础上,按照一定的信息使用规范,针对具体的问题解决目标,利用信息工具完成的。

在综合任务题的设计中,必须坚持所设计的综合任务与学生学习、生活的实际紧密相连;为学生提供评价量规来相对规范学生的作答,并积极关注学生在过程与方法、情感态度与价值观方面的表现;使用开放的答题形式,即允许学生选用任何一种自己所熟悉和喜欢的工具软件来完成任务;尽可能地综合多类信息技术工具的功能,以评价学生的综合应用能力。

(2)综合任务题结构

综合任务题的题目描述形式多样。下面推荐综合任务题的一种描述形式。

任务描述:告诉学生需要完成的综合任务,要让学生能够把握任务的整体轮廓。

资源供给:(有条件的可以提供网络链接)告诉学生,在完成任务的过程中,需要哪些资源,一般这些资源都已经转化为数字形式。

要求说明:在这一部分,提出任务要求,比如:需要数据分析、汇报展示、问题述评、发布结论等等。

评价标准:这一部分可随同任务提供,以供学生在过程中不断对照,自我评价。

例如:

项目专题:人与鸟类

任务描述:在自然界中,森林、草原、湖泊等都是由动物、植物、微生物等生物成分和阳光、水、土壤、空气、温度等非生物成分所组成。这些成分,都非独立存在,而是相互联系的。这个项目研究人与鸟类(动物)和谐共存的环境。你可以是一个探索家、环保学家、生物学家或者一位作家,来探讨这个问题。

资源提供:文字、数据、图片资料(本机中资料路径或者相关网址)。

要求说明:能够表达出目前人与鸟类相处的现状;指出现存的问题,并提出合理的建议。

评分标准:参见下面的评分标准。

(3)综合任务题评分标准

客观题部分的评分标准和规则比较简单,按照难度和题型设置一定的组合与选做原则，赋予不同的分值即可。在综合任务题中需对学生处理信息的综合能力进行评价，相应地，我们也给出了评分标准建议，供参考：

①方案设计与实现（30%）

书写解决任务的过程步骤和方法，采用的工具和必要的说明；

原始数据（素材）的整理和输入及选择使用；

使用信息技术工具对数据（素材）进行处理；

呈现结果。

②文档（30%）

以文档的形式书写结果报告或者说明；

应用及进一步开发的建议。

③任务分析（20%）

任务及其情境；

目标实现程度或水平；

方法的可行性；

使用工具选择及其理由；

采取步骤的合理性。

④作品的艺术性和思想性（20%）

（五）阅卷

阅卷问题是终结性评价中需要考虑的一个重要方面。终结性评价任务集中，学生数量大，带来的工作量压力较大，阅卷问题往往会给教师或者评价组织者带来许多困扰。由于不同地区、不同学校、不同教师可能会出现不同的问题，此处仅就一般情况给出描述。

就客观题部分来说，其中许多类型可以通过某种考试系统来完成，譬如是非题、选择题及部分填空题等，这类情况在全国各地都有出现，市场上也有较多的考试系统软件可供选择，其最大的优势在于阅卷快速而准确。然而，选择考试系统并不是必需的。这类题目完全可以利用我们所熟知的、大部分学校都装备了的读卡机来完成，这样可以大大降低考试成本。

对于无法用考试系统或者读卡机完成阅卷的题目，就需要教师人工阅卷，从而完成终结性评价活动。这种方法虽然有较大的工作量，但在学校规模以下的评价活动中还是可行的。然而，在超过学校规模的地区性评价活动中问题较多，比如各地常见的会考。就客观题部分来说，现有许多终结性评价的组织者在设计试卷的时候，往往将不能利用机考系统或者读卡机自动进行的题型舍弃。这种方法虽然不尽如人意，但也确实是一种无奈的选择。

四、信息技术课程评价结果的处理和报告

评价结果的处理和报告是评价过程的重要环节，可以及时提供科学的反馈信息，使学生和教师了解学习过程中存在的缺陷和不足，从而促使学生改进、完善自己的学习活动。

（一）科学合并、综合运用不同来源的评价结果

在确定学生信息技术课程的最终成绩时，需要结合过程性评价和终结性评价两个方面，需要把档案袋、测验、上机操作成绩、作品制作、研究性学习报告、终结性评价试卷等各种类型的评价结果合并起来以获取一个合成分数，或再据此进行成绩评定。在进行评价结果的合并时，不宜简单相加，可以为每种类型的评价结果赋予相应的权重，然后根据权重进行分数合并。权重的确定由各种类型的评价结果在总成绩中的相对重要性及评价者的预期期望所决定。

例如，纸笔测验分数占最终成绩的40%，操作占40%，平时的作品制作占20%，可先将学生在纸笔测验、上机操作和平时作品设计中取得的成绩分别乘以各自的权重后相加得到学生的总成绩，或再据此为学生评定等级。

（二）评价结果的报告和使用

为了使学生本人及家长能更好地理解分数的意义，在报告评价结果时要注意以下几个问题。

（1）使当事人理解评价的内容和目的：要使学生和家长明确评价的内容和目的，可以提供学生在课程中主要学习结果的等级（如表5-6），也可以包含预期学习结果的列表以及学生在主要学习结果上达到的等级。必要时，也可提供关于学生学习努力程度的单独报告以及学习习惯、人格特征等其他方面的报告，但要避免过于冗长的报告表，以免给学生和家长造成阅读障碍。

表5-6 “信息技术基础”课学生成绩报告举例

4——成绩优异
3——比较好，有待于提高
2——不好，需要补课
1——没有表现出掌握了预期的学习结果
4 3 2 1 (a)知道信息和信息技术的有关术语和概念
4 3 2 1 (b)理解根据任务需求，熟练使用工具软件加工信息，表达意图
4 3 2 1 (c)能将学到的信息技术知识、技能运用到新的问题情境中
4 3 2 1 (d)表现出利用信息技术支持研究性学习的能力

（2）全面反馈信息：向学生和家长报告评价结果时，并不仅是对评价结论的反

馈,而是对评价中肯定评价信息和否定评价信息的全面反馈,以帮助被评者了解自己的成绩、优点和长处,清楚自己的不足和弱点,从而保持优势、克服不足。比较好的做法是,在全面反馈信息的前提下,对于基础比较好的被评者,多帮助分析存在的不足之处,促其再上新台阶;对于原来基础较差的被评者,要多帮助其找到存在的潜力、优势和闪光点,使其增强自信心。

(3)使用多样的反馈方式:评价结果的反馈方式影响评价结果作用的发挥,因此要根据不同的对象采取灵活多样的反馈方式。

反馈的方式很多,例如,期望式反馈:反馈时不直接点明问题,而是指出希望被评者在哪些方面努力,做出好的成绩;启发式反馈:反馈时不直接宣布结果,而是组织学生和家长讨论评价结果,引导学生和家长全面分析,并鼓励学生和家长对评价结果提出质疑,利用评价结果与学生和家长协商,以改善学生学习策略;个别反馈:对于有的评价结果,尤其是对个人的否定性评价结果,应注意考虑评价结果会给当事人产生的心理影响,采取个别方式反馈,尽量使用鼓励性的语言,避免对学生和家长造成不必要的压力和挫伤;档案袋反馈:档案袋中收集的作品样本能帮助学生和家长清楚地了解学会了什么、掌握的水平如何。可将学生学习等级与档案袋结合使用,既呈现学生学习成绩的总体水平,又通过学生真实的作品来直观地展示学生的学习成绩,以更全面地报告学生的成绩。

(4)使用当事人能理解的语言:在使用有关评价术语时,要注意老师所理解的专业术语家长和学生未必能理解。因此必须采用通俗但不失科学的用语来报告评价结果,必要时可询问当事人是否理解并让其根据自己的理解试着解释评价结果的意义。

[本章小结]

评价是教育教学领域中一个永恒的话题,是整个教学系统中不可或缺的重要组成部分,一方面要对已经完成的教育教学活动的情况作出判断;另一方面可以利用判断的结果进行反馈,对教学活动给予指导和修正。通过本章的学习,应重点理解信息技术课程的过程性评价的内涵和一般过程及方法,重点掌握信息技术课程教学内容的过程性评价、基于多媒体作品的评价量规的设计。

[思考练习]

1. 你认为信息技术课程的过程性评价如何开展效果较好?
2. 对于终结性评价的价值,你如何理解?
3. 过程性评价与终结性评价如何结合,才能更好地发挥评价的作用?

[实践活动建议]

结合前面实践活动中选择的信息技术课程单元内容，进行过程性评价设计，在教师的指导下进行交流评析。

第六章 信息技术教师专业发展

[内容提要]

新课程改革成功的关键就在于教师素养的进一步提升。对于信息技术教师来说,新课程实施过程中新的教育理念、课程观、教学观、教师观、学生观等,与教师长久形成的原有思想观念和思维行为习惯之间的冲突将不可避免,提升教师素养也就显得日益紧迫,教师专业发展是当务之急。本章重点阐述信息技术教师专业知识、能力结构、教学研究能力、信息技术与课程整合能力等教师专业发展的内容。

[学习指导]

1. 理解信息社会对教师素质的要求。
2. 初步掌握信息技术教师专业知识与能力结构的主要内容。
3. 初步掌握信息技术与课程整合的内涵与基本方法。

基础教育课程改革已经成为世纪之交的全球性浪潮,我国新课程改革在这次浪潮中异常活跃,新的课程标准已相继出台,其中普通高中信息技术课程以其独特的身份让人耳目一新,教师素养的进一步提升成为新课论革成功的关键。

教师专业化发展是指教师作为专业人员,在专业思想、专业知识、专业能力等方面不断发展和完善的过程,即从专业新手到专家型教师的过程。

第一节 信息技术教师素养

一、信息社会对教师专业素质的要求

21 世纪,人类开始进入信息社会,每个人都必须具备一定的信息素养,才能适应社会的发展和个体生存的需要。对于教师来讲,只具备信息素养是远远不够的。因为信息素养是现代社会中每个人都必须具备的,而如何把信息技术结合于教学工作之中,用来解决教学中的实际问题,进而促进学生的全面发展和教师自己的专业发展,才是教师与其他人群重要的、根本性的区别。也就是说,21 世纪的教师在知识和能力两个方面都要适应信息社会发展的需要,逐步形成信息化环境下的教师专业素质。

(一)21 世纪教师的知识结构

教师传统的知识领域是要具备本学科的专业知识(一般称为内容知识)和相关的教育学、心理学知识(一般称为教学法知识)。随着科学技术的进步,尤其是信息技术的发展,有关技术的知识和技能已成为新时期教师知识领域重要的组成部分。

教育技术是恰当地运用相关的手段和方法来提高教育绩效的研究和应用领域,它由教学设计和教学资源的应用与开发两部分所组成,即教育技术知识包括了教学设计知识和教学资源知识。因此,技术—教学法—内容知识 (TPACK)实际上就是学科教学知识和教育技术知识的整合。也可以说,21 世纪教师的知识结构是由学科教学知识和教育技术知识共同组成的。

·阅读材料·

近年来国外研究者针对 21 世纪社会发展对教师新的要求,提出了"技术—教学法—内容知识"的新概念。该概念的提出借鉴了美国学者 Shulman 的教师知识分类,并基于对教师知识的复杂性、多面性和情境性的分析,认为好的教学还需要教师对技术如何与教学法、内容相关联的理解,因此有必要探讨教师将技术整合于教学所需知识的核心特性。

在教师知识中,内容知识(Content Knowledge,简称 CK)、教学法知识(Pedagogical Knowledge,简称 PK)和技术知识(Technological Knowledge,简称 TK)这三种主要的知识形态呈交互作用,构成了一个 TPACK 的技术与教学的整合框架,而处于该框架核心位置的便是上述三种知识的交集,即技术—教学法—内容知识(Technological Pedagogical Content Knowledge,简称 TPACK 或 TPCK),如图 1 所示。

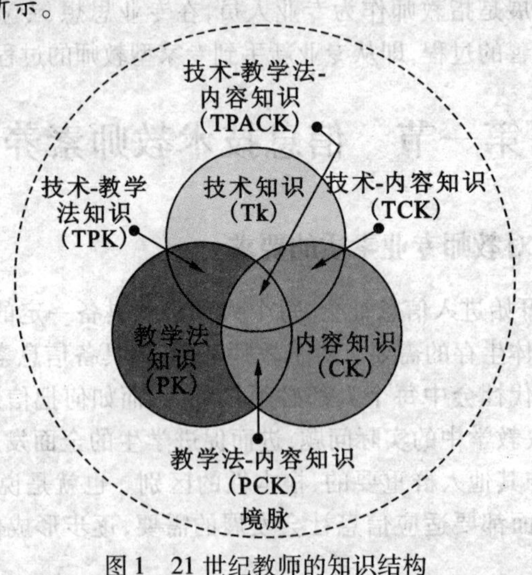

图 1　21 世纪教师的知识结构

美国密歇根州立大学的 Mishra & Koehler（2006）认为，TPACK 是一种新兴的知识形态，它不是内容、教学法和技术这三种知识的简单叠加，而是超越这三个要素构成了一个整合的体系。也就是说，技术（比如信息技术）并不是简单地加入到教师原有的知识领域中，而是要经过与内容知识和教学法知识的“整合”，形成新的技术—教学法知识（TPK）和技术—内容知识（TCK），再和教师原有的教学法—内容知识（PCK）融合在一起，才能形成新的知识结构。

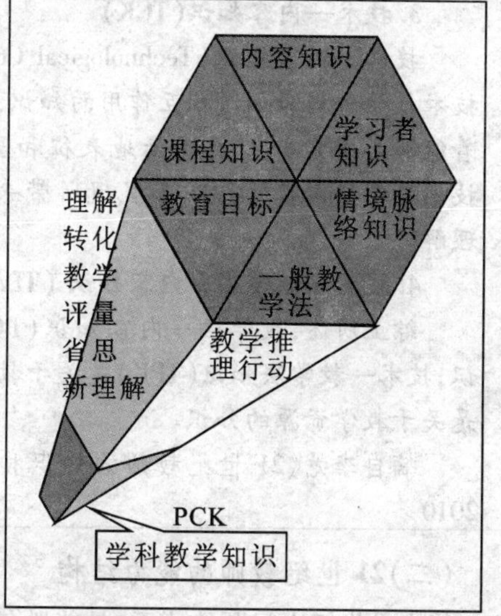

图2　学科教学知识

1. 教学法—内容知识（PCK）

教学法—内容知识（Pedagogical Content Knowledge，简称 PCK）又称为学科教学知识。美国学者 Shulman 在《教师专业知识分析框架》中提出，学科教学知识主要包括：

(1)学科内容知识；

(2)一般教学法知识；

(3)课程知识；

(4)学习者及其特点的知识；

(5)教育情境脉络知识；

(6)关于教育的目标、价值以及它们的哲学和历史背景的知识。

从图2可以看出，上述六种知识简单相加在一起并不能构成教师的学科教学知识，而必须在“教学推理行动”中，也就是研究者通常所说的教学实践和研究过程中，不断经过“理解、转化、教学（实践）、评量（评价）、省思（反思）”的反复循环，才能逐步形成和提升。

2. 技术—教学法知识（TPK）

技术—教学法知识（Technological Pedagogical Knowledge，简称 TPK）是指关于技术在教学和学习情境中的存在形式、使用要素和作用效果的知识，包括了解可完成某一特定教学任务的种种技术手段，选择最恰当的且当前可用的技术手段，技术手段可支持的教学策略等知识。实际上，技术—教学法知识就是在技术环境下的教学设计的知识。

3. 技术—内容知识(TCK)

技术—内容知识(Technological Content Knowledge,简称 TCK)是指关于技术与学科内容如何相互作用的知识,即教学资源的知识。先进的技术意味着能够支持更多变、更灵活地表征和呈现学科内容的方式,教师应该了解新技术给学科内容的组织和呈现所带来的种种变化,增进对教学资源知识的理解。

4. 技术—教学法—内容知识(TPACK)

综上所述,教学法—内容知识(PCK)就是教师应该掌握的学科教学知识;技术—教学法知识(TPK)是关于教学设计的知识;技术—内容知识(TCK)是关于教学资源的知识。

摘自李龙《21 世纪教师的知识和能力结构研究》,教师继续教育讲座,2010

(二)21 世纪教师的能力结构

能力是指解决问题的才干,是能胜任某项任务的主观条件。一个人具有丰富的知识,只是说明在解决问题的过程中,具备了一定的必要条件,能不能解决问题,还要看他是否能将知识外化,形成相应的策略、方法和手段,用来解决实际问题。因此,21 世纪的教师不仅仅要具备上述 TPACK 知识,更重要的是形成解决教育教学问题的能力。

一个人的能力是运用相关的概念、规则(陈述性知识)和相应的操作技能(程序性知识),形成特定的策略,在解决问题的实践过程中逐步形成的。根据 21 世纪教师的知识结构图,我们可以得出对应的 21 世纪教师的能力结构图,如图 6-1 所示。

从图中可以看出,教学法—内容知识(PCK)形成的是学科教学能力;技术—教学法知识(TPK)形成的是教学设计能力;技术—内容知识(TCK)形成的是资源应用能力,当然,能够进一步形成资源开发能力更好,但这已经超出了对一般教师的要求。三项能力最后综合成为信息技术与课程的整合能力,这就是 21 世纪教师所必须具备的能力。

学科教学能力的内涵一般包括对学科知识的掌握,对教学过程的安排,对基本教学技能的掌握等;教学设计能力的内涵一般包括对课程教学设计、课堂教学设计、自主学习教学设计的掌握;资源应用能力的内涵一般包括对教学资源有效地使用:收集与鉴别、加工与处理、初步的设计与开发。信息技术与课程的整合能力不仅仅指教学过程层面的整合能力,还应该包含课程层面的整合与开发能力。具体内涵简述如下:

1. 学科教学能力

学科教学能力指教师的专业功底和与教学基本环节相对应的教学能力,具体包括:(1)关于学科内容的知识和能力;(2)对课程标准和教材的理解能力;(3)对学生学习基础和学习困难的诊断能力;(4)对教学过程规划的能力;(5)作业和试卷的设计能力;(6)体现学科特点的教学基本功。

2. 教学设计能力

教学设计是依据对学习需求的分析,提出解决问题的最佳方案,使教育教学绩效得到改善的系统决策过程。根据组成成分的不同,教学系统可以划分为宏观、中观和微观等不同的层次。对于一般学科教师来讲,只需关注中观层次的教学过程设计,逐步形成教学过程设计能力(可以简称为教学设计能力)即可。

学科教师接受的教学任务都是一门完整的课程,因此首先要熟悉课程标准,据此拟订课程总教学目标,在对教学内容、学习者进行认真分析的基础上,确定完整的目标体系(包括该课程的知识和能力结构框架、各知识点目标组成的目标体系、各知识点所需教学资源列表,以及对学生自主学习的建议等)。然后根据当前的教学内容,决定采用不同的教学方式:对适合进行课堂教学的内容进行课堂教学设计,给出各节(课)和知识点的教学目标的具体描述,选择教学策略、教学媒体(资源),设计课堂教学结构和评价工具;对适合学生探究学习的进行自主学习教学设计,给出学习活动主题与学习目标的具体描述,选择学习策略、学习资源(环境),设计自主学习活动过程和评价工具。最后,按照设计好的方案进行教学活动实践,并作出相应的评价和修正。

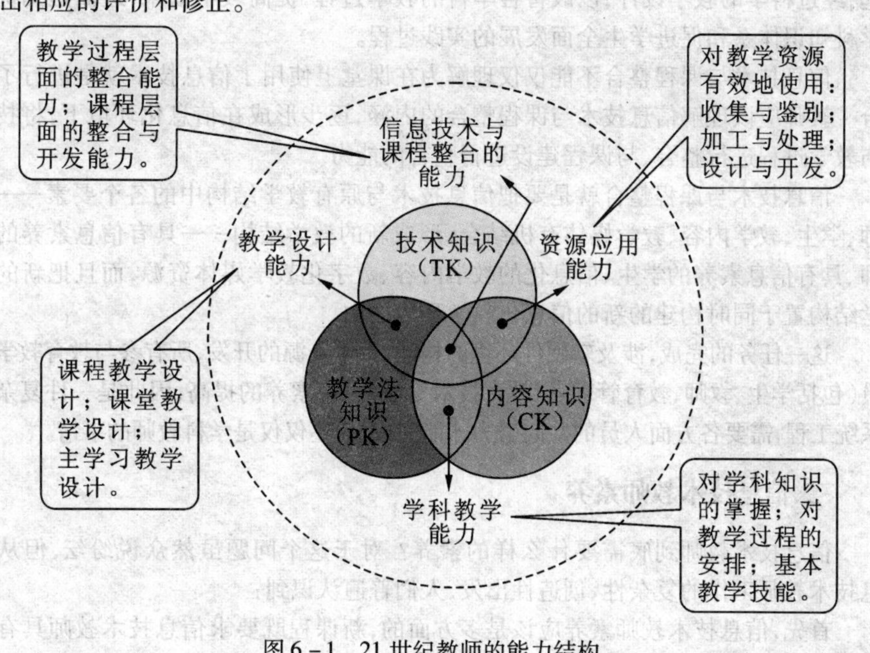

图6-1 21世纪教师的能力结构

3. 资源应用能力

教师的资源应用能力应该包括以下几个方面：

（1）教学资源的收集与鉴别

教学资源的收集与鉴别包括检索、下载、储存、评价和交流。其中涉及搜索引擎的使用、相关工具软件的使用和对教学资源的评价依据。

（2）教学资源的加工与处理

教学资源的加工与处理包括对文本、图片、动画、音频和视频素材的修改、删减和增补，以及对现有课件的改编。必要时，可能还要对教学环境进行改变或新建。

（3）教学资源的设计与开发

对于学科教师来讲，常用的教学资源主要有：演示文稿（PPT）、多媒体课件、专题教学网站、网络课程等。其中最简单也是最常用的当属演示文稿（PPT），如果能够精心地设计与制作，可以实现多种功能，是教师应该掌握的基本能力；多媒体课件、专题教学网站可以在网上找到许多有用的成品，修改后可供教学使用，不一定都需要自己进行开发；而网络课程的建设是一项复杂的工作，一般需要组织团队进行开发，不是一个人或少数几个人能够完成的。

4. 信息技术与课程整合的能力

信息技术与课程整合是指将信息技术与教学系统中各要素有效地融合在一起，经过科学的教学设计，以改善各学科的教学过程，提高教学效果，进而达到优化学科知识体系和促进学生全面发展的实践过程。

信息技术与课程整合不能仅仅理解为在课堂上使用了信息技术就是进行了整合。教师应该理解信息技术与课程整合的内涵，逐步形成在信息化环境下，将技术与教学过程进行整合、与课程建设进行整合的能力。

信息技术与课程整合就是要把信息技术与原有教学结构中的各个要素——教师、学生、教学内容、教学媒体有机结合，形成新的教学结构——具有信息素养的教师、具有信息素养的学生、信息化的教学内容、数字化教学媒体资源，而且把新的教学结构置于同时构建的新的信息化教学环境之中。

这一任务的完成，涉及软硬件环境的构建、教学资源的开发、所有参与教育教学人员（包括学生、教师、教育管理者、教育技术专业人员）素养的提高，因此是一件复杂的系统工程，需要各方面人员的共同努力才能完成，而不仅仅是学科教师的事情。

二、信息技术教师素养

信息技术教师到底需要什么样的素养？对于这个问题虽然众说纷纭，但从信息技术教师工作的复杂性、创造性出发，人们普遍认识到：

首先，信息技术教师素养应该是多方面的，新课程既要求信息技术教师具有现代意识和时代精神，还在职业道德素养、科学文化素养、专业能力素养、良好的身心素养等方面对其也提出了较高要求,而每个方面又包括很多内容,例如,科学文化素养就包括基础文化知识、相关学科知识、教育科学知识等,专业能力素养包括信息能力、课程设计能力、教学能力、管理能力、教育科研能力、学习能力以及创新能力等。

其次,信息技术教师素养是动态发展的。一方面,信息技术的日新月异,以及人们对信息技术教育的认识不断加深,对信息技术教师的知识结构、能力结构的要求将会不断变化;另一方面,信息技术教师自身素养具有很强的可塑性和发展性,信息技术教师必须积极主动地适应各种变化,并尽可能地完善自我。

(一)信息技术教师的基本素养

1. 信息技术教师的人格

在心理学意义上,"人格"是个体在对人对己及一切环境中的事物适应时所显示的异于别人的性格,米谢尔(M. Mische)将人格定义为"决定个体的外显行为和内隐行为并使其与他人的行为有区别的综合心理特征"。除此之外,"人格"一般还有两种含义,一是从社会意义上,指人的品格;二是法律上的解释,指权利义务主体的资格。从作为教师所需的素养方面来说,"人格"的含义主要在于具备良好的心理特征和积极健康的性格与品格,主要包括能力、智力、动机、情绪、态度、价值观、自我观念等方面,每个教师个体在这些方面都有其某一特质的倾向性,这种倾向在具体的教学活动中则会表现为不同的教学行为。

信息技术教师作为课程的贯彻实施与发展承担者,其"人格"特征可以从下面几个更为微观、具体的角度进行讨论:

(1)厚德:信息技术教师需要具有良好的教师职业道德、严肃严谨的教学教研作风和甘作铺垫、乐于献身信息技术教育事业的崇高精神。

培养每一个社会公民的信息素养是信息时代对教育提出的必然要求,信息技术课程正是适应这一要求而发展起来的,信息技术教师才是达成课程目标的真正把关人,要把好这个关,信息技术教师一定要树立严肃、严谨的教学和教研作风,才能逐渐改变长期以来"副课"帽子下的信息技术课程不受学校、学生和家长重视的局面,让学生理解信息技术课程的重要性,从而扭转以往被动学习的风气,促进学生的主动学习氛围的形成。教师的德行是教师人格魅力对学生影响非常重要的方面,道德品质好的教师更容易取得学生的信任和亲近,容易在学生中树立威信,反之,则很容易导致学生的反感和抵触。

(2)理智:保持冷静、清醒、理性的头脑,敏锐地观察,准确地进行判断与选择,客观、清晰、条理地解决问题,讲究实效。

面对复杂的、动态发展的教育、教学活动,教师时刻都处在一个判断与选择的天平之上,教师的一言一行都在很多学生的注视之下,因此,保持冷静、清醒、理性的头脑,应对突发事件,客观、清晰、条理地解决问题,是每一位教师都要做到的,而保持理智需要信息技术教师有广博的知识和健全的心智。

(3)慈爱:信息技术教师应该用爱心浇灌学生的心灵,铸造学生心目中的良师益友形象。教师的慈爱主要可以表现为友善、热情、宽容的态度,尊重、关心、爱护、帮助、理解学生。

教学既是一种认知的过程,也是一种情感交流的过程,所有学生都十分需要教师的关爱。我国著名教育家陶行知先生就曾经说过:"真教育是心心相印的活动。唯独从心里发出来的,才能达到心的深处。"

信息技术课程是一门有着独特风格的课程,学生们往往会比较喜欢这门课程,这在课业任务繁重的中学,显得尤其难能可贵。普遍的看法是,这种状况与实现信息技术课程目标并不矛盾,甚至非常协调。因此,信息技术教师既要对课程目标负责,对学生发展负责,完成既定的教学任务,又要充分利用本课程的独有魅力吸引学生的学习兴趣,培养学生积极健康的情感态度与价值观。在这个时候,对学生的友善和热情,对学生好奇、好玩等心理的尊重和理解,就不再是一句空话。

虽然信息技术教师比其他学科教师接触同一学生的机会明显要少,但事实是:任何一门学科的教师,都会在某种程度上对学生造成一定的影响,任何一个教师都不应该放弃对学生言传身教的机会。教师对学生的鼓励、宽容、尊重和理解,往往更容易使学生正确、客观地认识自己的优缺点,更深刻地认识自我、取得自我超越。

(4)上进:信息技术教师应该学会学习,确立终身学习的思想,提高学习能力和心理保健能力,不断学习和加强修养。

信息技术教师在教学理念上是学校教研教改的先锋,在教育实践上是新型教学方法与模式的开拓者。要做到这一点,信息技术教师不但要努力提高自身的教育理论水平,更要有大胆创新的气魄。另一方面,信息技术本身是一个不断发展的动态学科群,信息技术课程实际上也是一直处在不断的"升级换代"之中,信息技术教师必须不断地学习,补充新的知识。为适应新课程实施的需要,信息技术教师要提高技术素养,特别是对新技术的适应能力,培养进行信息技术教学所应有的处理与交流信息的能力、运用信息技术解决问题的能力,增强对信息伦理与道德、法律法规的敏感和洞察能力。

2. 信息技术教师的能力结构

与其他学科教师相比较,信息技术教师除了要负责信息技术的教学任务之外,通常还承担着本学校的教育技术工作——建设、维护信息化教学环境;同时更要发挥基础教育课程改革、信息技术与课程整合的先锋作用,因此,信息技术教师只具备信息技术课程的教学能力还不能满足社会发展的需要,他们还必须具备一定的教育技术能力。

中国教育技术协会于2003年发布的《中国教育技术标准(试行)》中,把中小学信息技术教师列入教育技术职业人员系列。在教育技术职业人员教育技术标准(Standards of Educational Technology of China for Professionals,简称 SETC·P)中对中小学信息技术教师提出了基本要求:掌握相关技术的知识和技能;运用技术支持教学资源和环境的建设;运用技术支持教学过程的优化;运用技术支持信息化管理;具有强烈的信息意识,自觉承担与技术相关的社会责任。同时还提出了考核上述基本要求实施状况的绩效指标。

从社会需求调查结果和专业发展趋势来看,信息技术教育领域的发展性、综合性、实践性、创造性等特点和信息化社会中教育现代化的大背景条件,决定了与此相对应的信息技术教师的能力不仅仅是普通学科教师应具备的一般教学能力,还应该满足中国教育技术标准中对中小学信息技术教师绩效指标的要求。

综上所述,笔者认为信息技术教师的能力结构应该由学科教学的能力、教学设计的能力、媒体与资源应用和开发的能力、教学研究的能力组成,见表 6-1 所示。

表 6-1　信息技术教师能力结构表

能力结构	任务分析	相关知识领域
学科教学的能力	掌握现代教育教学的基本知识和基本理论,信息科学与技术的知识和技能;掌握信息技术教育教学的基本理论与方法,具备教师从事学科教育教学活动的基本素养,具备初步的信息技术教学技能和实验指导能力	教育学知识、心理学知识、课程教学论知识、信息技术课程与教学知识技能
教学设计的能力	掌握教学设计的基本理论和方法,能够完成对教学系统、教学过程、教学产品(媒体、资源)三个层次的设计。同时能够指导、帮助其他学科教师开展教学设计	学与教的理论知识、教育传播学知识、教学设计知识与方法、信息技术与课程整合的理论与实践、计算机基础知识技能
媒体与资源应用和开发的能力	知道信息表征元素(文本、图片、动画、音频、视频)的特点和作用,掌握信息获取、储存、加工、利用、评价和创新的理论和方法。了解教学资源的分类、特性在教学中的作用,掌握资源的应用、管理和评价的方法,必要时能够设计、开发适合教学使用的媒体和资源	多媒体课件设计开发的知识与技能、教学网站设计与开发的知识与技能、多媒体技术、人工智能教育应用知识与技能
教学研究的能力	掌握教育技术学研究方法,能够选择和运用合适的方法与技术分析和解决信息技术教育教学中的问题。同时支持其他学科教师的教学研究,进行信息技术与学科教学的整合研究	教育研究方法知识、教育统计测量知识、专业外语知识、教育信息处理知识

从表中可以看出,信息技术教师除了要具备学科教师的一般教学能力以外,还要具备较强的教学设计的能力、媒体和资源开发的能力、教学研究的能力,以便能够起到支持其他学科教师的教学改革研究和促进所在学校的教育信息化进程的作用。

(1)学科教学的能力

普通高中信息技术课程标准中对信息技术课程性质的说明是:着力发展学生以信息的交流与处理、技术的设计与应用为基础的技术实践能力,学习方式是丰富多样的,有个人的独立操作学习、小组合作学习、观察学习、体验学习、设计学习、网络学习等等。作为学科教师应了解现代教育教学的基本知识和基本理论;掌握信息技术学科的专业知识与技能、教学的基本理论与方法;初步具备信息技术教学技能和相关实践或实验指导能力。并在此基础上,深入地学习和掌握现代教育教学的理念和方法,在教学过程中更多地采用信息技术支持下的教学设计来提高教学效果。因此,信息技术教师的学科教学的能力在掌握学科教学技能的基础上更多地强调实践活动的教学设计和指导能力。

(2)教学设计的能力

根据《中国教育技术标准(试行)》教育技术职业人员中"中小学信息技术课程专职教师的绩效指标"3 的要求,中小学信息技术教师应能运用教学设计的理论和方法,借鉴新型教学模式,设计基于技术的学与教的实践方案,并有所创新。中小学信息技术教师应具备的教学设计能力为:全面领会教学设计的思想,掌握教学过程设计的程序。首先,从信息技术课程教学设计出发,依据课程标准科学地确定教学目标,分析教学内容和学习者,形成本学科完整的知识、能力结构和目标体系,作出课程完整的教学设计,根据具体的教学目标、教学内容和学习者的特点,选择适合的课堂教学形式或学生自主学习形式,分别进行课堂教学设计和自主学习教学设计,依据设计方案进行教学实践和评价。其中比较关键的是课程教学设计的能力,信息技术教师的课程教学设计能力将直接影响教师对课程标准的理解和课程培养目标的把握,进而影响教材的选择与分析和课程的具体实施效果。在这一点上比普通学科教师要求高,也是信息技术教师特有的能力之一。因此应将教学设计的能力作为信息技术教师的核心能力之一进行培养,在教学设计理论和实践上进行三个层面的深入学习和训练。

(3)媒体与资源应用和开发的能力

根据《中国教育技术标准(试行)》教育技术职业人员中"中小学信息技术课程专职教师的绩效指标"4 的要求,中小学信息技术教师应熟练掌握网络及数字化媒体的特性,能规划、建设、维护和运用教学网络;掌握教学软件编制理论与实践,开发网络教学产品,支持教师利用技术设计、开发新的教学资源,并实施相应评价。这一点比其他学科教师要求高,也是信息技术教师特有的能力之一。因此,媒体与资源应用和开发的能力是信息技术教师的另外一个核心能力，需要其着重在教学软件、网络资源的设计制作技术方面加强学习和训练。

(4)教学研究的能力

根据《中国教育技术标准(试行)》教育技术职业人员中"中小学信息技术课程专职教师的绩效指标"6 和 9 的要求，理解教师教育技术标准，通过信息技术技能培训，使学科教师掌握多媒体计算机、网络的使用技巧，具有一定的利用技术自制教学课件的能力，指导并鼓励教师选择合适的评价方法和技术，改进教与学的效果；有意识参与教育科研课题的研究，尝试应用集成化教学系统，并思索其教学价值及改进措施。

信息技术教师作为当前教育信息化进程中的专门人才，应该成为教育信息化的推动者。其不仅应该是教学能手，也应该是教学的研究者，能够运用教育科学研究的技术与方法对日常教学进行研究，从而促进学生学习效果的转变；能够在选择和运用合适的方法与技术分析和解决信息技术教育教学问题的同时，支持其他学科教师的教学改革研究，即进行信息技术与学科教学的整合研究。要具备这样的能力，应该对信息技术与课程整合的理论与实践有比较深入的了解，系统地掌握信息技术与课程整合的理论与方法，有一定的教学研究基础，能够正确运用信息技术与课程整合的方法为其他学科教师进行教学改革和整合研究提供支持，做学科教师的好帮手、好参谋，成为学校教学改革(校本研究、技术支持、教育技术能力培训)的促进者。

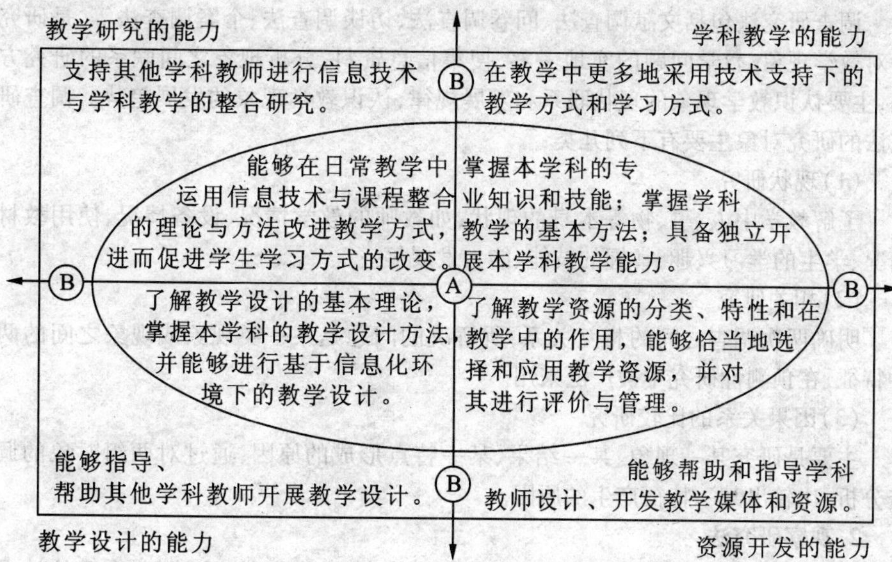

图 6-2　信息技术教师的能力结构模型

综合以上分析可以看出，在信息技术教师的能力结构中，除了要具备普通学科教师的全部能力以外，还要有自己特有的部分，主要表现在较全面的教学设计能力、媒体资源的开发能力，以及支持其他学科教师进行信息技术与课程整合的实践能力。这些能力综合起来，构成了信息技术教师的能力结构，如图 6 - 2 所示。

从图 6 - 2 中可以看出，信息技术教师的能力由两部分组成：其中椭圆内为普通学科教师应该具备的能力（用 A 来表示），信息技术教师同样必须具备；而椭圆以外、方框以内的能力要求为信息技术教师特有的能力，用 B 来表示。因此，信息技术教师的能力结构则由 A + B 组成。这些能力的培养需要专门的知识、技能和实践，需要在培养目标、培养规格和课程体系设计中予以充分考虑。

第二节　信息技术教师教学研究能力

21 世纪的教师不应再是一个教书匠，而应是一个教育专家以及教学的研究者。教师必须能反思自己的教学行为，进行教学的研究和实验，在反思中发展，在研究和实验中提高。在这个过程中，教师的科研素养发挥着重要的作用，它不但包括教育科研理论素养，还需要教师严谨治学、实事求是、批判继承、大胆创新的精神。

一、信息技术教师常用的教育研究方法

1. 调查研究法

调查研究法包括文献调查法、问卷调查法、访谈调查法、个案调查法等，是研究者对教学现象、教学问题的实地考察，搜集信息资料，分析现象之间联系的研究方法，主要认识教学现象的现状联系和发展规律，认识教学现象的发展趋势。调查研究法的研究对象主要有下列几类：

(1) 现状研究

了解教学中人、事、物等本身的现状，如教师的教学情况、设备情况、使用教材情况、学生的学习兴趣、掌握的技能、能力发展等。

(2) 相关研究

明确两次调查之间的相互关系，所解决的问题是某一类现象或现象之间的两种特征，在预测性研究中被广泛采用。

(3) 因果关系的比较研究

主要是研究某一现象、某一结果、某一特点形成的原因，通过对两组对象的调查分析，比较出某一特征产生的原因。

2. 观察研究法

观察研究法是研究者在教学活动的自然状态下，有目的、有计划、有系统地对研究对象加以细致观察，从而获得事实材料的一种方法。观察法要注意材料的客

观性,使观察所获得的事实比较正确地反映客观事实。

3. 实验研究法

实验研究法是研究者根据一定的目的和计划,在控制条件下,对被试对象施加可操纵的教育影响(自变量)来观察或测量被试某一特征的变化或教育效果(因变量),以此推断所施加的影响与教育效果之间是否存在因果关系的一种研究方法。实验法要依据一定的假设,在控制条件下,运用一定的方法查明现象发生的原因,检验理论或假设的真伪。

4. 文献研究法

文献研究法是通过查阅有关文件、资料、书刊等文字资料,进行分析和研究,在理论上对教育现象之间的关系进行探索的方法。它为教育理论的发展和教育实践提供借鉴和启示。收集文献的方法包括查找文献和积累文献两种方法。

5. 个案研究法

个案研究是选择具有典型性的事例、教学单位以及人作为具体研究对象,对其现象、特征及发展过程作全面深入的追踪研究,摸清事物、现象及某人的发展变化的总体过程,总结一般性规律。

6. 行动研究法

行动研究法是通过计划、行动、观察和反思使教师在实际工作之中不断地达到理论和实践水平的螺旋上升。

7. 评价研究法

评价研究法是依据明确的目标,按照一定的标准,采用科学的方法,测量对象的功能、品质和属性,并对评价对象作出价值性的判断。

在针对同一问题的研究中,我们可以选用多种研究方法来解决,也可以根据实际需要灵活运用,达到创造性地解决问题的目的。

二、研究成果的有效表达

在研究过程中,要做到勤于收集有用的资料和实验数据,利用逻辑学、统计学等方面的知识分析处理、挖掘各种现象、数据之间的联系,得出研究结论。

科学有效地表达教育科研成果对于教师进行一项成功的研究来说,无疑是十分重要的。撰写好一份教育科研报告或论文是教师理性思维结果外化的操作。科研成果撰写得成功与否,直接影响到成果是否能被社会认同和接受,是否能够为社会所用。

研究成果的表现形式多种多样,常用的有研究报告和研究论文两种形式。研究报告一般包括调查报告、实验报告、经验总结报告;研究论文一般有经验型科研论文、理论探索型科研论文、学术研究型科研论文。它们基本上都有各自规定的或约定俗成的写作格式,如果教师平时多注意一些比较权威的杂志、网站,就能够从中总结出经验。

在具体进行教学研究时要注意以下几点：

1. 增强问题意识，善于发现问题

爱因斯坦和英费尔德曾指出："提出一个问题往往比解决一个问题更重要。"教育科学研究是以拓展教育科学知识和解决教育问题为目的。教育研究始于问题，教师从事研究也要从教育实践中的问题入手。

发现问题和确定研究课题（尚未解决的问题、需要研究的中心问题）是科学研究的起点，教师可以从多角度、多渠道获取课题，例如，从课堂教学模式与方法、信息技术课程学习方式与其他学科学习方式的比较研究，信息技术教学资源开发与管理，信息技术与课程整合等角度，通过文献调研、进行观察与教育试验、关注国家和地方各部门的课题规划等途径发掘课题。保证课题的科学性、新颖性、可行性和有研究价值是选择课题的基本要求。

确定课题后，需要对其作科学化的说明，即表述问题，包括课题的目的意义、主要与次要问题、相关资料分析、课题描述等。还要提出课题研究计划，安排好人员、物资、时间进度等。

2. 恰当选用研究方法，科学地解决问题

要保证研究的顺利进行，以及解决问题的过程和科研结果的有效性、科学性，没有科学的研究方法是行不通的，同时，科学的研究方法也是创造性解决问题的前提。针对具体的问题、具体的条件，我们需要对前人为我们提供的多种科学研究方法作出恰当的选择，灵活地运用。

第三节　信息技术与课程整合

由于当前我国整个教师队伍的信息技术应用水平不高，而整合又是课程建设的大势所趋，因而信息技术教师在课程整合方面也就成为天然的承担者之一。从历史的角度看，信息技术教师是CAI乃至当前信息技术教育应用的首批参与人员，继续关注整合既符合行为的惯性也顺应认识的惯性。从当前情况看，开展教师培训和直接参与课程整合两方面都似乎成为信息技术教师的当然责任。

一、信息技术与课程整合的内涵

课程整合（curriculum integration）本是舶来品，要理解信息技术与课程整合，首先要对课程整合有一个比较全面的认识。信息技术与课程整合不能仅仅理解为在课堂上使用了信息技术就是进行了整合。教师应该理解信息技术与课程整合的内涵，逐步形成在信息化环境下，将技术与教学过程、课程建设进行整合的能力。

(一)信息技术与课程整合的内涵

信息技术与课程整合是指将信息技术与教学系统中各要素有效地融合在一起,经过科学的教学设计,以改善各学科的教学过程,提高教学效果,进而达到优化学科知识体系和促进学生全面发展的实践过程。

信息技术与课程整合的过程是逐步创建、完善新的教学结构的过程。在信息技术与课程整合的过程中,不是把信息技术仅仅作为一种新的教学媒体来使用,而是要把信息技术与教学系统中的各要素相结合,有机地融合在一起,逐步形成新的教学结构,如图6-3所示。

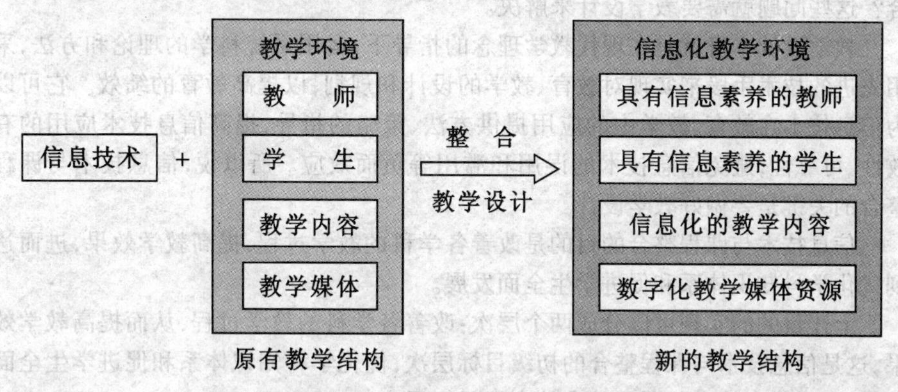

图6-3 信息技术与课程整合示意图

在20世纪40年代以前,传统的教学结构中只有教师、学生和教材(教学内容)三要素,教学过程基本以教师为中心、以教材(教学内容)为中心、以课堂为中心。50年代后,由于各种媒体的广泛应用和媒体应用理论的发展,使得教学媒体从教学手段和方法中分离出来,并成为影响教学结构的一项重要因素,促使教学结构变成四要素——教师、学生、教学内容和教学媒体,这一形式持续了半个世纪。20世纪末至21世纪初,由于信息技术的迅速发展,不但引起了社会生产方式、生活方式的变化,同样对教学系统也产生了深刻影响。鉴于以计算机和网络为代表的现代信息技术的广泛性、方便性、交互性、共享性、智能性等特点,一旦和上述各要素相结合,就会使教学结构产生质的变化。

信息技术与课程整合就是要把信息技术与原有教学结构中的各个要素——教师、学生、教学内容、教学媒体有机结合,形成新的教学结构——具有信息素养的教师、具有信息素养的学生、信息化的教学内容、数字化教学媒体资源,而且把新的教学结构置于同时构建的新的信息化教学环境之中。

这一任务的完成,涉及软硬件环境的构建、教学资源的开发、所有参与教育教学人员(包括学生、教师、教育管理者、教育技术专业人员)素养的提高,因此是一件复杂的系统工程,需要各方面人员的共同努力才能完成,而不仅仅是学科教师的事情。

信息技术与课程整合的关键是要做好教学设计。在信息技术与课程整合的过程中,信息技术不仅仅是用来呈现教学内容的,它还可以为教学活动创设学习情境,提供学习资源和学习环境,支持新的教学方式、学习方式和评价方式的实现。

如何创设学习情境,创设什么样的学习情境?提供什么样的学习资源和学习环境?选择什么样的教学方式、学习方式和评价方式来支持信息技术与课程的整合?这些问题就需要教学设计来解决。

教学设计本身就是在现代教学理念的指导下,运用系统科学的理论和方法,采用先进的技术手段来实现对教育、教学的设计和规划,以提高教育的绩效。它可以为信息技术在教育、教学中的应用提供方法、策略的指导,提高信息技术应用的有效性、可靠性,避免信息技术的误用和滥用等负面效应。所以说,信息技术与课程整合的关键是要做好教学设计。

信息技术与课程整合的目的是改善各学科的教学过程,提高教学效果,进而达到优化学科知识体系和促进学生全面发展。

上述目的的实现可以分成两个层次:改善各学科的教学过程,从而提高教学效果,这是信息技术与课程整合的初级目标层次;优化学科知识体系和促进学生全面发展,这是信息技术与课程整合的高级目标层次。

在实现初级目标时,可以通过教学设计科学地确定教学目标、分析教学内容和学习者特征、选择教学策略、构建信息化教学环境和教学资源、设计信息技术支持下的教学评价体系,以促进学生的学习方式、教师的教学方式和师生互动方式的变革,从而提高教学效果。

在实现高级目标时,则可以通过整合来优化学科的知识结构,加快教学内容的更新,形成信息化的教学内容和数字化教学媒体资源,促进课程的改革;同时,通过整合来提高教师和学生的信息素养,进而促进学生的全面发展,以培养适应21世纪需要的创新型人才。

(二)信息技术与课程整合的层次

根据信息技术所发挥的作用不同,信息技术与课程的整合过程可以分为两个层面和三个不同的层次,即:教学过程层面的整合与课程层面的整合;关注技术应用的层次、把技术作为学生学习工具的层次,以及关注学生素养形成的层次。三个层次还可以细分为八种不同的整合类型,如表6-2所示。

表6-2 信息技术与课程整合的层次

整合的层次	整合的类型	整合的特点	信息技术的作用	要求的信息化环境	备注
关注技术应用（初级层次）	简单应用	教师在学科教学中注意到信息技术的应用	教学内容的演示	单机、多媒体教室	
	计算机辅助教学(CAI)	教师按照设计好的程序进行教学	信息呈现、简单的人机交互	多媒体网络教室	
把技术作为学生学习工具（中级层次）	计算机辅助学习(CAL)	学生运用计算机和网络进行学习	学生的认知工具、信息加工工具	校园网、互联网	教学过程层面的整合
	探究型学习、研究型学习	学生利用网络资源进行学习	学生进行信息交流的工具	校园网、互联网	
	合作型学习、协作型学习	学生在网络环境下进行学习	学生进行合作学习、协作学习的工具	网络学习平台	
	基于网络的研究型学习	学生在网络环境下进行远程学习	学生进行科学研究的工具	网络协同工作平台	
关注学生素养形成（高级层次）	网络教学	课程教学目标、教学内容的改革	学生的学伴	虚拟学习社区	课程层面的整合
	现代远程教学	教学组织形式的改革	构建学习社区	虚拟学习社区	

(1)关注技术应用的层次

这是信息技术与课程整合的初级层次，是整合过程中必经的一步。在这一层次中，教师更多的是关注信息技术本身的应用，一般用来作为教学内容的演示（如PPT演示、动画和音频、视频播放），或是教学信息的呈现加上简单的人机交互（如判断对错、客观选择等），但不具备智能判断和多路径程序设计。

(2)把技术作为学生学习工具的层次

这是信息技术与课程整合的中级层次。在这一层次中，信息技术是作为学生的认知工具,信息加工的工具,信息交流的工具,进行合作学习、协作学习的工具和进行科学研究的工具。总之,这一阶段的主要特征是学生自己运用信息技术主动进行学习,教师是学生学习的组织者、指导者、帮助者。教学活动既可以在课堂环境下进行,也可以设计成专题活动由学生进行自主学习。

(3)关注学生素养形成的层次

这是信息技术与课程整合的高级层次。在这一层次中,关注的重点已不仅仅是学生信息能力的形成和对信息技术运用过程中的社会责任的重视,而进一步要关注学生整体素质的养成。此时,教学和学习的方式发生了根本变化,除了必要的课堂教学外,学生主要依托网络进行自主学习和协作学习,教师主要任务是对课程进行设计和开发,为学生的学习提供个性化的支持、服务和评价。

在上述三个层次中,初级和中级两个层次属于教学过程层面的整合,重点是教学策略和教学资源的选择;高级层次属于课程层面的整合,重点是研究信息技术引发的教学目标、教学内容的变化,促进课程的改革与发展,进而引起教学和学习方式的改变、教学组织形式的改革。

目前我国中小学信息技术与课程整合大多数处于初级层次,普遍关注技术的应用。一些经济发达地区的教育技术实验学校已经开始了中级层次的运用,并取得了成功的经验,提出了可供借鉴的案例。但是要大面积推广,还需要结合我国的实际,深入进行实践应用研究,创造合适的主客观条件,改善学校和地区的教育信息化环境,提高教师教育技术能力,提供丰富的教学资源。而高级层次的整合——从关注学生素养的形成与提高出发,进行课程教学目标、教学内容,以及教学组织形式的改革,也应该提到日程之上,开展前瞻性研究。

(三)信息技术与课程整合的原则和方法

为了便于学科教师进行信息技术与课程整合的实践,我们在长期进行理论研究与教学改革实践的基础上,提出以下整合的原则和方法供参考。

1.以现代教育理念为指导

信息技术与课程整合是在信息化环境下进行的,因此必须要有现代教育理念的指导才能获得成功。现代教育理念中最重要的是现代教学观和现代学生观。

现代教学理论认为,教学过程是由“教”与“学”两个方面所组成,过分强调教师的“教”,忽视学生学习的主体地位固然不对;但过分强调学生的“学”,忽视教师的引导作用同样是有害的。正确的观点是应该把教学过程看做师生交流、积极互动、共同发展的过程。在这个过程中,学生是知识积极的探索者、实践者,教师是学生学习的帮助者、指导者。通过师生互动,培养学生的创新思维和创新能力,促进学生的全面发展。

现代学生观要求把学生看做是独立的、有待完善的、发展中的“人”。首先,学生是具有独立人格的人,他不依附于其他任何人,但又是处于成长过程中的人,不可避免地有这样或那样的缺陷,无论在知识方面还是人格方面,都需要提高和完善。教育的职责就是要把学生培养成为具有完善的人格、丰富的知识、创新思维和创新能力的一代新人。

在信息技术与课程整合的过程中,应该以上述现代教学观和现代学生观为指导,综合考虑整合的目标和策略。

2. 以相关标准为依据

进行信息技术与课程整合涉及课程、环境、资源、人员等诸多因素,因而也就涉及与各因素相关的标准和规范。对于学科教师来讲,其中最重要的是课程标准和教师、学生的教育技术素养标准。

课程标准是国家对国民在某方面或某领域的基本素质的要求,是教材编写、教学、评估和考试命题的依据。课程标准从知识与技能、过程与方法、情感态度与价值观三个维度提出了应达到的基本要求,因此在信息技术与课程整合过程中,必须以学科课程标准为依据,安排教学目标和教学内容。

所有参与教育教学过程的人员的教育技术素养(不仅仅是信息素养)都会影响到信息技术与课程整合的效果。为此,教育部在 2004 年颁发了《中小学教师教育技术能力标准(试行)》,明确了对教学人员、管理人员和技术人员的具体要求。但是,这只是从“教”的方面来考虑的。教学是由“教”与“学”两方面所组成,学生是学习的主体,他们具备的教育技术素养是实施信息技术与课程整合的基础,其高低直接关系到信息技术与课程整合的成效。因此,对学生需要具备的教育技术素养作出客观的规定,将有助于教学改革的深入发展,更有助于学生整体素质的提高。

中国教育技术协会在承担的全国教育科学“十五”规划国家重点课题《信息化进程中的教育技术发展研究》中对所有参与教育过程的人员应该具备的教育技术素养进行了深入研究,提出了《中国教育技术标准(试行)》,于 2003 年在网上公布,征求意见。其中《学生教育技术标准(SETC · S)》对从学前至高等学校的在校生应该具备的教育技术素养作出了明确的规定,可作为学科教师进行信息技术与课程整合时的依据。

3. 以教学设计为核心

信息技术与课程整合成败的关键是教学设计。当前盛行的针对一节公开课的整合设计或针对一个主题活动的设计不能说没有效果,但对于课程整体改革的作用却不明显。究其原因,是只关注了个别的“点”,而没有从课程的整体出发进行优化。

所以,对学科教师来讲,正确的做法应该是:全面领会教学设计的思想,掌握教学过程设计的操作程序。首先从课程教学设计出发,对自己承担的课程做出完整的教学设计，明确本课程总教学目标，熟悉本课程的知识和能力结构，理清各知识点和知识单元的目标体系。然后根据具体的教学目标、教学内容和学习者的特点，选择适合的课堂教学形式或学生自主学习形式，分别进行课堂教学设计和自主学习教学设计，依据设计方案进行教学实践和评价。只有这样，才能实实在在优化学科的教学过程，提高教学效果，进而实现信息技术与课程整合的目标，而不至于把整合变成了“表演”和“作秀”。

在教学设计中，要注意综合发挥各种学习理论和教学理论的优势、克服各自的局限性，任何学科的教学都不是一种学习理论或教学理论所能囊括的。另外，要根据教学目标、教学内容和学生的特点选择“合适的”教学模式和有效的教学策略，而不是当前什么模式“先进”、“新奇”、“时尚”，就选择什么模式。

4. 以信息技术为支撑

信息技术为教学提供了多媒体环境和网络环境，构建了多种学习平台，提供了大量教学资源。在整合过程中可以充分利用信息技术创设所需要的教学情境，利用各种教学与学习平台和数字化教学资源开展自主学习、协作学习，并开展基于技术的评价活动。

除此之外，要进一步发掘信息技术与本学科课程教学目标、教学内容之间的联系，发现新的增长点，促进学科课程的发展。积极收集、整理、制作本学科的课件，完善教师个人的、学科的教学资源库。有条件的学校和教师可以开发专题学习网站和网络课程，改变学生的学习方式、教师的教学方式和师生互动方式，促进学生的全面发展。

5. 以改善评价方法为契机

教学评价不仅仅是对已有的教学效果作出价值判断，而且具有一定的导向作用。根据新的教学理念，在重视学习结果评价的同时，更要重视学习过程的评价。在信息技术与课程整合过程中应尽量采用基于技术的新的评价方式和方法（如学习成果评价、量表评价、调查问卷、档案袋评价、Blog、教学反思等），以全面反映学生的进步，提高评价的效果和效率。

6. 以实现学科教学目标和促进学生全面发展为目的

在信息技术与课程整合中，信息技术的应用要服从学科教学的需要，要有利于学科教学目标的达成。在达到学科教学目标的同时，提高学生的信息素养水平。因此在整合时，要突出学科的特点，运用信息技术支持学科教学，而不是为了使用技术而使用。

信息技术与课程的整合不仅仅限于教学过程层面，应该进一步把信息技术作为相关学科教学目标和教学内容改革的促进因素，从课程的层面促进学科教学改革，进而促进学生的全面发展。

二、信息技术在课程整合中的功能

信息技术在课程整合中的角色和功能是多样化的，并随着时间的推移不断发展变化。特别是伴随着信息技术大众化的前进步伐，信息文化已越来越显示出强大的生命力和影响力，不仅推动了对传统文化基石的读、写、算的重塑，同时也使人们工作和生活的社会环境、行为方式、思维习惯、价值观念等文化领域发生了深刻而又广泛的变化。就信息技术与课程整合领域而言，信息文化也在潜移默化地改变和丰富着信息技术在课程整合中所充当的角色和功能，如下所述。

（一）作为课程内容，实现 Learning about IT 之目的

在日常的课程学习过程中，信息技术的有效运用不仅能促进学生知识的获得，而且通过信息化情境中问题解决过程和方法的体验，学生可以深切感受信息文化的陶冶和熏染，塑造自己的信息意识和文化观念。也正因为此，《基础教育课程改革纲要（试行）》明确提出“要培养学生搜集和处理信息的能力、获取新知识的能力、分析和解决问题的能力以及交流与合作的能力”。可见，将信息技术纳入课程的学习是历史必然的选择，这一方面体现在信息技术作为信息技术课程的主体内容，另一方面也体现在信息技术因整合而成为有关学科课程的一部分。将信息技术作为课程内容来学习，即所谓 Learning about IT。

（二）作为课程实施的中介，实现 Learning through IT 之目的

从技术应用的层面，可以将信息技术视为课程理论与课程实施的一个中介或桥梁，扮演如下主要角色：

（1）查找、获取和传送知识：如利用搜索引擎等文献检索工具来获取知识，利用 FTP 来传送学习资料。

（2）加工和处理知识内容：最典型的是文字处理软件，例如 Microsoft Word 和国产的 WPS，还有作图工具、数据处理工具等，让学生使用这些软件工具来写作业、做课题设计、进行数据处理等，借此可以改变他们的认识条件和认识过程，提高学习和工作效率，并有可能改进他们的学习态度，这就是通常所说的效能工具（productivity tools）。

（3）表达和交流思想：如利用 PowerPoint 表达自己的观点，利用 BBS 和同伴及教师讨论问题。

（4）管理和评价学习过程及结果：如利用电子档案袋（E-Portfolio）管理和评价学生的学习情况，利用数据库来管理学生的成绩和有关信息。

（5）激励情感态度和价值观：如对信息作品的欣赏。

（6）开展合作学习：如利用网络通讯和协作工具进行研究性学习。

（7）解决问题：利用信息技术解决日常学习和生活中的问题，如编制一个管理

家庭账目的程序。

(8)锻炼和培养学生的思维和认知能力:利用信息技术来帮助学习者发展批判性思维、创造性思维、综合思维和认知能力等,如智力游戏软件、LOGO语言、概念地图(concept mapping)、几何画板等。在课程实施中利用信息技术的中介作用进行学习,即所谓Learning through IT。

(三)作为拓展课程资源,实现Learning with IT之目的

利用信息技术有效存贮、组织和呈现课程内容,以扩大课程资源的范围。如计算机辅助教学软件、学习软件、电子书、数字词典等,它们本身都包含丰富的课程内容,以区别于前面所说的"课程实施中介"。显然,由于信息技术的介入,课程资源得到了巨大的扩充,不再仅仅是教科书和学校拥有的资源,校内外的其他数字化资源也可以方便地引入到课程学习中来。这样就有利于学校资源、社会资源和虚拟资源的有效沟通与联结,国家开发、地方开发和校本开发的有机结合,从而有利于突破传统文本"教材"的束缚,从线性文本拓展到非线性媒体,从课堂学习扩展到网络智慧互联,从学校范围延伸到社会,更好地实现课程资源的开放性、灵活性、适应性和个性化。利用信息技术拓展的课程资源进行学习,即所谓Learning with IT。

(四)作为建构信息环境的一部分,实现Learning in IT之目的

教育领域的信息环境具有重要的教育价值,从微观上看,信息环境作为隐性课程的一部分,是信息文化的外化形式,良好的信息环境是有助于学生养成信息活动"惯习"的场域,是提升信息素养的阳光和空气。从宏观上看,一方面,如果联想到中国古代"天人合一"的环境哲学和西方建设性后现代主义所倡导的人与物的"内在关系",以及技术哲学所倡导的"技术的有机体论",再联想到当代工业社会"人与社会严重疏离"的现状,我们应该努力建构一个人与信息技术和谐相处的"生态关系",这种生态关系就是人性化的信息环境;另一方面,为了顺应现代教育思潮的发展要求,为终身学习和学习化社会打造合理平台,我们也应该营造一个良好的学习化的信息环境。如此一来,我们就不难理解:作为建构信息环境的信息技术,实质就是借助信息技术营造一种人性化的学习环境,以支持在(信息)环境中的学习,即所谓Learning in IT。显然,信息技术已经超越了作为教与学的工具、手段或模式等角色,而上升为一种新的观念、思想和追求,它需要通过Learning about IT、Learning through IT、Learning with IT三者的有机融合来实现。

以上分析说明了作为课程整合中的信息技术,其功能不再局限于课程教与学的辅助工具,而具有更宽广和更深刻的课程变革意义,包括利用信息技术获取课程资源,提高课程学习的效率,促进课堂教学方式的开放性和个性化、学习过程的体验性和多样化、学习环境的全息性和人性化、学习者的参与性和合作性、教学评价的多元化和人本化、师生关系的民主和平等。此外,还要看到,信息技术在推动着

社会文化改造的同时,也在切实、深入地推动着课程的改造,比如,信息技术正在改变着课程目标、课程内容与结构、课程呈现形态与组织方式等等。又如,信息技术的大众化所引发的原有课程内容的增加、删减或改造,课程知识和学习经验选择的多样化、生活化和综合化等。以数学课程为例,在信息化社会中,人们常常需要收集、统计、分析数据,并根据所获得的数据提取有价值的信息,从而做出合理的决策。

三、信息技术与课程的整合策略

信息技术课程视野中的课程整合策略,就是要站在信息技术课程自身发展的角度,通过课程整合打造一个良好的信息技术课程发展的生态环境。当然,信息技术与课程整合的主阵地在其他课程,作为信息技术教师,在"种好自己的责任田"的同时,要坚持其他课程的教师才是课程整合的主力军,为其他课程的教师进行课程整合提供支持,如理论指导和技能培训等。

(一)将信息技术整合于其他课程,建立外生态

信息素养的培养是一个不断发生的过程,只有信息素养的培养(而非信息素养)才能作为信息技术课程的目标,但是信息素养的培养既不可能仅仅在信息技术课程里完成,也不可能在任何一个有限的时间里完成,任何阶段信息技术课程的培养目标只能是阶段性地"培养"或者"提升"学生的信息素养。进一步说,信息素养的形成,不仅是信息技术课程的事情,更是学校所有课程教学的事情,不仅是学校教育阶段的事情,更是终身发展的事情。因此,仅仅站在信息技术课程的角度来进行课程整合和促进自身的发展是远远不够的,必须将信息技术有效地整合于其他课程,这不仅因为其他课程是提升学生信息素养的一个重要阵地,而且,信息技术广泛应用于其他课程又必然激发学科教师和学生对信息技术的更广和更深的需求,他们会发现,信息技术课程恰恰可以满足这种需要,同时因为需求的增加而促进信息技术软硬件状况的改良。这样,信息技术与课程整合就创造了一个极有利于信息技术课程发展的外部生态环境。

(二)以信息技术课程为主体整合其他课程要素,建立内生态

从课程整合的角度看,就是要以信息素养为主线,在信息技术课程中有机地融入其他的教育要素,这包括其他学科课程的内容、学生的学习和生活经验等等,从而丰富其内在的养料,为信息技术课程的发展打造良好的内部生态环境,防止课程的干瘪和枯燥。

以信息技术课程为主体进行课程整合的若干建议:

(1)在课程目标上,要实现信息素养与其他课程文化素养的协调发展。主要体现在技术与人文、课程与社会的相互影响,体现在对其他课程要素的自然而流畅的使用,体现在知识与技能、过程与方法、情感态度与价值观的相互融合。避免孤立

地理解信息技术的整体功能，把信息技术课程仅仅理解为一门纯技术和学校教授的学科；避免将信息素养的培养与其他课程要素分割开来，将其他课程要素仅仅当做一个外来的辅助训练的工具；避免片面地理解信息素养的含义，把信息素养等同于计算机和网络操作技能；避免重技术轻情感的极端做法，误入“教书”的歧途而丢掉“育人”的目的。

(2)在课程内容上，要加强信息技术课程与其他课程要素及社会文化的联系与整合。注意根据信息技术课程的特点，寻找与其他课程整合的最佳切入点；增加信息表达与交流、信息伦理道德观念及法律法规意识与其他课程要素的整合；强调信息技术在学习和生活中的应用，解决相关问题。要防止课程整合的泛化，“信息化具有特定的时空结构，对来源于‘全时空’的课程内容来说，是有一定限度的”，认识并处理好这样的限度，才是有效的课程整合，反之让信息技术泛化，就会走向反面。

(3)在课程资源上，要整合各类教学资料，综合运用各种教学设备和教育场所，丰富学生学习的养料。教学资源包括教学软件、书本、计算机、网络等教学资料和设备，以及教室、机房、宿舍、图书馆等教育场所。要改变教师业已习惯了的、把教学局限在教室、机房、书本、教参及其他教学辅助资料的教学资源观，改变教师垄断教学资源收集、加工、使用、管理和评价的教学资源建设观。将教学资源由课堂延伸到课外，由学校延伸到社区，由数字化资源延伸到所有数字化和非数字化资源，从独占走向共享，从学生的被动利用到主动参与。简言之，一切可以利用的信息资源都可以成为教学的资源，一切教学的资源都应成为学生的资源。

(4)在教学环境上，要整合不同类型的课程教学环境，营造信息技术应用的积极氛围。通过前面的学习，我们知道教学环境包含物理环境、人力资源环境和心理环境三种类型，由此，教学环境的整合必然包含两个层面的整合：第一个层面是各类环境内的整合，第二个层面是三类环境的相互整合。物理环境的整合实质就是前一点所讲的教学资源的整合；人力资源环境的整合要求以服务意识为导向，树立“人人都是教育者”的大教育观，充分利用各种人力资源提高教育教学的质量；心理环境的整合，则要求社会、家长、教师、学生共同创造一个自由轻松的人际环境和学习、使用信息技术的氛围。三类环境整合的重点是创建综合的校园信息文化环境，打造一个方便的信息技术软硬件平台和用它们来获取信息、解决问题、交流思想、开展合作的应用氛围，而应用氛围的营造才是关键所在，才是教学环境整合的核心，因为，能真正与学生的学习和生活实际结合起来，并将外在的信息文化价值化为学生的内在价值，同伴的应用习惯和使用方法具有真正的激励作用和感染力。教师的作用就在于把这种广泛的信息技术应用环境(信息技术在广泛的学生中使用和将信息技术应用于广泛的领域)真正运转起来，成为一池春水，孕育盎然生机。

(5)在师生角色上，要厘清角色、融洽关系、重新建构、有机整合。教师要由传统的知识传授者转变为教学内容和信息环境的设计者，转变为信息活动的组织者和参与者，转变为学生学习和生活的指导者，转变为教学内容和教育思想的学习和研究者。学生则应由知识的“容器”转变为知识的“发生器”，由孤立的学习者转变为合作学习的参与者，由书本的耕耘者转变为生活与学习的规划者。这种角色的转变，实质是师生角色双向的转变，是师生关系的融合，更是师生角色的整合！

(6)在教学评价上，要合理利用信息技术促进教学评价的过程性、整体性和多元化。其理论意义在于将新技术纳入到课程教学评价之中，可以改变教学评价的守旧现状，更新人们的教学评价理念，进而推动整个教学改革的向前发展；其实践意义在于使用信息技术可以较方便地编制评价项目、搜集评价信息、实施评价过程、分析评价数据、管理评价结果，实现过程性、整体性和多元化的教学评价，从而优化评价过程，提高评价的效率，增强评价的效果，为教师的教和学生的学服务。实现教学评价的过程性指运用各种信息技术记录和收集学生学习过程的信息，使教学评价和学生的日常活动有机结合，全程考查学生的其他课程文化素养和信息素养的养成过程。学习历程档案(portfolio)就是一种过程性评价方式，能比较系统客观地观察和记录学生在平常学习中的真实表现，但学程档案所包括的评价信息量大而复杂，对教师的信息技术能力要求较高，精力的占用也较多，评价的效率相对较低，可以根据各校信息技术发展的实际情况加以改造利用。实现教学评价的整体性，集中表现在从知识与能力、过程与方法、情感态度和价值观几方面进行评价，利用信息技术全面考查学生的信息素养，如利用评价量规(rubric)对学生的电子作品(E-work)进行综合素质评价，有利于较全面和真实地考查学生的信息素养水平和学生的特长、个性和创造性，能较好地反映和适应学生的个别差异。实现教学评价的多元化主要指实现评价主体和评价手段的多元化，前者指利用信息技术将家长、教师、学生联系起来组成一个教学评价的共同体，如利用校园网将学生作品进行公示，可以较方便地收集各方人士的评价信息；后者指利用各种信息技术记录、收集、统计和管理教学评价信息。

[本章小结]

教师专业发展是促进教师专业化的重要工作之一，本章介绍了当前教师专业发展和专业能力结构的较新的研究成果。通过本章学习，应了解信息技术教师的专业知识结构、能力结构、教学研究方法和信息技术与课程整合的内容与方法。

[思考练习]

1. 请进行一定的实际考察，在此基础上讨论：与其他学科教师相比，信息技术教师的“与众不同”体现在哪些方面？

2. 你认为一个理想的信息技术教师应该具备哪些方面的素养？除了本书所

列，还应该有哪些补充？

3. 试结合信息技术教师的能力结构分析自己已具备的知识、技能与应发展的能力。

4. 在基础教育阶段，信息技术教师往往在学校里扮演着多种角色。你认为信息技术教师应该如何定位自己？如何计划自我职业的发展？

5. 请根据现代信息技术教师应该具备的素养结构，结合自己的实际情况，尝试制订一个长期学习计划，甚至是终身学习计划。

6. 对信息技术整合于学科课程的现状进行调查，并思考信息技术在课程整合中的实际角色是否超越了一般工具。如果没有，请分析由哪些因素所致。

第七章　中小学信息技术课程典型的教学设计方案

[内容提要]

案例学习是学习好本课程的重要方法之一,本章提供在信息技术教学中实施过程的六个较典型的教学设计方案和说课稿,作为教师分析教学设计和教学方法时的参考案例,也可以作为学生实践时的参考。

案例一　Word"电子小报"制作教学设计方案

<table>
<tr><td>案例名称</td><td colspan="5">Word"电子小报"制作</td></tr>
<tr><td>科目</td><td>信息技术</td><td>教学对象</td><td>初一</td><td>提供者</td><td>陈梅</td></tr>
<tr><td>课时</td><td>6 学时</td><td colspan="4"></td></tr>
<tr><td colspan="6">一、教材内容分析</td></tr>
<tr><td colspan="6">内蒙古教版初一年级《信息技术基础》制作电子小报单元,主要内容需要学生应用所学过的 Word 基本操作综合性地完成一个"电子小报"的设计与制作</td></tr>
<tr><td colspan="6">二、教学目标(知识、技能、情感态度、价值观)</td></tr>
<tr><td colspan="6">知识能力目标
了解电子小报的基本组成要素,对小报的排版有感性的认识。通过制作电子小报,能够综合运用已掌握的 Word 的操作方法,如插入艺术字、插入图片、分栏等操作
过程与方法
1. 通过选择主题来培养学生比较、分类、归纳、概括等信息加工能力
2. 通过利用资源对选择的主题设计 Word 电子小报,体验利用信息技术工具表达个人观点的方法
3. 通过讨论培养学生形成良好的学习习惯和掌握正确的学习方法
情感目标
1. 通过小组合作完成电子小报,体验小组合作的过程,培养学生的团结合作精神
2. 体验信息技术蕴含的文化内涵,激发和保持对信息技术的求知欲,形成积极主动地学习和使用信息技术、参与信息活动的态度</td></tr>
</table>

三、学习者特征分析
初中一年级学生，具有较强的自我意识，乐于展示、发表自己的成果、意见，在学习过程中也懂得互帮互助；学生已经初步学会 Word 的基本知识和基本操作 所以希望学生通过本次学习能够熟练运用 Word 这一应用软件完成电脑小报作品，且真正能将信息技术作为学习的认知工具，用其表达思想、阐述观点、说明问题，并在以后的学习过程中能将信息技术的学习与社会活动中各种问题的解决结合起来，进而激发学习应用信息技术的热情和意识 学生在教学实验之前曾有过一次基于专题网站学习经历，但只是初步体验，对这种学习方式并不是很熟练
四、教学策略选择与设计
教学策略采用"资源利用—主题探究—协作学习"作为学习活动的主线。在整个学习过程中，专题网站提供资源环境，学生借助资源环境主动搜集、整理、分析信息，并根据掌握的资料制订出探究计划进而把握主题，完成对主题的探究；在主题探究的过程中相互讨论、协商，分工合作完成作品；教师主要是引导学生去思考，对学生的学习给予指导和帮助
五、教学环境及资源准备
多媒体网络教室，专题网站为学生提供资源，教师提供主题列表 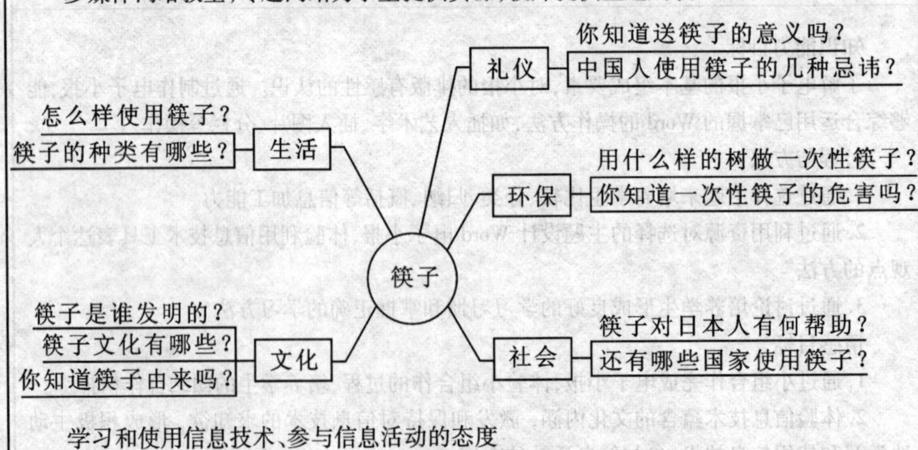 学习和使用信息技术、参与信息活动的态度

续表

六、教学过程			
教学过程	教师活动	学生活动	设计意图及资源准备
第一阶段	教师对制作“电子小报”所需要的相关操作进行讲解	听讲，看老师提供的实例，感受小报的作用与一般结构	讲授为主，资源为教师 PPT
第二阶段：浏览专题网站，选定主题	教师组织学生浏览专题网站的资源，教师提出问题，引导学生选择思考主题	学生浏览专题网站的资源，思考感兴趣的主题，并确定小组成员，与小组成员一起确定选题	专题网站的作用是创设情境，提供活动主题
第三阶段：分析主题，提出解决方案	教师指导学生进行小组讨论，分析确定所选主题的信息需求，强调信息的来源不要局限于一种形式，可以是专题网站，也可以是电视、报纸、杂志、书籍等	学生明确主题且在教师的指导下对主题进行细化。小组成员分工，收集资料，通过比较、分析所收集的资料，选择、组合并排列相关资料信息，确定符合主题所需要的信息，如文字、图片	专题网站的作用是提供活动主题背景资源
第四阶段：小组协作完成作品	教师指导学生进行小组协作学习，通过课堂的观察了解和给予学生及时的帮助	观看范例，明确“作品内容”要围绕小组所选主题；制作电脑小报对所收集的信息进行加工，整理；小组讨论、协商	提供学生作品范例进行作品制作的引导
第五阶段：交流分享阶段	教师组织学生对各小组的成果进行展示交流。引导学生要注意以下几个要素：观点是否很清晰、很容易被理解并且很有说服力；所使用的字体、颜色和其他视觉元素是否使得这个作品看起来是整体的；技术实现的效果和预期的想法是否一致等等	观看其他小组的作品，利用教师提供的评价量表来评价作品	提供作品评价量表学习和使用信息技术、参与信息活动的态度

续表

教学过程流程图：

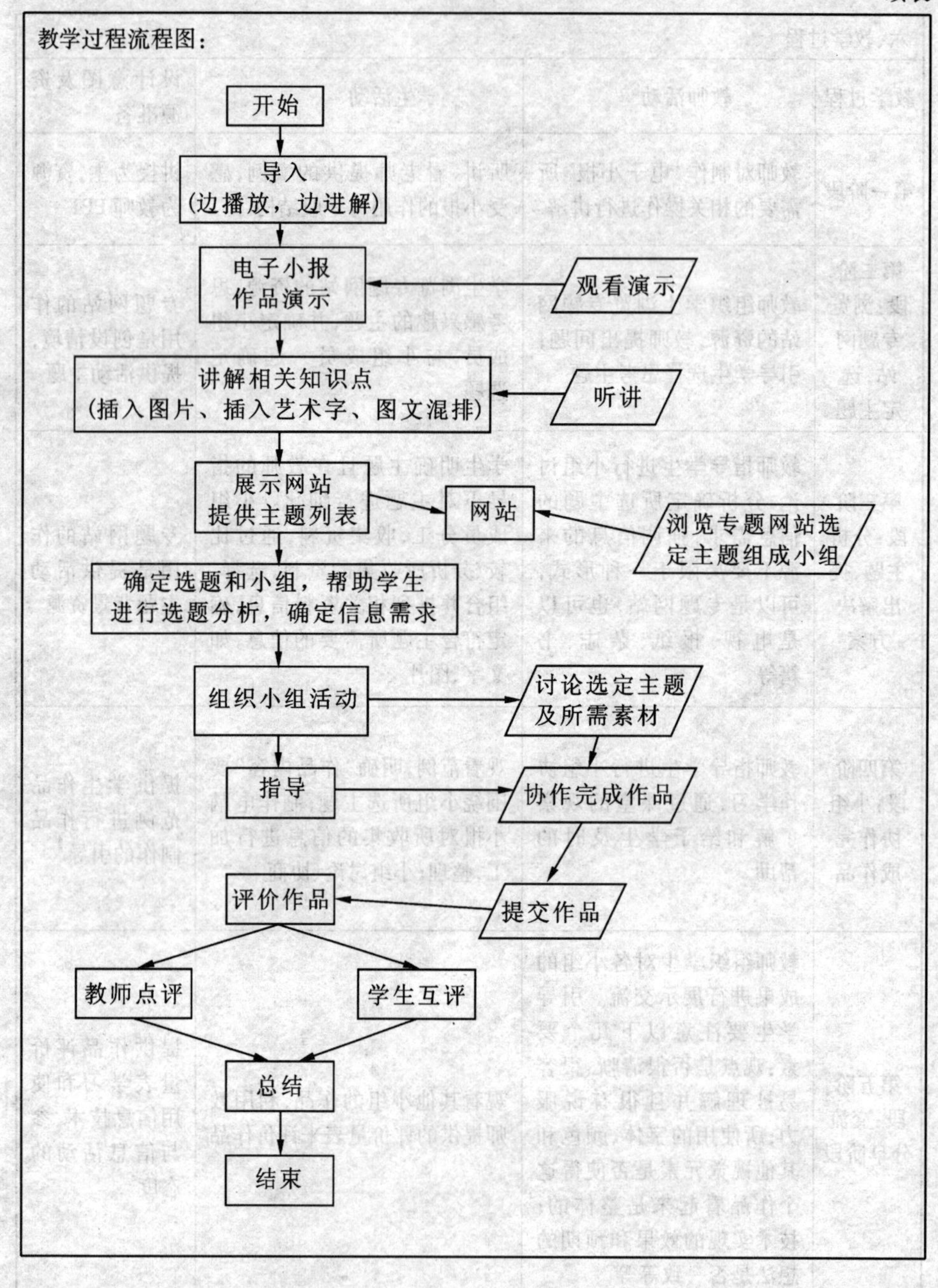
开始
导入
(边播放，边进解)
电子小报
作品演示
观看演示
讲解相关知识点
(插入图片、插入艺术字、图文混排)
听讲
展示网站
提供主题列表
网站
浏览专题网站选
定主题组成小组
确定选题和小组，帮助学生
进行选题分析，确定信息需求
组织小组活动
讨论选定主题
及所需素材
指导
协作完成作品
评价作品
提交作品
教师点评
学生互评
总结
结束

续表

七、教学评价设计

评价内容:电子小报作品质量,使用技术评价,小组合作评价

小组合作学习评价量规

	很好	不错	有待改进
成员表现	每个成员积极参与小组活动	大部分成员能参与小组活动	只有几个成员能参与小组活动
资料共享	每个成员将自己的资料献给小组	大部分成员将自己的资料献给小组	只有几个成员将自己的资料献给小组
倾听	每个成员愿意听取别人的意见	大部分成员愿意听取别人的意见	成员只愿意听取很少人的意见,或很少有成员愿意听别人的意见
讨论结果的价值	讨论有实质性的进展,或有价值的成果出现	讨论有一些进展,或有成果出现	讨论几乎没有进展,也没有成果
任务的完成	任务总是按时完成	任务大部分时候按时完成	任务需要催促才能完成

电子小报的评价标准(量规)

班级: 小组: 总分:

内容	信息要围绕主题并正确、完整、有意义	10	
	有一个准确的标题小报,能精确地表达主题	10	
	文本内容经过加工处理、进行有效的截取	5	
	正确、恰当地使用图片、文本、表格等信息	5	
技术	电脑小报结构设计合理、顺序符合逻辑	15	
	艺术字字体、字号、样式使用恰当	10	
	插入图片大小适当,图文混排效果好	15	
界面	作品总体感觉和谐、操作方便	5	
	作品界面美观、简洁	5	
创意	作品设计有创意	5	
	作品内容有创意	5	
演示	在演示过程中用不同的方式与观众交流,而不是简单地让他们去读屏幕。	10	

备注:85~100为优、75~84为良、60~74为合格、60以下为不合格

八、帮助和总结

教师对学生进行主题确定和信息需求分析很重要

案例二 FrontPage 2003“框架网页制作”的教学设计

（设计者：内蒙古师范大学传媒学院2007级教育技术班张健，指导教师：陈梅，实施者：内蒙古师范大学传媒学院2007级教育技术班张健）

章节名称	FrontPage 2003“框架网页制作”的教学设计				
学科	《网络技术应用》	授课班级	高二年级	授课时数	2学时
设计者	张健	所属学校	内蒙古师范大学		

本节(课)教学内容分析

本节课内容是在学习多媒体素材的应用、表格的使用基础上学习的，教学内容操作性较强，没有涉及比较抽象难懂的概念及原理方面的知识，主要内容包括：框架网页的创建、保存以及布局，框架属性设置，拆分框架，删除框架，各部分内容之间存在着操作顺序关系，采用层级法分析该教学内容

知识框架：

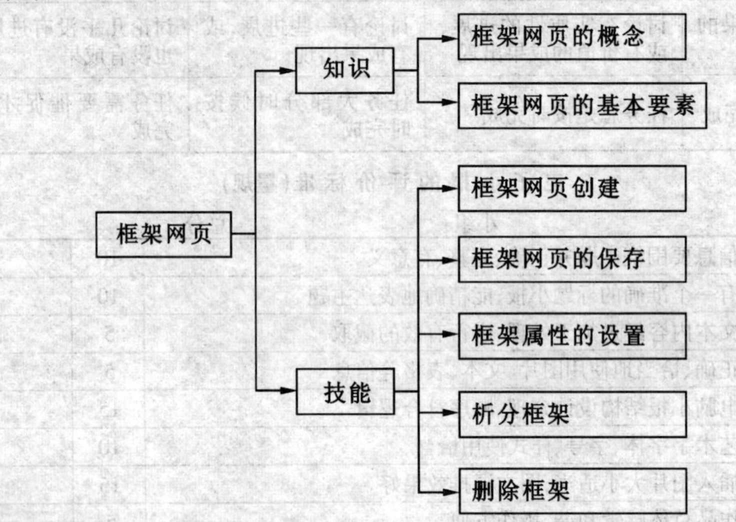

依据标准

课程标准：普通高中信息技术课程标准

教育技术标准：SETC · S

本节(课)教学目标

1. 知识与技能

(1)了解框架网页的概念

(2)理解框架网页的构成

(3)学会框架网页的制作方法(创建、保存、属性设置、拆分、删除)

2. 情感态度与价值观

增强学生对网页设计的兴趣

续表

<table>
<tr><td colspan="4">与本节(课)相关的学习者特征分析</td></tr>
<tr><td colspan="4">1. 学习者一般特征分析
高二的学生在思维能力方面具有更高的概括性,逻辑思维能力趋向成熟。学生已经能够在头脑中完全利用抽象符号进行逻辑推导,能够独立地收集资料、分析问题,并且作出理论上的概括
在观察能力方面,学生的观察更富有目的性、系统性和稳定性,学生能比较稳定而持久地集中注意力
在记忆能力方面,学生的记忆能力更加成熟,能够按照一定的学习目的来支配自己的记忆活动。学生已经习惯于理解记忆,较少运用机械记忆的方法
学生的伦理道德具有很大程度的成熟性,学生可以比较自觉地运用一定的道德观念、原则等来调节自己的行为。道德感的发展促进了价值观、人生观的初步形成,但仍然不够稳定,容易因外界的影响而发生改变
在自我意识方面,学生能够比较客观地看待自我,认识到自己个性的主要特征,能够明确地表现自我,形成理智的自我意识。但对自我的认识还没有达到深刻、全面的程度
2. 学习者初始能力分析
高二年级学生已学过了 Word、Excel 的基本操作, FrontPage 2003 是高二年级时开设的,学生在本节课之前已经学习了多媒体素材的应用、表格的使用等,对其界面及常用的工具有简单的了解,为本节课的学习打下了基础</td></tr>
<tr><td colspan="4">知识点的学习目标描述</td></tr>
<tr><td>知识点编号</td><td>学习目标层次</td><td colspan="2">具体描述语句</td></tr>
<tr><td>1</td><td>知识</td><td colspan="2">了解框架网页的概念</td></tr>
<tr><td>2</td><td>理解</td><td colspan="2">理解框架网页的构成</td></tr>
<tr><td>3</td><td>应用</td><td colspan="2">学会框架网页的制作方法(创建、保存、属性设置、拆分、删除)</td></tr>
<tr><td colspan="4">教学重点和难点</td></tr>
<tr><td>项 目</td><td>内 容</td><td colspan="2">解 决 措 施</td></tr>
<tr><td>教学重难点</td><td>框架网页的制作方法</td><td colspan="2">用生动的实例吸引学生的注意力,增强学习氛围,顺理成章地引入新课学习,然后由学生观察,教师演示,并讲解框架网页的制作方法</td></tr>
<tr><td colspan="4">课前对学生的要求</td></tr>
<tr><td colspan="4">首先是课前预习。学生不能仅限于课堂上的学习,而应在课前预习,熟悉教材,带着疑惑、针对目标来学习,正所谓“磨刀不误砍柴工”。其次,学生在课堂上应积极主动,自主、探究,发现问题,解决问题,这样才能越学越感兴趣</td></tr>
</table>

续表

<table>
<tr><td colspan="8">教学媒体(资源)选择</td></tr>
<tr><td>知识点编号</td><td>学习目标层次</td><td>媒体类型</td><td>媒体内容要点</td><td>教学作用</td><td>使用方式</td><td>所得结论</td><td>占用时间</td><td>媒体来源</td></tr>
<tr><td>1</td><td>知识</td><td>PPT 课件</td><td>框架网页的概念</td><td>A</td><td>A</td><td>学生初步了解了框架网页</td><td>3 分钟</td><td>自制</td></tr>
<tr><td>2</td><td>理解</td><td>PPT 课件</td><td>框架网页的构成</td><td>A</td><td>A</td><td>学生初步理解了框架网页的构成</td><td>12 分钟</td><td>自制</td></tr>
<tr><td>3</td><td>应用</td><td>PPT 课件
FrontPage 2003
软件资源(flash、图片、文本)</td><td>框架网页的制作方法</td><td>B、D、E、I</td><td>C</td><td>学生初步理解了框架网页的制作方法</td><td>12 分钟</td><td>自制</td></tr>
<tr><td colspan="9">①媒体在教学中的作用分为:A. 提供事实,建立经验;B. 创设情境,引发动机;C. 举例验证,建立概念;D. 提供示范,正确操作;E. 呈现过程,形成表象;F. 演绎原理,启发思维;G. 设难置疑,引起思辨;H. 展示事例,开阔视野;I. 欣赏审美,陶冶情操;J. 归纳总结,复习巩固;K. 自定义
②媒体的使用方式包括:A. 设疑—播放—讲解;B. 设疑—播放—讨论;C. 讲解—播放—概括;D. 讲解—播放—举例;E. 播放—提问—讲解;F. 播放—讨论—总结;G. 边播放,边讲解;H. 边播放,边议论;I. 学习者自己操作媒体进行学习;J. 自定义</td></tr>
<tr><td colspan="9">板书设计</td></tr>
<tr><td colspan="9">无</td></tr>
<tr><td colspan="9">关于教学策略选择的阐述和教学环境设计</td></tr>
<tr><td colspan="9">教学组织策略:促成程序性知识的有效策略,即掌握子技能或前提技能、促进组合和促进程序化
教学模式:传递/接受模式和探究/发现模式
教学方法:演练法
组织形式:班级授课
教学管理策略:
(1)教学过程管理:生动事例演示—框架网页的制作方法过程演示—总结归纳
(2)教学资源管理:自制
□普通教室 □实验室 □多媒体教室 √网络教室 □其他</td></tr>
</table>

续表

课堂教学过程结构设计				
教学环节	教师的活动	学生的活动	教学媒体(资源)的作用和运用	设计意图和理论依据
创设情景导入新课	1. 设置情境:展示自制框架网页的实例,供学生欣赏 2. 引入课题:在我们浏览该网页,并点击左方的导航条时,网页没有跳转,只有右方的部分区域发生了变化,这就是使用框架网页的奥妙之处	框架网页的实例,了解框架网页的作用,明确学习目标	创设情境,提供示例	可以吸引学生的注意力,增强学习氛围,而且可以顺理成章的引入新课学习,不枯燥
讲授新知识作铺垫	师:将一个浏览器的窗口分割成两个或两个以上的窗格,在每个小窗口中都可以显示一个独立的网页,每一个显示区域就是一个框架。每一个框架都可以显示不同的网页。(留时间给学生思考) 师:每一个框架都有一个边框,从而将相邻的框架分割开;滚动条是框架窗口用来滚动网页的一种工具;网页,即框架中的内容,在设计框架网页时,必须每一个框架都制定一个网页 师(演示): (1)框架网页的创建 首先,在“文件”选择“新建”命令在界面右边出现“新建”菜单栏 其次,在菜单栏上单击“其他网页模板” 最后,在弹出的“网页模板”对话框中选择“框架网页” (2)框架网页的保存 选择“文件”的“保存”命令 (3)框架属性的调整 设置框架的属性,框架有很多属性,例如框架的名称、宽度、高度、边距、滚动条、可调整性、间距等。以框架页为例说明 (4)框架的拆分 选中要拆分的框架,选择菜单栏中“框架”,选择“拆分框架”命令 在对话框中选择拆分方式:按行拆分或按列拆分,单击“确定”按钮 (5)框架的删除 选中要删除的框架,选择菜单栏中“框架”,选择“删除框架”命令,选中的框架即被删除	通过观察,了解框架网页制作的方法练习制作,并提出问题	提供教学示例	为学生创造生动、轻松的学习氛围,在教师的操作演示下,观察,模仿,学习到新知

续表

课堂教学过程结构设计				
学习探究自主学习	1. 布置练习:完成作品 2. 指导学生练习,学习如何设计框架网页 3. 问题交流:解决学生在制作过程中遇到的问题,并强调学生容易忽略的问题 4. 拓展练习:尝试在框架网页上设计超链接	1. 结合课本完成任务 2. 认真聆听同学的发言,积极思考 3. 有兴趣的学生进行拓展任务	提供作业信息	巩固练习,通过强调容易忽略之处,使学生对操作难点形成正确的认知 通过展开分层教学,使不同层次的学生都有所提高
任务反馈学习评价	1. 将完成的作品,保存在自己的文件夹中 2. 组织学生欣赏他人作品,并根据评价表进行评价	1. 欣赏学生作品 2. 聆听他人的意见 3. 为他人提出建议	提供作品 提供评价信息	学习他人作品的成功之处 提高对作品的鉴赏能力
课堂总结情感升华	今天我们学习了有关框架网页的一些相关的知识,比如:框架网页的概念、框架网页的构成以及框架网页制作方法 沈望傅曾说:创意是给自己无限的空间去乱想,要敢想、敢做、敢破格!要天马行空!每一件都有它的可能性,不要有"不可能"的想法! 所以在制作框架网页的时候,一定要有自己独到的创意,才会有美的享受	思考反馈	提供总结信息	帮助学生形成系统的知识体系

续表

教学流程图

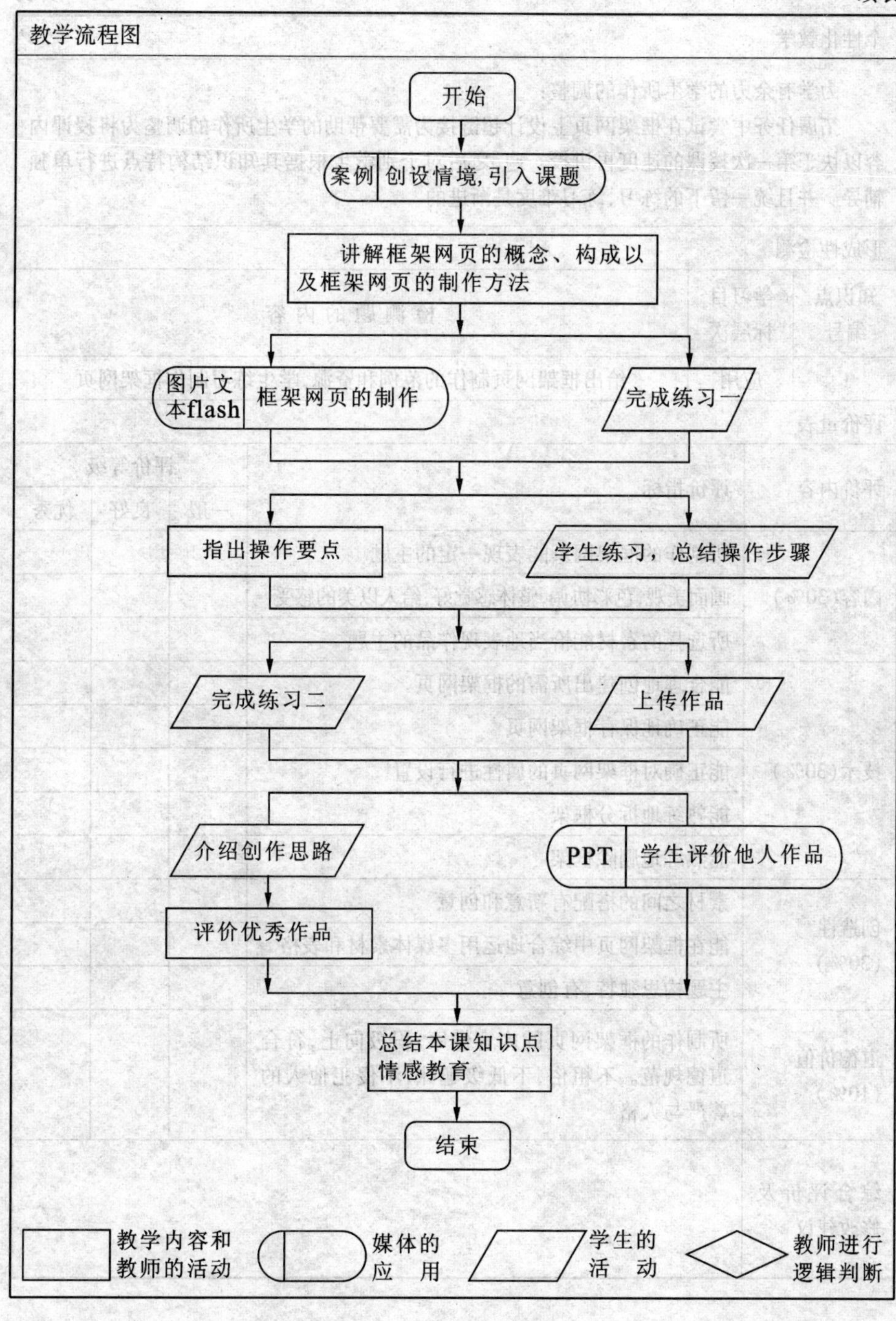
开始
案例
创设情境，引入课题
讲解框架网页的概念、构成以及框架网页的制作方法
图片文本flash
框架网页的制作
完成练习一
指出操作要点
学生练习，总结操作步骤
完成练习二
上传作品
介绍创作思路
PPT
学生评价他人作品
评价优秀作品
总结本课知识点
情感教育
结束
教学内容和教师的活动
媒体的应用
学生的活动
教师进行逻辑判断

续表

<table>
<tr><td colspan="5">个性化教学</td></tr>
<tr><td colspan="5">为学有余力的学生所作的调整：
拓展任务中尝试在框架网页上设计超链接为需要帮助的学生所作的调整为将授课内容以快于第一次授课的速度再讲授一遍，之后对个别学生根据其知识结构特点进行单独辅导。并且统一留下的练习，练习难度是渐进的</td></tr>
<tr><td colspan="5">形成性检测</td></tr>
<tr><td>知识点编号</td><td>学习目标层次</td><td colspan="3">检测题的内容</td></tr>
<tr><td>1</td><td>应用</td><td colspan="3">给出框架网页制作的范例和资源，学生练习制作框架网页</td></tr>
</table>

<table>
<tr><td colspan="5">评价量表</td></tr>
<tr><td rowspan="2">评价内容</td><td rowspan="2">评价指标</td><td colspan="3">评价等级</td></tr>
<tr><td>一般</td><td>良好</td><td>优秀</td></tr>
<tr><td rowspan="3">内容(30%)</td><td>所制作的框架网页能表现一定的主题</td><td></td><td></td><td></td></tr>
<tr><td>画面美观，色彩协调，整体感觉好，给人以美的感受</td><td></td><td></td><td></td></tr>
<tr><td>所选择的素材能恰当地表现作品的主题</td><td></td><td></td><td></td></tr>
<tr><td rowspan="5">技术(30%)</td><td>能合理地创建出所需的框架网页</td><td></td><td></td><td></td></tr>
<tr><td>能正确地保存框架网页</td><td></td><td></td><td></td></tr>
<tr><td>能正确对框架网页的属性进行设置</td><td></td><td></td><td></td></tr>
<tr><td>能熟练地拆分框架</td><td></td><td></td><td></td></tr>
<tr><td>能熟练地删除框架</td><td></td><td></td><td></td></tr>
<tr><td rowspan="3">创造性(30%)</td><td>素材之间的搭配有新意和创意</td><td></td><td></td><td></td></tr>
<tr><td>能在框架网页中综合地运用多媒体素材和表格</td><td></td><td></td><td></td></tr>
<tr><td>主题构思独特，有创意</td><td></td><td></td><td></td></tr>
<tr><td>道德价值(10%)</td><td>所制作的框架网页的内容健康，积极向上，符合道德规范。不粗俗，不低级趣味，不侵犯他人的尊严与人格</td><td></td><td></td><td></td></tr>
<tr><td>综合评价及修改建议</td><td colspan="4"></td></tr>
</table>

续表

教学反思、总结
根据本节课的教学情况来看,学生普遍对利用 FrontPage 2003 制作框架网页比较感兴趣,学习的积极性也比较高。由于本节内容技能性较强,在具体的教学过程中主要运用实例来讲解,考虑到学生的实际情况和教学时间,选取的实例必须步骤较简略,使学生容易掌握,并留有一定的时间供学生练习。总体来说这节课的效果还不错,因为大部分学生都能完成作品,课堂常规的技巧、情感的共鸣、知识的拓展等让我深知“细节决定成败”的真理。同时,明白上好一节课,不但要让学生学到知识,还要提高他们的学习兴趣,做学习中的快乐分子 信息技术课的学习中,学生“贫富悬殊”现象十分严重,教师不能划分他们的优差。信息技术课有很多的课程可以采用不同的教学方式游戏、FLASH 动画演示,采取学生制作网上评比的方法激励学生主动地参与到学习中去,与教师实现互动,这样的教学才能真正地提高学生的技能。所以教师应该经常反思自己:怎样用学生理解或能接受的方法去教他们自己去学习,如何去掌握。学生主动地参与进来了,课堂就不会出现学生上课不认真听,冷场之类的情况,学生的兴趣、教学的效果都会有很大的提高

案例三 使用 Excel 2003 设计制作记分册

(设计实施者:包头第九中学张就序,指导者:内蒙古师范大学传媒学院陈梅)

参照《普通高中技术领域课程标准》(摘选)

知识与技能

能熟练地使用常用信息技术工具,初步形成自主学习信息技术的能力,能适应信息技术的发展变化。

过程与方法

1. 能从日常生活、学习中发现或归纳需要利用信息和信息技术解决的问题,能通过问题分析确定信息需求。

2. 能选择合适的信息技术进行有效的信息采集、存储和管理。

3. 能熟练运用信息技术,通过有计划的、合理的信息加工进行创造性探索或解决实际问题,如辅助其他学科学习、完成信息作品等。

4. 能对自己和他人的信息活动过程和结果进行评价,能归纳利用信息技术解决问题的基本思想方法。

情感态度与价值观

1. 体验信息技术蕴含的文化内涵，激发和保持对信息技术的求知欲，形成积极主动地学习和使用信息技术、参与信息活动的态度。

2. 能辩证地认识信息技术对社会发展、科技进步和日常生活学习的影响。

1. 选定项目

学生学习的有“记分册”、“运动项目统计”、“健康问卷”和“财务计划”四个主题活动，这四个主题活动需要使用 Excel 进行统计计算完成，与学生日常的经历相关，是学生生活实际中的常见问题，提供的研究项目充分考虑到了学生现有的知识经验和能力水平，以及学生通过努力可能达到的项目学习的目标，学生有可能解决项目中所出现的各类问题。

(1) 教师提供的项目中要求达到的学习目标

知识技能方面：

①学会选择 Excel 中的单元格、行、列和整个工作表。

②掌握 Excel 工作表的使用，会添加、删除、移动、复制工作表等操作。

③学会编辑 Excel 单元格中的信息。

④掌握工作表的修饰，如改变行高、列宽，插入行、列以及合并单元格等。

⑤掌握 Excel 中常用的数学计算，学会对数据进行排序和筛选。

⑥学会根据已知数据制作统计图表。

过程方法方面：

①能根据项目的要求，确定所需信息的类型和来源，能评价信息的真实性、准确性和相关性。

②对所收集的信息、资料进行筛选，提出自己的观点。

③能熟练运用 Excel 电子表格工具，通过有计划的、合理的信息加工解决实际问题。

情感态度与价值观方面：

①养成积极主动地学习和使用信息技术、参与信息活动的态度。

②能同多人协作共同完成某个项目，培养学生的协作学习能力。

③能遵守与信息活动相关的伦理道德与法律法规，负责任、安全、健康地使用信息技术。

(2)电子表格知识技能的分析

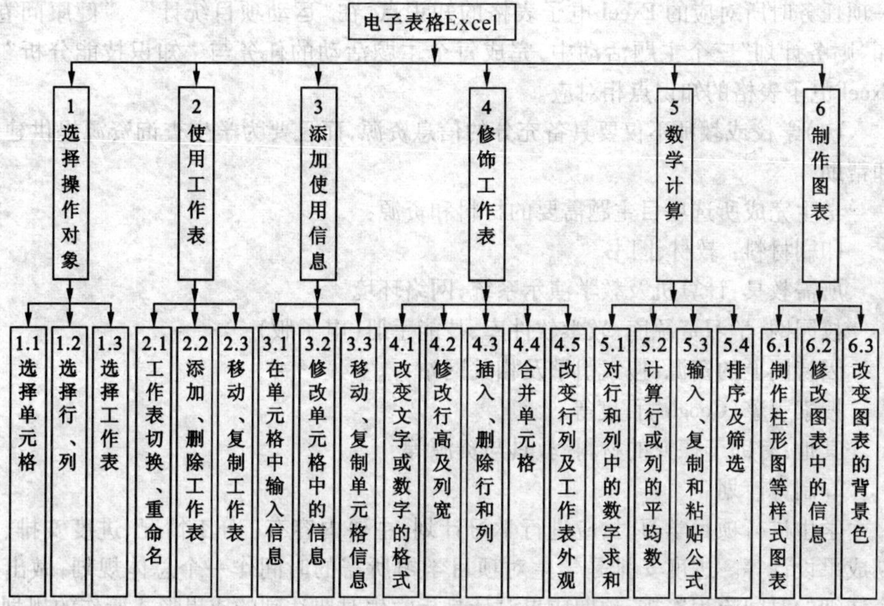

(3)学生选定的项目主题与电子表格的知识技能分析对比如下

表 7－1　项目主题与 Excel 知识点对照表

所选主题	成果形式	对应知识技能
记分册	把 Sheet 的名字改为所选课程的名字	2.1
	在单元格中输入记分册的标题，并设置为喜欢的样式	1.1;3.1;4.1
	改变列的宽度，为信息输入留出适当的空间	1.2;4.2
	输入学生的姓名以及需要记录的成绩	1.1;3.1
	改变输入的列标题的外观	1.2;4.5
	计算每一个学生的总分	1.1;5.1
	计算每一个学生的平均成绩	1.1;5.2
	为保证能随时插入要记录的成绩项，在记录的最后一次成绩项和总分之间插入一列	1.2;4.3
	按照学生的某次作业成绩由高到低进行排序	1.2;5.4
	根据自己的设计，美化工作表的边框	1.3;4.5
	根据设计出的电子表格，做出统计图表	6.1
	给图表加行、列标题	6.2
	为图表加一种自己喜欢的背景色	6.3
	删除文件中没有用到的工作表	2.2

该表格以主题活动“记分册”为例,逐一列出了项目主题活动中学生在完成每一项任务时所对应的Excel电子表格的知识点,在“运动项目统计”、“健康问卷”和“财务计划”三个主题活动中,完成每个主题活动的任务与“知识技能分析”中Excel电子表格的知识点相对应。

(4)学校或教师不仅要具备充分的信息资源,而且要为学生查询资源提供建议和帮助

学生完成所选项目主题需要的材料和资源:

印刷材料:教材、图书

所需教具:计算机及教学演示系统,网络环境

校园网:学习资源库、教学软件库、技能手册(电子版)

因特网上的资源:搜索引擎及相关网站

搜索引擎:Google,百度等

其他:有助于探究的材料、教具与资源等

2. 制订计划

学生进行项目学习时,应进行学习计划,主要内容有:分工情况、进度安排、预期成果设计等。进度安排是学生对项目学习所需的时间作一个总体规划,做出一个详细的时间流程安排;预期成果设计是指学生对要达到的成果形式所作的规划。

制订计划有利于学生掌握和调节活动进度,同时,也有利于教师对整个项目学习的引导、调节和评价。

3. 活动探究

这一阶段是项目学习的核心,学生大部分的知识内容和技能技巧是在此过程中完成的。在调查研究的过程中,学生对活动内容以及自身对活动的看法或感想要进行必要的记录,提出解决问题的假设,然后借助一定的研究方法和技术工具来收集信息,其次对收集到的信息进行处理和加工,对开始提出的假设进行验证或推翻假设,最终得出问题解决的方案或结果。

学生的学习探究活动时间为16周,分为项目准备和项目学习两个阶段。

第一阶段:项目准备,具体过程见表7-2:

表7-2 项目准备活动过程表

时间	教师活动	学生活动	设计意图
第1周	介绍PBL的流程,动员师生参与这种全新的教学/学习活动:在活动之初,必须向参与这种学习活动的教师和学生全面介绍PBL的具体操作方法、操作步骤	学生了解PBL的具体操作方法、操作步骤	对学生进行学习活动前的培训,使学生了解PBL的学习过程,为学习活动做准备

续表

时间	教师活动	学生活动	设计意图
第2周	(1)阅读和讲解探索部分:提醒学生在完成探索任务后,可以利用剩下的时间去发现,还可以用书上所说的软件程序做其他什么事 (2)阅读和讲解讨论部分:在进行大组讨论前,留出时间让学生和他们的同伴一起讨论各自对问题的回答 (3)阅读技能手册资源部分:找出与今天所学内容相关的页码,鼓励学生相互交流自己打算学习的技能,并且提醒学生在完成活动的时候,根据需要查阅《技能手册》	(1)探索 探索1:在单元格A1、A2、A3中键入三个不同的汉字 探索2:在单元格A1、A2、A3中键入三个不同的数字 探索3:单击单元格B4,点击自动求和按钮,并按下Enter 探索4:改变列的宽度和行的高度 利用剩下的时间,和你的同伴一起尝试一些别的操作,看看电子表格软件还能用来做什么 (2)讨论 问题1:当你点击自动求和按钮时,单元格B4发生了什么变化? 问题2:在这个电子表格软件中,你最感兴趣的地方是什么? 问题3:你什么时候可能会用到电子表格软件?想一想,利用电子表格软件,还可以完成哪些数学运算? 讨论完毕后,按照老师的要求,和全班同学一起来分享答案	通过分享当地有意义的事例来建立学习与实际生活的相关性
第3~4周	教师给学生呈现一些电子表格活动,让学生从中任选两个来完成。这些电子表格活动有: •地址簿 •调查 •交通 •统计表 •预算表	学生分成两人一组,完成一些教师给出的非常有特色的电子表格活动,每个电子表格活动都分为制订计划、动手操作、认真检查和交流分享四个环节	通过这些电子表格活动,学习电子表格操作技能,培养学生初步的协作能力

设计意图:学生完成PBL、Excel基础知识的学习准备。学生有机会选择他们想要进行的活动。通过提供选择,学生有机会主动地进行学习。为学生提供有针对性的信息技术课程和相关的动手实践机会,使学生初步掌握所需的电子表格知识技能,初步了解基于项目的学习模式。

表 7－3　学生电子表格活动评价量规

评价内容	等级水平		
	超过期望	达到期望	接近期望
使用工作表	能根据整体布局移动、复制或删除工作表，并熟练地在工作表之间切换，给工作表重命名	能移动、复制或删除工作表，能在工作表之间切换	能正确使用工作表，但不能根据需要快速地在工作表之间切换
添加并使用信息	能根据需要对单元格中的信息熟练地进行移动、复制和修改，快速、高效地完成工作表信息的添加	能对单元格中的信息进行移动、复制和修改	可完成工作表信息的添加，但不能根据需要熟练地进行移动、复制等操作
修饰工作表	能根据需要较好地设计工作表的外观，恰当地改变行高、列宽，并能根据活动的要求随时插入行、列以及合并单元格	能按要求改变行高、列宽，插入行、列以及合并单元格	能改变行高、列宽，但改变后工作表的整体外观不是很美观和协调
数据处理	能运用多种方法对表格数据进行计算；能根据需要对表格中的数据进行排序和筛选	能对电子表格中的数据进行计算、排序和筛选	对表格中数据的计算不是很熟练，能进行排序和筛选，但不能完全根据要求进行
制作统计图表	能变换图表样式，改变图表中的信息和图表的背景色	能根据电子表格制作出相应的统计图表，并能显示多个图表选项	能做出统计图表，但图表选项不全面

第二阶段：项目学习，具体过程见表 7－4：

表 7－4　项目学习活动过程表

阶段目标		教师活动	学生活动
选定项目，组建小组	第5～6周	(1)提供一些具体的项目供学生选择(见附录1)。(2)指导学生按同一主题组合，组成研究小组，并根据人数作适当调整。(3)对学生所选主题中的问题展开讨论，提醒学生注意在进行每项活动前都要先在纸上进行计划，而不能直接在电脑上操作	(1)学生根据自己的兴趣，先初步选定项目，根据选择的项目分成学习小组，小组成员推选出具体负责活动的组长。(2)小组成员共同讨论，各抒己见，对项目的选择发表自己的见解，通过讨论，学生可能会产生一些新的想法。(3)项目的最后确定：经过讨论，小组成员意见趋于一致，把具体的项目确定下来，共同总结出选择某项目的理由

续表

阶段目标		教师活动	学生活动
制订计划	第7周	(1)检查学生是否在作计划,指导学生填写“学习计划表”(见附录2)。(2)和每个小组讨论他们的计划并询问有关问题,并作出书面评价	(1)组长组织小组成员明确目标、小组分工、日程安排等问题,每个成员都要提出自己的见解,并讨论形成最终方案。(2)将每个成员承担的责任、要完成的工作填入学习计划表中
活动探究	第8~11周	(1)指导学生如何更有效地使用搜索引擎、如何下载有效信息等。(2)对各小组的活动计划进行指导,使其逐步完善。(3)对学生的探究过程进行有效的监控,教师根据出现的具体问题给予必要的指导。(4)鼓励学习能力强的学生进行更广泛或更深层次的学习探究。(5)指导小组内的成员互评	(1)小组间进行学习计划的交流活动,修改和完善学习计划。(2)上网或到图书馆收集资料并登记在“资料收集清单”(见附录3),以后也登记。(3)填写小组成员学习记录表(见附录4),接受老师的指导,并根据实际情况对活动计划进行修改。(4)按照项目的需要,用Excel对搜集来的调查结果进行资料的分析和统计
作品制作	第12~13周	(1)制作协作能力测量问卷,并组织学生进行协作能力前测,引导学生学习协作技巧。(2)督促各小组把握进度。(3)指导学生完成作品	(1)修改完善结论和建议,结合研究成果做成PPT,在全班同学交流的时候呈现给全班同学。(2)填写小组成员学习记录表,接受老师的指导,并根据实际情况对活动计划进行修改
成果交流	第14周	组织学生在班级或年级范围汇报、交流研究过程和研究成果	(1)展示并介绍本小组的作品。(2)为本小组的作品做广告并推销。(3)学习其他小组研究的长处。(4)找出本小组研究工作中的不足,并进行适当的改正
评价反思	第15~16周	(1)组织各小组之间的评价。(2)根据“合作学习评价量规”(见附录5),对各小组进行评价并分析结果。(3)对学生进行“项目完成过程评价”(见附录6),对学生在整个项目学习中的研究计划、小组协作、研究方法等进行评价,并对结果进行统计和分析。(4)根据“学生作品评价量规”(见附录7),对每个小组的项目作业进行评价	(1)接受教师评价。(2)进行各小组之间的评价,填写“成果质量交流评价量规”(见附录8):①哪一部分演示较好;②评价每一个小组的研究成果,并提出自己的建议。(3)交流研究过程和研究成果,并进行活动反思。(4)填写“学生学习过程中的协作反思调查问卷”,反思自己在合作过程中优点和不足。(5)填写“基于项目学习的高中信息技术教学调查问卷”

4. 作品制作

作品制作是 PBL 区别于一般活动教学的典型特征。学习小组对他们所研究的项目进行描述，并且展示他们的研究成果。通过作品反映他们在项目学习中所获得的知识和掌握的技能。学生根据所选主题完成项目作业，并制作出需要展示的幻灯片。

5. 成果交流

学生作品完成之后，每个学习小组互相进行交流。交流学习过程中的经验和体会，在此过程中可以不断学习他人的优点，发现自己的缺点，并且共同分享作品制作的成功和喜悦。

学习成果：

(1)学生分组完成的项目作业。

(2)展示研究成果所制作的幻灯片。

6. 评价反思

在评价过程中教师可以观察学生在项目学习过程中所运用的技能和知识等。学生可反映他们自身以及同伴的工作和工作流程：小组的工作情况如何，他们对工作和工作流程感觉如何，他们获得了哪些知识和技能。

评价学生的学习结果主要由项目完成过程评价、作品制作评价、成果质量交流及学生协作能力等评价组成。

(1)项目完成过程评价

项目完成过程的评价是由研究计划、小组及组间交流、研究方法、资料来源、研究活动的进行这几个部分构成。

(2)学生作品的评价

评价量规是用来帮助教师及评估者评价学生作品的工具。量规考查学生作品以下几个方面的表现：总体质量、原创性、技术技能、表达能力。在每个方面，表现水平可以评价为超越期望、符合期望、接近期望和需要提高四个等级。评价的时候，分别从每个维度的不同等级描述中选择一个最符合学生作品实际情况的等级。

量规维度主要有以下四点：

①总体质量。总体质量指作品符合所属活动教学样例要求的程度，也可以近似地理解为是作品是否能够被运用到实际生活中的可用程度。对总体质量的评判应该以课程的要求为基础。

②原创性。原创性是关注学生作品的来源。它是指学生在多大程度上能够基于自己独特的想法形成自己的设计。最有原创性的图像是学生自己创作制作的作品。在项目作业中，包含有剪贴画、模板或者其他借来的图片作品也可以被认为是原创的。如果学生修改了这些内容，或者以一种新颖的方式来表现，其作品可被认为是原创的。如果只是简单地从别的地方拷贝来的作品就不能认为是原创的。

③技术技能。这个纬度关注的是学生在多大程度上能够使用介绍的技术技能

完成活动或项目。这个纬度也会考虑学生使用技术技能的熟练程度,以及他们是否需要帮助来提高使用所需的技术工具的能力。

④表达能力。这个纬度考察了学生创建的作品在多大程度上传达了他们社区或其他项目主题的信息。尤其关注学生用来向观众传达想要传递的信息的设计元素。

(3)成果质量交流评价

依据“成果质量交流评价量规”对学生的演示作品进行评价,主要从演示文稿内容、设计与布局、交流与合作、汇报者的表现几个角度来衡量学生作品。

(4)对小组协作过程评价

学生协作能力的评价是协作能力前测与后测作对比分析进行的,并参照附录6合作学习评价量规。评价内容包括小组成员的参与性、小组责任的分配、交互的质量、小组成员的角色扮演。如小组的责任分配是否明确地分配给每个人,小组成员是否显示出了很好的倾听能力,能否积极完成小组布置的任务,是否总是能够对其他成员提供帮助等等。两次评价的目的都是为了促进小组协作,使每个小组成员都能积极地投入到本小组的探究活动当中,提高学习质量和效率。

附　录

附录1:项目展示

主题1:记分册

王老师非常忙,他每次整理和统计学生的成绩或是作业的分数都要花费很多的时间。大多数老师都是用记分册来记录学生成绩的。记分册一般都包含哪些信息呢?这些信息是怎么组织的?你会用计算机来帮助王老师设计这样一个记分册吗?

建议你和你的同伴在制订计划时考虑以下的问题:

①学校里哪些课程需要经常记录学生成绩?挑选其中的一门课程,为它设计记分册。

②记分册中作为例子出现的学生叫什么名字比较好呢?写出五个学生的名字。

③这五位学生的五次作业各得多少分?

④你会怎样有条理地组织这些信息?

⑤某次考试后,学生成绩变化的趋势是什么?

主题2:运动项目统计

你知道你所在的学校中最受欢迎的运动项目是什么吗?你知道在这个运动项目中,哪支运动队是最棒的吗?想得到这些信息就需要记录和保存每支运动队的详细资料。这些资料组织起来就是一个统计表。现在,就请你和你的同伴搜集你们所喜爱的运动队的表现信息,然后用电子表格进行详细的记录并进行统计。

建议你和你的同伴在制订计划时考虑以下的问题:

①你和你的同伴最喜欢哪种运动项目,或者最了解哪种运动项目?你能够说

出和这种运动项目相关的五支运动队的名称吗？

②人们如何判断哪支运动队是最优秀的？人们是不是都看好常胜的运动队？大家是否一直都很关注这些运动队每个赛季的得分？

③如果你对这些将要包含在你的电子表格中的运动队还不是太了解的话，你可以去哪里寻找你需要的信息呢？

主题3：健康问卷

人们对健康问题的关注程度如何，是对饮食多关注一些，还是对医疗、所居住的环境更关注一些？创建一个电子表格和一个能够展示一群人（例如你的同学们）最关心的健康问题是什么的图表。

建议你和你的同伴在制订计划时考虑以下的问题：

①如何将你的问卷问题和答案组织成一张电子表格？

②如何运用该电子表格找出人们最关心的问题？

主题4：财务计划

安先生打算创办一个网吧，他需要计算出启动业务需要多少资金，同时，他也希望能够找到收回其创业资金的挣钱办法。你如何帮助安先生为他的公司制订一份财务计划？

建议你和你的同伴在制订计划时考虑以下的问题：

①安先生开业需要哪些设施设备？

②各种物品各需要多少？每项物品单价是多少？

③安先生需要销售多少产品，或提供多长的服务时间，才能够收回他的启动资金？

④如何将上述所有信息组织在同一个电子表格文件之中？

附录2：学习计划表

<table>
<tr><td colspan="2">课程名称</td><td></td><td>项目名称</td><td></td></tr>
<tr><td colspan="2">小组名称</td><td></td><td>组　　长</td><td></td></tr>
<tr><td colspan="2">小组成员</td><td colspan="3"></td></tr>
<tr><td rowspan="6">分工情况</td><td>组　长</td><td colspan="3"></td></tr>
<tr><td>成员一</td><td colspan="3"></td></tr>
<tr><td>成员二</td><td colspan="3"></td></tr>
<tr><td>成员三</td><td colspan="3"></td></tr>
<tr><td>成员四</td><td colspan="3"></td></tr>
<tr><td>……</td><td colspan="3"></td></tr>
<tr><td colspan="5">进度安排（请小组讨论后，对将要进行的探究作一个时间上的规划）：</td></tr>
<tr><td colspan="5">预期成果设计（请小组讨论后，对最终的成果的内容和形式进行一个初步的设计）：</td></tr>
<tr><td colspan="5">推荐资源（推荐在探究过程中发现的更好的资源）：</td></tr>
</table>

附录 3:资料收集清单

小组名称:

编号	资料主题	资料类别	已有资料	需要搜集的资料	资料来源	负责人
1		文本				
		图像				
		音频、视频				
		其他				
2		文本				
		图像				
		音频、视频				
		其他				
3		文本				
		图像				
		音频、视频				
		其他				
4		文本				
		图像				
		音频、视频				
		其他				

附录 4:小组成员学习记录

小组名称:

编 号	研究的问题	使用的软件、手段	所需时间	出现的困难	解决的结果
第 1 次课					
第 2 次课					
第 3 次课					
第 4 次课					
第 5 次课					
第 6 次课					
第 7 次课					
第 8 次课					
第 9 次课					

续表

编 号	研究的问题	使用的软件、手段	所需时间	出现的困难	解决的结果
第10次课					
第11次课					
第12次课					
第13次课					
第14次课					
第15次课					
第16次课					

附录5:合作学习评价量规

	非常出色	很好	不错	有待改进
小组成员的参与性	所有的学生都积极地参与小组活动	至少3/4的学生积极地参与小组活动	至少一半的学生参与小组活动,为小组活动献计献策	仅有一两个人参与小组活动
小组责任的分配	任务被平均分配给小组的每一个成员	任务被小组的绝大部分成员分担	任务仅被小组中的1/2成员分担	任务仅由小组中的某一个人承担
交互的质量	小组成员显示出了极好的倾听能力和领导能力,小组成员通过讨论的方式共享他人的观点和想法	小组成员显示出了娴熟的交互能力,他们能够围绕任务中心进行生动的讨论	小组成员显示出了一定的交互能力;他们能认真的倾听他人的观点;显示出了一定的讨论和选择能力	小组成员之间很少进行交互;他们仅进行简短的会谈;部分学生对于交互不感兴趣,有分心现象
小组成员的角色扮演	每个小组成员都有自己明确的角色;小组成员有效地行使自己的角色	每个小组成员都被分配了特定的角色,但是角色定义不明确或者说小组成员没有坚持行使自己的角色	小组成员被分配了一定的角色,但是他们没有坚持行使自己的角色	小组成员之间并没有进行角色分配

附录6:项目完成过程评价量规

评价方面	超越期望	符合期望	接近期望	需要提高
研究计划	研究的思路清晰明了,步骤及时间安排合理、详尽,人员的分工具体、明确	研究的思路清晰,研究的步骤及时间安排合理,人员的分工具体	研究的思路清晰,研究的步骤及时间安排基本可行,但人员的分工不具体	研究思路不清晰,研究的步骤及时间安排不合理,人员的分工不具体
小组及组间交流	小组成员经常进行讨论,也经常与其他小组之间进行交流并能取其所长	小组中的成员经常讨论研究,也经常与其他小组之间进行交流	小组中的成员有时讨论研究,和其他小组之间偶尔进行交流,但次数不多	小组中的成员从不讨论研究,也从不和其他小组之间进行交流
研究方法	所用研究方法高效、科学,能在研究过程中合理地运用信息技术手段	方法科学且多样,经常采用信息技术手段	方法科学但单一,能采用信息技术手段	方法不够科学,采用信息技术手段较少
资料来源	资料翔实,能从各个方面找到与本组项目主题相关、贴近的资料	资料翔实,既有一般的图书资料又有网上资料	资料翔实,但只有一般的图书资料	资料不够翔实,且只有一般的图书资料
活动进行	能根据项目的需要进行恰当的修改且有条不紊	有一些修改,依然有条不紊	照原计划进行且有条不紊	活动没有章法,很紊乱

项目完成过程得分:超越期望×4+符合期望×3+接近期望×2+需要提高×1

项目完成过程评价等级:

评价等级	超越期望	符合期望	接近期望	需要提高
得分范围	15~20	10~14	7~9	5~6

附录 7:学生作品评价量规

		超越期望	符合期望	接近期望	需要提高
评价方面	总体质量	总体来说,学生作品超过了任务要求,是同类作品中的佼佼者,可以作为课程教学的样例	总体来说,学生作品达到了任务要求,是较好的作品,可以真正运用到实际生活之中	总体来说,学生作品接近任务要求,如果真的要实际采用,还需要进行修改	总体来说,学生作品没有达到任务要求,需要改进
	原创性	运用技术技能制作出高度原创的作品,反映了学生自己独特的、富有创造力的想法	使用技术技能制作出一幅原创作品,体现了学生自己的想法	使用技术技能制作出部分原创的作品,反映了一些学生自己的想法	几乎是复制了样例或其他人的作品
	技术技能	作品表现出学生非常善于使用制作作品所需要的技术技能	作品表现出学生会使用制作作品需要的技术技能	作品表现出学生需要提高制作作品所需要的技术技能	作品表现出学生需要帮助才能运用制作作品所需要的技术技能
	表达能力	对颜色、大小、文字和其他细节方面的处理清晰地表达出学生要传达的信息	对颜色、大小、文字和其他细节方面的处理能够表达出学生要传达的信息	对颜色、大小、文字和其他细节方面的处理部分地表达出学生要传达的信息	对颜色、大小、文字和其他细节方面的处理妨碍了信息的传达

学生作品得分:超越期望 ×4 + 符合期望 ×3 + 接近期望 ×2 + 需要提高 ×1

学生作品评价等级:

评价等级	超越期望	符合期望	接近期望	需要提高
分数	13 ~ 16	10 ~ 12	7 ~ 9	4 ~ 6

附录 8:成果质量交流评价量规

演示文稿名称:________ 演示文稿制作小组:________

项 目	评价内容	分数	自评	互评	师评
演示文稿内容(45%)	资料的组织和编辑围绕主题	10			
	主题突出,简述条理清楚,结论正确	15			
	向有关人员调查,了解运动会涉及的数据,并说明管理数据所采用的方案	10			
	材料来源出处明确,无科学性错误	5			
	无错别字和科学性错误	5			
设计与布局(20%)	结构合理,设计美观,色彩搭配合理,色泽明快,整体协调	10			
	内容多样,有文本、图像、表格,使用手段能够优化组合,效果应用恰当	5			
	界面设计简洁、明了,视觉感受好,有吸引力	5			
交流与合作(20%)	有体现交流与合作的方式、途径、过程、内容等	5			
	回答问题时组员间能发挥合作精神	10			
	该小组成员在研究过程中给了其他小组帮助	5			
汇报者的表现(15%)	发音标准、声音洪亮、充满感情色彩	5			
	表情自然、表达清晰	5			
	回答问题有条理,并具一定科学性	5			
总 分		100			
评价人(或小组)					

评价总得分:________

评价方法:

(1)学生通过评价量规进行自我评价。

(2)组织其他小组的学生通过评价量规进行评价。

(3)教师通过评价量规进行评价。

最终的评价将同时包括以上三项(三项的总分÷3)。

成果质量交流评价等级:

评价等级	超越期望	符合期望	接近期望	需要提高
得分范围	85~100	75~84	60~74	60 以下

案例四　“你了解你的饮食吗?”(整合案例)

设计者　侯晓芳　　单位(学校)　　内蒙古电力中学

学科领域　信息技术　适合年级　初中一、二年级　所需时间　一学期(15课时)

参照《普通高中信息技术课程标准》(摘选)

内容标准

1. 知道信息来源的多样性及其实际意义;学会根据问题需要确定信息需求和信息来源,并选择适当的方法获取信息。

2. 掌握因特网信息检索的几种主要策略与技巧,能够合法地检索并获取网上信息。

3. 掌握信息价值判断的基本方法,学会鉴别与评价信息。

一、概述(学习内容和学习者特征)

(一)学习内容

1. 在过去200年间有关饮食和营养的观念。

2. 饮食对健康产生的影响。

3. 了解有关饮食习惯的知识。

4. 19世纪的中国人的饮食习惯和日常活动方面的知识,以及他们的食物种类和烹饪方法,如何对他们的健康产生影响。

5. 了解生活繁忙的现代人的饮食习惯和这种习惯的优缺点。

6. 了解以上背景知识,以便在角色扮演(营养学家、布衣族、莱卡族)中胜任要扮演的角色。

7. 编制一个角色扮演的脚本。

8. 把三个不同角色的对话改编成戏剧形式,进行表演。

重点:有关营养方面的角色扮演。

(二)学习者特征

1. 过分依赖互联网而忽略了其他有效信息收集的手段,如书籍、报纸杂志、广告、电视,以及向不论远近的专家请教等。

2. 自主学习过程中不会安排学习进度和学习内容,有拖沓现象。

3. 小组合作中,有消极怠工的情绪。

二、学习目标(目标、成果)

(一)学习目标

1. 知识与技能

(1)能够解释饮食对个体健康的影响。

(2)知道饮食如何影响身体系统的机能。

(3)知道注重营养的饮食习惯能帮助人们保持身体健康，预防疾病。

(4)成为娴熟的信息搜集者和组织者。

(5)学会如何分析信息并决定哪些信息是有用的，获得发现正确信息的能力。

(6)发展询问技巧。

2. 过程与方法

从多种来源收集信息，分析和重组以形成新的思想，并把这些信息整合到最终的产品中。

3. 情感与态度

(1)受到批评时不再鲁莽，而是学会如何评价自己的工作并积极寻求改进的方法。

(2)意识到要取得成功，就必须大胆冒险、敢于犯错、产生疑惑并积极与他人合作。

(3)从庆祝成功中找到快乐。

(二)学习成果

1. 了解一些知识背景，撰写布衣族和莱卡族的人物传记和营养学家的形象设计。

2. 撰写剧情简介。

3. 编制一个角色扮演的脚本，把三个不同的角色间的对话改编成戏剧形式。

4. 制作(自己填词)与健康饮食有关的歌曲。

5. 按小组进行表演。

6. 将剧情改写为故事。

三、学习策略(情境、模式、方法)

(一)学习情境

研究认为，饮食和慢性疾病之间具有密切的联系。

角色扮演中的人物：

1. 200 年前中国任一个地方的居民，称为“布衣族”。

2. 2000 年的中国人，他们有着积极的生活方式，称为“莱卡族”。

3. 现代营养方面的专家，称为“营养学家”。

这个项目中的三个角色都是 25 ~ 35 岁之间的成人。作为小组的促进者，营养学家将负责把角色扮演的重点放在饮食的重要性上，以建立健康的生活方式，避免慢性疾病的发生。当其他两个角色描述他们的生活方式、饮食习惯和健康方面的问题时，营养学家又将充当顾问的角色。

(二)学习模式(基于项目的学习)

(三)学习方法

1. 知识与技能部分：示范—演练，任务完成。

2. 过程与方法：重视书面计划的作用。

3. 小组合作学习:这是一个较复杂的学习过程,个人无法完成这一学习,以三人为一组进行学习。

4. 双教师上课。

四、学习资源(材料、环境)

(一)材料:学生自行准备的书籍、报纸杂志、电视广告记录、互联网下载资料、有关长征和抗美援朝的书籍、附录1到附录10。

(二)学习环境:教室。

五、学习活动(过程、结构)

(一)信息搜集(4课时)

学习内容:由教师指定项目、指导方针和时间限制。

学生阅读、调查、采访和搜集实例。

寻找资源,利用参考资料。

搜集观点

阅读背景资料	与组员讨论
研究并记录笔记	网上冲浪
建立一个参考文献表	检查并核实原始资料
拜访专家	参观现场
形成一个纲要	搜集图表、地图、说明

学习内容	课下作业	教师活动	学生活动	反馈
第一次课:项目介绍(1课时) 1)多元智能测试 2)项目介绍 3)分组	搜集信息:书本、报纸、杂志、电视、广告、	1)指导学生进行多元智能测试,更好地认识自己 2)木桶原理 3)介绍项目 4)组织学生随机分组	1)进行多元智能测试 2)运用木桶原理来激励自己 3)了解本学期的项目 4)分组	1)学生对多元智能测试很感兴趣 2)运用木桶原理,可以很好地激励学生 3)运用循环报数的方法进行分组,还需要进一步调整

续表

学习内容	课下作业	教师活动	学生活动	反馈
第二次课:个人学习记录(1课时) 1)小组分工 2)项目的内容、重点、任务、最终产品形式和评价方法 3)对项目作进一步的思考 4)如何搜集信息	1)莱卡族:阅读《快速饮食》,了解现代人的生活方式和饮食习惯 2)布衣族:阅读有关红军、解放军、志愿军的书籍 3)营养学家:阅读《饮食宝典:儿童健康指南》,学会如何作出健康的饮食选择 4)准备一个笔记本	1)确定项目的内容、重点、任务、最终产品形式和评价方法 2)运用个人学习记录,指导学生对项目作进一步的思考 3)指导学生如何搜集信息	1)布衣族:通过了解军队的食物配给,可以推测当时平民的饮食。去搜集信息以了解19世纪的何种疗法适用于旅途中的疾病治疗 2)莱卡族:通过了解现代人的饮食	1)为了让学生对布衣族有较全面的了解,可以安排学生看一些有关长征、抗美援朝时期的作品,这些作品里对当时一般人的典型饮食和生存状态有细致的描写。而例如《儿童健康指南》一书,可以让学生学会如何作出关于健康的饮食选择
第三次课:整理信息(1课时) 1)收集袋装食品的包装袋 2)拜访一位营养学家并作好记录	1)莱卡族:收集七种袋装食品的包装袋 2)拜访一位专家并记录 3)营养学家:每周了解一种与饮食有关的慢性疾病	1)请两位同学上台表演如何去拜访一位专家 2)指导学生的拜访过程和记录过程	1)各小组两个人表演如何去拜访一位专家,一个人作记录 2)要学习如何提问的技巧,才能克服胆怯心理,提高提问效率,达到目的	1)通过班级内表演,可以思考如何去访问一个人 2)建议学生事先准备提问稿
第四次课:角色准备(1课时) 1)给自己的角色命名 2)描述该角色的生活方式和饮食习惯 3)为角色建立一个健康档案	记录有关饮食的广告、电视节目的内容。	指导学生为角色建立一个健康档案的方法与内容	1)给自己的角色命名 2)描述该角色的生活方式和饮食习惯 3)为角色建立一个健康档案 4)营养学家负责找出饮食与慢性疾病的关系	1)建议提供学习支架 2)为学生提供可参考的实例

(二)角色扮演

学生完全投入到他们搜集的信息当中，对这些信息进行分析，形成有意义的信息整体，并且对信息进行综合、整理以形成新思想，最终构建出产品。

处理信息:澄清思想

大脑风暴法形成观点	协调相冲突的数据
分析数据	发现一个中心
图示化信息	指定一个主题
草拟原型	使用一个隐喻
形成思想	寻找合作伙伴
构建蓝本	寻求联系
填入缺失信息	观点的演示
形成视觉化图画	寻求原材料

学习内容	教师活动	学生活动	反馈
第一次课:图例说明(1课时)	1)编写《人物活动图表》(附录6),指导学生记录角色典型一天的活动、一天的饮食,以确定角色的体重是增加、减少还是保持 2)引导学生在传记中包括各种信息,使人物凸现在观众面前 3)提示学生人物传记还应该包括人物的生活方式和饮食习惯	1)小组讨论、分享关于各角色和他们的健康信息 2)布衣族和莱卡族根据他们所描述的不合理的饮食,询问营养学家会引起什么生理症状,并且这些症状对应什么慢性疾病 3)营养学家提供关于健康饮食的建议 4)描述人物的其他信息,例如人物的爱好憎恶、目标和理想、家庭及家庭背景、所受的教育或其他培训,以及何种经历造就了今日的这个人物	1)注意能量的单位有千卡和千焦,要换算。1千卡=4.2千焦 2)很好地把握布衣族的特点,人物活灵活现。例如,李旺财,佝偻病,慢性胃炎;爱好劳动,憎恨天灾;理想是娶妻生子;世代以农耕为业,受地主剥削;日出而落,日落而息
第二次课:制作人物的微型传记(1课时)	1)制作人物传记的范例并向学生展示。关键是要包含的几个信息 2)要求学生	1)学生为各自的角色扮演的人物撰写书面人物传记 2)营养学家设计人物形象 3)人物传记和人物形象设计运用电子邮件传给教师,以便收集 4)表演时要用演示文稿向观众展示人物传记和营养学家的形象设计	1)人物传记前后矛盾,要强调同人物原型见面,了解人物原型的生活方式和饮食习惯 2)营养学家的形象设计极富想象力,如:毕业于哈佛大学健康学院营养专业,就职于联合国健康部,任营养专家。

续表

学习内容	教师活动	学生活动	反馈
第三次课：为角色扮演制作脚本(1课时)	1)引导学生通过头脑风暴的方式,创新思维,勾勒故事情节 2)为发言学生的小组打钩	1)头脑风暴:每人写出相差200年的两个人相遇的五种方式;如果不是陌生人,他们还可能有哪些关系 2)写出剧情简介。(参考网上的电视剧剧情介绍) 3)将剧情中的场景用演示文稿展示出来	1)学生都想自己说,而不注意听其他人说。可以采用这种方法:发言的前提是该小组注意倾听。抓住学生想发言的心理,引导他们学会倾听,引发思考 2)运用头脑风暴的方式说出相差200年的两个人相遇的方式,每个班级可以说出至少30种方式,例如时光快车、时空隧道、死后、黑洞、休眠、做梦、时光旅行、基因等。两个人的关系,有祖先、前世的情人、主仆、灵魂、仇人、恩人等。通过这种发言交流,小组甚至可以勾勒出故事情节,例如莱卡族和营养学家乘坐时光快车去1000年前旅行,但路遇时光飓风,跳车逃生,正好落在布衣族的桌子上,他们一同吃了饭,解决了布衣族的健康问题,搭车返回
第四次课：为表演制作剧本(2课时)	1)指导学生怎样写剧本 2)出示剧本范例(附录9)	1)分小组和反馈小组 2)小组学习掌握怎样写剧本 3)将三个角色的人物传记合成为一个故事 4)根据剧本范例(附录9)撰写本小组剧本	1)剧本写成故事形式 2)没有考虑到舞台表演的局限性,运用了太多道具和场景变换 3)人物有大段对白,无法吸引观众,建议这样的对白运用歌唱的形式来表达
第五次课：制作歌曲(音乐课:2课时)	1)建议学生选择喜欢的歌曲,自己填词或从网上搜索有关健康饮食的文章 2)为每个制作好歌曲的小组打分 3)请小组上台表演歌曲。点评内容并为小组打分 4)让学生将歌词的电子稿发给教师,以便保存	1)选择喜欢的歌曲 2)自己填词或从网上搜索有关健康饮食的文章作为歌词	1)强调是小组全部成员演唱 2)从网上下载的顺口溜、小诗很合适作为歌词 3)请音乐教师强调歌曲放在表演的哪个部分,以何种形式展示 4)在演唱时,要用演示文稿将歌词展示给观众

(三)项目展示

尝试与检测	评价测试
建立原型	互相检查
建构	自我评价
汇总	反标准化评价
综合想法	专家检查
重新思考或重新定位	最后的定稿
最后一番修饰	庆祝
润饰细节	

学习内容	教师活动	学生活动	反馈
第一次课：小组预演	1)强调上台表演的注意事项： a)把握舞台的中心 b)即使两个人的对话，也要面向观众 c)表演过程中专注、投入，不能笑场，也不能有多余的动作 d)熟悉伙伴的台词，相互提词 2)请一个小组上台表演，进行反馈，重点是要面向观众。为表演的小组打分	1)小组成员分工进行彩排掌握时间，并鼓励小组成员按照剧本要求进行表演，另外备一个笔记本，记录满意的地方以及需要改进的地方 2)进行第二次彩排，消除不完善的地方 3)修改剧本	1)表演基本能把握舞台中心，表演没有太紧张，对话流畅。但做不到面向观众。应该让音乐教师重点训练
第二次课：修改和评价	指导为反馈小组的预演，强调注意事项： 1)作好记录 2)提炼小组表演的优势 3)提示学生对他人的帮助给予致谢	1)为反馈小组进行一次角色扮演的预演 2)反馈小组要迅速作好记录，并讲述他们认为角色扮演中令人满意的地方和优势所在，以及有待进一步明确的地方 3)两个小组在互相给出反馈意见后，他们对各自的帮助互相致谢	对表现好的小组给予鼓励
第三次课：修改和评价	1)指导各小组通过这些反馈意见去修改他们的角色扮演 2)帮助学生进一步推敲台词	1)小组通过这些反馈意见去修改他们的角色扮演，使角色扮演清晰明了和充实 2)进一步推敲台词 3)重新修改剧本，预演。反馈小组作好记录，小组根据反馈意见对其角色扮演进行调整	共性问题给予集体指导、提示

学习内容	教师活动	学生活动	反馈
第四次课：项目展示	检查学生的打印文件，给予指导和建议	1）打印人物传记和小组剧本 2）抽签决定表演顺序，进行表演 3）其他同学说出表演小组的优点	说明表演小组的优点和待改进之处

学习评价（范例、量规）

1. 个人学习成果：言谈时所提供的相关背景知识和角色细节；电视台的长串快餐广告；关于快餐食品营养的信息；角色人物的服装设计草图；角色在一天中所摄取和释放的卡路里量。

2. 小组学习成果：完成脚本初稿，脚本最终稿。

附　录

附录1：你了解你的饮食吗？

项目说明：

通过这一学期的学习，同学们会对健康有所了解，能够解释饮食对个体健康的影响，知道饮食如何影响身体系统的机能，也知道注重营养的饮食习惯能帮助人们保持身体健康，预防疾病。

重点：有关营养方面的角色扮演。

一些需要思考的问题：

1. 在过去200年间有关饮食和营养的观念。

2. 饮食对健康产生的影响。

3. 了解有关饮食习惯的知识。

4. 19世纪的中国人饮食习惯和日常活动方面的知识，以及他们的食物种类和烹饪方法，如何对他们的健康产生影响。

5. 了解生活繁忙的现代人的饮食习惯和这种习惯的优缺点。

任务：

1. 了解一些背景知识，以便在角色扮演（营养学家、布衣族、莱卡族）中胜任要扮演的角色。

2. 编制一个角色扮演的脚本。

3. 把三个不同角色的对话改编成戏剧形式。

项目评价规程，如下表：

标准＼表现	0	1	2	3
角色扮演:脚本中的各角色间的平衡	角色安排不均衡,其中一个人物占主导地位	角色安排不均衡,其中两个人物的成分超出了第三者	表演中各角色基本均衡	在整个表演中各角色持续均衡
人物的服饰	没有服饰	配备部分服饰,某些服饰与人物不协调	服饰基本上恰当	全身的服饰恰到好处
节目单中关于人物的信息	除了人物的名字外无其他信息	三个人物中只有某一个人物的信息	三个人物中只有两个人的信息	三个人物的信息完整
角色扮演的表演效果	整个表演含糊且混乱	一些地方脱节,一些地方遗忘	表演基本上流畅	精彩
关于营养学的歌曲和诗	没有关于营养的信息,节奏不合拍	只有一点关于营养的信息,节奏不合拍	只有一点关于营养的信息,基本上合乎节拍	受到热烈欢迎

附录2:个人学习记录

姓名:　　　　　　组别:　　　　　　扮演的角色:

1. 明白你们小组的任务之后,用自己的话来写下完成这个项目可能面临的挑战。

____

____

2. 你想要在这个表演中体现哪些重要的观点?这些观点中哪些可能还需要进一步的研究和探索?

____

____

3. 你可以在哪些地方获得所需要的信息?哪些信息你可以通过报纸、书本或因特网查找?你需要和哪些人接触来获得一些别的信息?描述一下你是怎样收集信息的。

(1)阅读

____

(2)拜访

(3)研究

(4)访谈

(5)网上冲浪

(6)其他

附录3:与饮食有关的慢性疾病(营养学家专用)

疾病名称	症状描述	起因	如何改善	患病人群

说明:患病人群指莱卡族或布衣族。

附录4:现代人饮食探究(莱卡族专用)

名称	食用方法	营养成分	其他成分	建议如何食用

说明:建议如何食用指这一食物营养是否全面,怎样搭配其他食物,对健康是否有害,建议食用数量等。

描述:莱卡族的饮食习惯。

附录 5:200 年前原住民的饮食(布衣族专用)

食物种类	季节	数量	烹饪方法	营养成分

描述:布衣族的饮食习惯。

附录 6:人物活动图表

姓名:　　　　　　　组别:　　　　　　　扮演角色:布衣族、莱卡族

角色一天的活动

活动名称	所需时间	消耗能量	活动名称	所需时间	消耗能量

角色一天的饮食

食物名称	数量	热量	食物名称	数量	热量

角色姓名________　服装草图(画在背面)

健康档案:两种与饮食有关的慢性疾病(症状)

____

健康饮食的计划____________________

爱好憎恶____________________

目标和理想____________________

家庭及家庭背景____________________

所受的教育或其他培训____________________

何种经历造就的今日这个人物____________________

生活方式____________________

饮食习惯____________________

附录 7

姓名:　　　　　　组别:　　　　　　　扮演角色:营养学家

1. 健康饮食的含义是什么?

2. 布衣族遇到的健康问题有哪些,产生这些问题的饮食习惯有哪些,哪种饮食可以改善他们的健康状况?

3. 莱卡族遇到的健康问题有哪些,产生这些问题的饮食习惯有哪些,哪种饮食可以改善他们的健康状况?

附录 8:项目活动时间表

图例说明(一周) 制作人物的微型传记(一周) 为角色扮演制作脚本(一周)	为表演制作剧本(一周) 制作歌曲(二周) 小组预演、评价和修改(一周)	项目展示(一周) 自我评价和小组评价(一周)

附录 9

1. 列出三种与不健康饮食有关的慢性疾病的症状,并且是从角色扮演中学到的。

2. 列出观众想要记住的关于健康饮食的两条建议。

3. 角色扮演中值得回味的时刻。

附录 10

自我评价和小组评价

1. 你能给出两个具体的事例或观点来说明健康的食谱可以避免慢性病症吗?

2. 你如何将这些观点应用于生活?

3. 当你为角色扮演组织信息和创造人物时,你做得较好的是什么? 你学到了哪一种有利于未来发展的组织能力?

案例五　多媒体作品中的动画、视频说课

(设计者:内蒙古师范大学传媒学院 2007 级教育技术学专业张健,
指导者:内蒙古师范大学传媒学院陈梅)

本模块的教学,要密切结合学生生活与学习的实际,注重利用多媒体技术中动画、视频表现创意、表达思想,实现直观有效的交流,以及多媒体技术中动画、视频对人类生活、社会发展的影响。

通过不同实例的展示,逐步地分析讲解,引导学生初步具备多媒体动画、视频的鉴赏能力及根据主题表达的要求进行多媒体动画、视频选择的能力。

一、说教材

本节课选自选修模块《多媒体技术应用》的第四章“动画及视频应用”的第一节,本节课内容是在学习多媒体技术概述、图形图像、声音的基础上学习的,由于教学内容多以操作性技能为主,没有涉及比较抽象难懂的概念及原理方面的知识,为后继的动画制作与应用学习提供支持,因此本节课属于本章的基础内容。

本节课的主要内容：

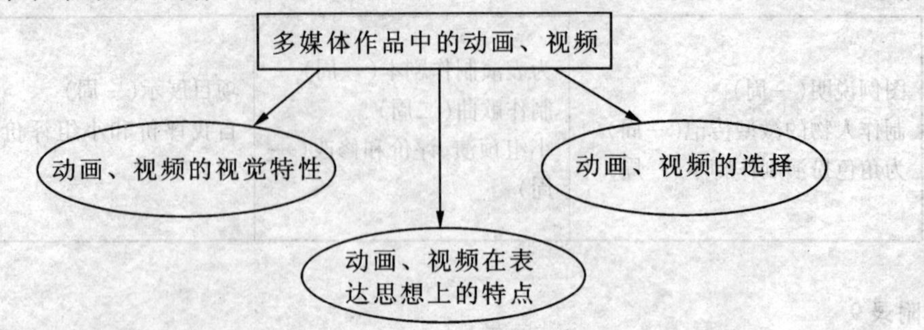

二、说学生特征分析

一般特征：学习者是高中阶段的学生，注意力具有一定的稳定性，能较长时间地注意与自己兴趣有关的事物，并能分配注意。观察具有一定的目的性、系统性、全面性，但欠精确。初步完成从具体思维为主到抽象思维为主的过渡，开始理智地思考问题，但时常需直观的、感性经验的支持。思维活跃，经常提出问题，兴趣范围进一步扩大，并具有一定的稳定性，性格特征趋向稳定、成熟。

初始能力：具备一定的动画、视频鉴赏能力以及选择能力。但在面对具体问题时就分不清从哪些方面去鉴赏视频，对于根据具体主题选择合适的视频思维也不清晰。具备一定的想象力和创新思维能力。

信息素养：能上网查找和下载资料，获取所需信息，进行研究性学习，形成自己的见解；具有很强的信息意识，能合法地使用技术，懂得在信息技术使用中所产生的经济、法律和社会问题，并能自觉遵守相关公德和法律。

三、说教法与学法

教法：主要采用“问答法”、“讲授法”、“任务驱动”等教学方法，为学生创造生动、轻松的学习氛围，培养学生自主学习和协作学习的能力。学生在情境问题的驱动下，自觉完成知识的建构，在建构知识和实践的过程中，发掘出理论与实践的结合点。

学法：学生采用自主探究、合作探究法等学习方法，学生在学习过程中根据教师提供的情境，将独立学习与协作学习相结合。学习的过程是学生按照教师提供的情境自觉体验多媒体作品中的动画、视频，探索学习知识的方法，创造性地发表自己的见解，或在讨论中展示自己的才能，真正发挥学生课堂主体作用。

四、说教学目标

知识与技能：

(1)了解动画、视频的视觉特性。

(2)根据主题和表达目标的需求尝试选择恰当的动画、视频。

(3)能够利用因特网有选择地搜索相关素材。

过程与方法:

(1)能根据任务的要求,采用适当的动画和视频来呈现信息,交流思想。

(2)能对多媒体动画、视频进行评价。

情感态度与价值观:体会动画、视频对信息表达、交流的影响。

五、说教学重点、难点

教学重点:

(1)动画视频在表达思想上的特点。

(2)动画、视频的选择。

教学难点:动画、视频的选择。

确定依据:依据《信息课程标准》中"多媒体技术应用"模块。

内容标准:

(1)了解常见的多媒体信息如声音、图形、图像、动画、视频的类型、格式,及其在存储、呈现与传递方面的特征。

(2)能选择适当的工具,分别对声音、图形、图像、动画、视频等多媒体信息进行采集,了解多媒体信息采集的基本工作原理。

(3)能根据信息呈现需求,分别选择适当的工具和方法,对声音、图形、图像、动画、视频等多媒体信息进行加工制作。

六、说环境资源

教学在多媒体网络教室进行,学生一人一机;教学资源包括教师展示说明的PPT课件、教学素材、展示范例等。

七、说教学过程

1. 作品欣赏

本节次教学地点在多媒体教室,教授新知识之前,教师先展示几类不同风格的动画或视频,供学生欣赏。

设计意图:可以吸引学生的注意力,增强学习氛围,而且可以顺理成章地引入新课学习,不枯燥。

2. 基于作品讲授新知

通过欣赏作品,教师把学生引导到新课的教学过程中。

教师提问:

(1)什么使《火柴棍儿跳舞》的小人书快速、连续翻动时,火柴棍摆成的小人就有跳舞的样子?

(2)观看了《新年画》的两张画面,你了解到了什么?

引出新知:

(1)动画、视频的视觉特性。

(2)动画、视频在表达思想上的特点。

(3)动画、视频的选择。

动画、视频的视觉特性:通过实例以及教师与学生的交流,总结出动画、视频的视觉特性。

动画、视频在表达思想上的特点:通过作品欣赏,学生讨论作品中动画、视频所要表达的内容和思想,然后教师再对作品进行仔细剖析,加深学生对作品的理解,最后教师再播放其他作品。教师与学生交流,提高学生对作品的鉴赏能力。

动画、视频的选择:教师首先利用对比的示例与同学交流使用静态的图片与动态的视频、动画的表达的结果,总结不同的表达需要选择恰当的动态或者静态的素材。

设计意图:为学生创造生动、轻松的学习氛围,使枯燥的理论知识形象化,学生在教师的引导下,了解了动画、视频的视觉特性;能够根据主题和表达目标的需求尝试选择恰当的动画、视频。

板书设计:

(1)动画、视频的视觉特征

实验证明,如果动画或电影的画面刷新率为每秒24幅左右,即每秒放映24幅画面,则人眼看到的就是连续的画面。

(2)动画、视频在表达思想上的特点

- 更直观、具体
- 既描述了一个立体的空间,又显现出流逝的时间
- "活"的效应

(3)动画、视频的选择

3. 学生实践

任务:

以小组为单位,对图形、图像、动画、视频的视觉特点进行讨论,总结不同多媒体信息对表现主题、表达思想的作用,分析多媒体信息类型的选择与恰当运用,对表现主题、传递信息的效果所产生的影响。将讨论结果在全班交流。

将全班同学分组,3~5人一组,并确定一名组长。

4. 交流评价

组员	性别	年龄	分工	主要工作
				1. 收集资料 2. 整理资料 3. 问题解决 4. 演示制作 5. 汇报讲演

评价量规：

评价指标	教师评价			自评	小组互评
	一般	良好	优秀		
对不同多媒体信息针对表现主题、表达思想的作用的总结					
多媒体信息类型的选择与恰当运用的分析					
对表现主题、传递信息的效果所产生的影响的分析					

5. 总结提升

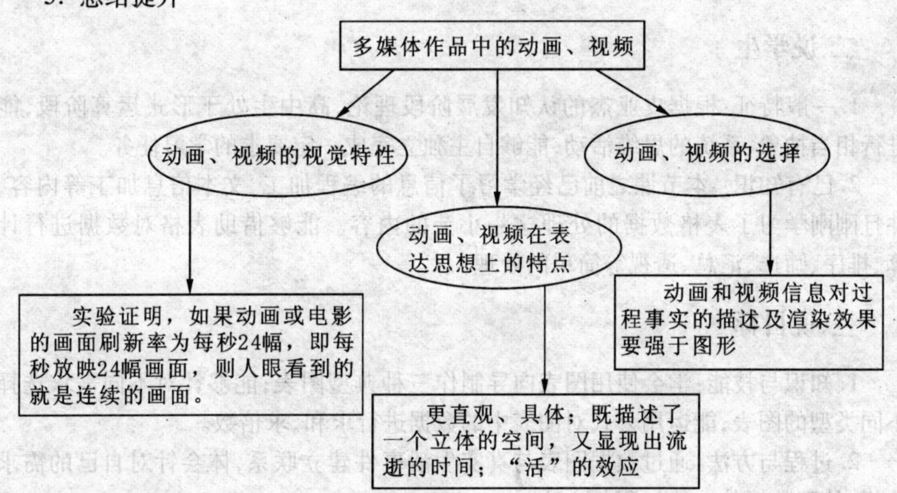

八、说评价

对学生的评价包括过程性评价和总结性评价，过程性评价主要对学生在完成学习任务中的表现进行评价，以学生自评和小组评价方式来进行；总结性评价以对学生作品评价的方式来进行。

案例六　梅梅的储蓄计划教学案例设计

（设计者：内蒙古师范大学传媒学院 2010 级硕士徐晓格，指导教师：陈梅）

一、说教材

1. 教材内容：本节内容选自教育科学出版社出版的普通高中课程标准实验教科书的必修模块《信息技术基础》第四章第二节的第二小节“表格数据的图形化”。

2. 地位与作用：所选内容为教材的第四章，属于比较重要的部分。主要讲述以合适的图表类型以及相关文字说明表述数据，从而发现数据规律并直观形象地表达统计结果。

3. 课标要求：学生能够根据任务需求，选择使用恰当的工具软件表达自己的意图，解决日常生活、学习中的实际问题。

4. 重难点：

重点：利用图表向导建立、编辑图表。

难点：根据不同的数据类型选择不同的图表。

二、说学生

1. 一般特征：根据皮亚杰的认知发展阶段理论，高中生处于形式运算阶段，能进行相当抽象、系统的思维活动，能够自主独立完成一定要求的学习任务。

2. 已有知识：本节课之前已经学习了信息的编程加工、文本信息加工等内容，并且刚刚学习了表格数据的处理这一小节的内容。能够借助表格对数据进行计算、排序、筛选、汇总、透视等简单的处理。

三、说目标

1. 知识与技能：学会使用图表向导制作三种典型图表；能够针对不同需求选择不同类型的图表；能运用公式对图表中的数据进行求和、求倍数。

2. 过程与方法：通过数据图表与真实生活事件建立联系，体会针对自己的需求分析、处理数据的一般过程与方法。

3. 情感态度与价值观：体验使用表格进行理财的乐趣；增强学生的节约意识。

四、说教法和学法

1. 教法：案例教学法。

重点解决：运用案例演示具体的制作过程，并给学生留一定的时间进行练习。

难点解决：在案例演示的过程中，设置专门的问题，引导学生分析数据的特点，选择恰当的图表类型。

2. 学法：观察法、练习法、尝试模仿法、分组讨论法。

五、说环境资源

硬件：多媒体教室。

软件：Windows XP 操作系统 、Office 2003。

案例：需要演示的案例以及案例中用到的表格和图表。

六、说教学过程

(一) 导入

同学们，你们从上小学开始父母就会经常给一些零花钱，回忆一下你们都用来干什么了？（学生有各种回答）

是不是有些同学都不记得干什么了？如果我们想把这些都记录下来，应该怎么办呢？（学生讨论，讨论结果：养成记账的习惯）

大家平时有记账的习惯吗？

梅梅也和你们一样，是一名高一学生，我们来看看她是怎么做的。

(二) 讨论研究案例

梅梅的储蓄计划

高中以前，梅梅的零花钱都是“随花随拿”，什么时候没了什么时候向父母要。进入高中以后，妈妈为了省事，就在每个月的月初给梅梅 300 元钱作为这个月的零花钱，让她自己来支配。

同学们想一想这个办法好不好？

根据自己的情况想一想这样做会出现什么情况呢？

下面是梅梅记录的自己一个月的消费情况，大家和老师一起看一看。

十月份消费统计				
消费项目	第一周	第二周	第三周	第四周
零食小吃	15	13	8	7
报纸杂志	6	0	4	0
学习用品	5	12	8	10
上网	10	10	15	5
话费	7	15	6	6

续表

十月份消费统计				
衣服	0	30	70	0
交通费	10	10	8	6
同学聚会	20	17	0	0

从梅梅的表格中我们可以看到她出现什么问题了？大家来帮梅梅想一想，应该怎么解决这个问题呢？（学生讨论，讨论结果：到第三周的时候钱就不够花了）

一开始，梅梅很高兴，终于能自己支配零花钱了。但是两个月下来，问题出现了：梅梅总是做不到合理支配，不到月底就把钱花光了，又得向妈妈要钱。

为了帮助梅梅学会节约与支配，妈妈提出，如果一个月的月末梅梅还有钱剩余并把钱存到她那里，到了年末妈妈会将存入钱数的20%作为利息奖励给梅梅。因此，梅梅想了个办法：把自己每个月的消费项目统计出来，看看自己的钱都花在什么地方了，哪些是必须花的，哪些是可以省掉的，把能省掉的钱节省下来存到妈妈那儿，到了年末把本金和利息一起取出来买自己喜欢的东西。

要想把消费项目统计出来，梅梅应该怎么做呢？

梅梅所做的简单统计：

十月份消费统计					
消费项目	第一周	第二周	第三周	第四周	总计
零食小吃	15	13	8	7	43
报纸杂志	6	0	4	0	10
学习用品	5	12	8	10	35
上网	10	10	15	5	40
话费	7	15	6	6	34
衣服	0	30	70	0	100
交通费	10	10	8	6	34
同学聚会	20	17	0	0	37
总计	73	107	119	34	333

为了使统计数据更加直观，梅梅还做了一些图表。

柱形图：

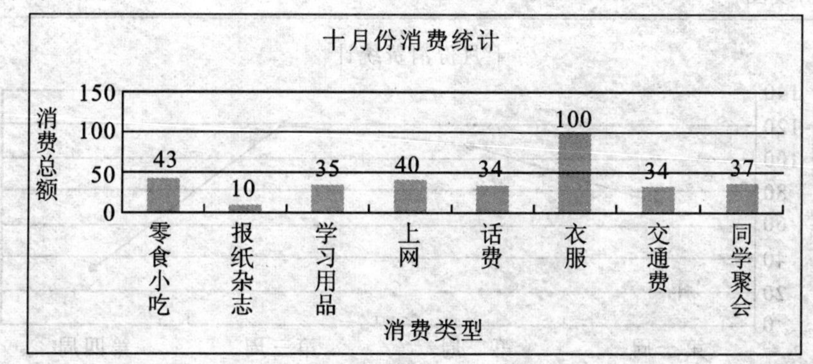

与统计表格相比，柱形图存在哪些优势呢？柱形图是怎么做的呢？（教师讲解）

如果梅梅想知道各项消费在总消费中所占的比例，从柱形图中可以看出来吗？那么梅梅应该怎么办呢？

饼状图：

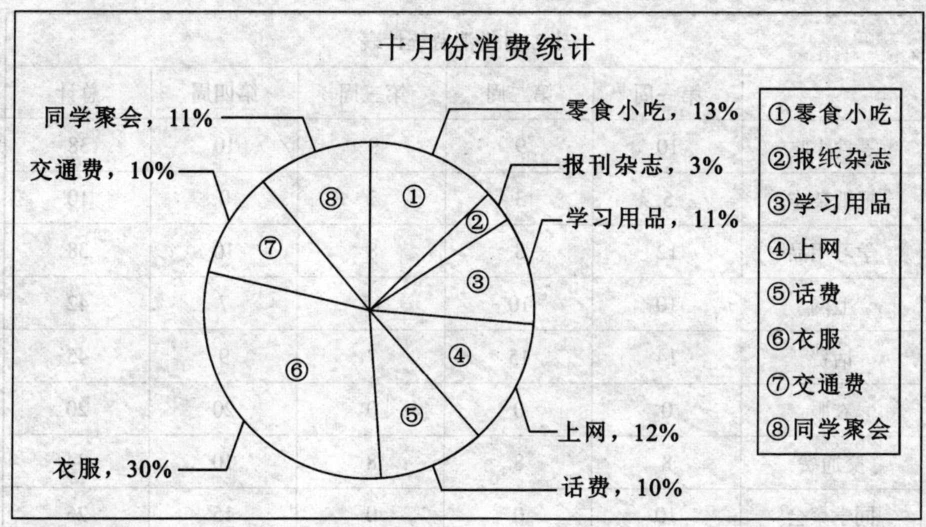

饼状图是怎么做的呢？（教师讲解）

如果梅梅想把十月份四个星期消费的变化趋势表示出来，应该怎么办呢？

折线图：

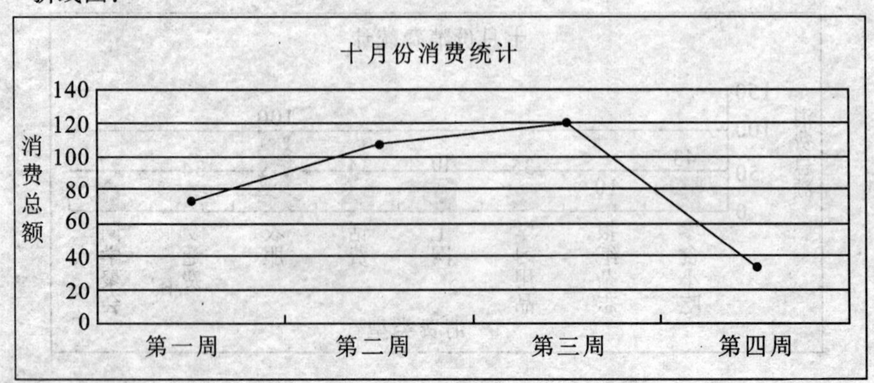

从折线图可以看出什么信息呢？折线图是怎么做的呢？（教师讲解）

（三）学生练习

下面是梅梅对自己十二月份消费情况的统计结果，同学们来帮她做几个图表，使数据更加直观。可以自己设计意图，选择不同的数据源来绘制图表。

十二月份消费统计表					
	第一周	第二周	第三周	第四周	总计
零食小吃	10	9	9	10	38
报纸杂志	5	3	2	0	10
学习用品	12	8	8	10	38
上网	10	10	15	7	42
话费	14	15	7	9	45
衣服	0	0	0	20	20
交通费	8	8	8	10	34
同学聚会	10	0	0	15	25
总计	69	53	49	81	252

教师巡视学生活动并进行引导。

（四）统计计算

下面是梅梅统计的12个月的消费情况，和前几个月比较梅梅的消费情况都有哪些变化呢？

全年消费总额统计表												
月份	1月	2月	3月	4月	5月	6月	7月	8月	9月	10月	11月	12月
消费总额	250	246	220	215	197	180	195	170	168	163	170	200

大家来帮她算一算到年末的时候能从妈妈那儿取出多少钱？用手算是不是很麻烦啊？大家别忘了Excel强大的计算功能哦！（教师演示在Excel中计算一月份和二月份的整个过程）

其他的几个月同学们自己来算一算。

全年消费总额统计表													
月份	1月	2月	3月	4月	5月	6月	7月	8月	9月	10月	11月	12月	总计
消费总额	250	246	220	215	197	180	195	170	168	163	170	200	2374
本金	50	54	80	85	103	120	105	130	132	137	130	100	1226
利息	10	10.8	16	17	20.6	24	21	26	26.4	27.4	26	20	245.2
本息总和	60	64.8	96	102	123.6	144	126	156	158.4	164.4	156	120	1471.2

梅梅想买一个MP5,大概需要1200元钱,她的储蓄够吗？

大家看,梅梅通过自己平时的节俭,一年下来攒了一笔不小的财富啊！

（五）交流总结

父母每年支付我们这么多零用钱辛苦吗？

同学们都消费在哪些地方？都有必要吗？

Excel理财方便吗？

从小养成理财的习惯对我们有什么好处？

（六）布置作业

从今天开始把自己每天的消费项目记录下来,统计自己一个月的消费情况,并根据自己要表达的意图,选择合适的数据源制作出不同的图表。

七、说评价

对学生的作业进行评价,主要看他们的设计意图与自己所选用的图表是否对应以及学生完成作业的质量。

参考文献

1. 李艺. 信息技术课程:设计与建设. 北京:高等教育出版社,2003.
2. 王吉庆. 信息技术课程与教学论. 杭州:浙江教育出版社,2003.
3. 李艺,钟柏昌. 信息素养详解. 课程·教材·教法,2003(10).
4. 张义兵,李艺. "信息素养"新界说. 教育研究,2003(3).
5. 技术课程标准研制组. 普通高中技术课程标准(实验)解读. 武汉:湖北教育出版社,2004.
6. 徐晓东. 信息技术教育的理论与方法. 北京:高等教育出版社,2006.
7. 董玉琦主编. 信息技术课程与教学. 北京:电子工业出版社,2009.
8. 武晶晶. 小学信息技术课程的特点分析及教学建议. 课程·教材·教法,2002(4).
9. 教育部. 普通高中技术课程标准(实验). 北京:人民教育出版社,2003.
10. 顾建军,李艺,董玉琦. 普通高中技术课程标准(实验)解读. 武汉:湖北教育出版社,2004.
11. 教育部基础教育司、师范教育司. 高中技术课程标准研修(信息技术). 北京:高等教育出版社,2004.
12. 董玉琦. 信息技术课程研究的新视野:从信息技术教育走向信息教育. 中小学信息技术教育,2002(6).
13. 董玉琦,解月光. 中小学信息技术教育比较研究(内部资料),2002.
14. 董玉琦等. 日本中学信息教育课程的内容及其分析. 中小学电教,1999(6~8).
15. 刘向永,董玉琦. 英国现行中小学信息与通讯技术课程评介. 中小学电教,2000(3).
16. 董玉琦. 普通高中信息技术课程标准研制省思. 电化教育研究,2004(9).
17. 顾建军,李艺,党好政主编. 高中技术新课程理念与教学实践. 北京:商务印书馆,2006(4).
18. 教育部. 基础教育课程改革纲要(试行). http://www.edu.cn/20010926/3002911.shtml,2004-06-11.
19. 李艺,张义兵. 信息技术教育的双本体观分析. 教育研究,2002(11).
20. 陈梅. 专题网站在中学信息技术课程教学中的应用与思考. 中国电力教育,2010(13).
21. 李良兴,马爱玲主编. 教学智慧的生成与表达——说课原理与方法. 北京:教育科学出版社,2006.
22. 加涅.教学设计原理.上海:华东师范大学出版社,1999.
23. 加涅.学习的条件和教学论.上海:华东师范大学出版社,1999.
24. 李龙.教学设计.北京:高等教育出版社,2010.
25. 李龙,刘雍潜.论“学与教”方式的建模.现代教育技术,2010(10).
26. 何克抗,李文光.教育技术学.北京:北京师范大学出版社,2002.
27. 黄娟,李克东.开发专题学习网站及进行相关研究性学习的思路及方法.中国电化教育,2003(5):25~27.
28. 李镇西.新课标背景下的教学设计.语文教学通讯,2003(10).
29. 钟柏昌,付小连.论面向新课程需要的教学设计.当代教育科学,2004(20).
30. 皮连生.教学设计:心理学的理论与技术.北京:高等教育出版社,2000.
31. 黄甫全,王本陆.现代教学论学程(修订版).北京:教育科学出版社,2003.
32. 班华.中学教育学.北京:人民教育出版社,1992.
33. 顾明远,孟繁华.国际教育新理念.海口:海南出版社,2001.
34. 郭芳.基于“任务驱动”的小学信息技术教材设计.课程·教材·教法,2002(7).
35. 李冬梅.信息技术教育课堂教学模式改革.中国电化教育,2001(3).
36. 邬家炜主编.信息技术教学论.广州:华南理工大学出版社,2008.
37. 朱云霞.“任务驱动”教学法在计算机教学中的运用.中国电化教育,2002(5).
38. 李艺,李冬梅.信息技术教学方法:继承与创新.北京:高等教育出版社,2003.
39. 伍文庄.“任务驱动”教学法初探.现代中小学教育,2002(3).
40. 郭芳.浅探中小学信息技术课程中的“任务”设计.http://www.edu.cn/20010921/3002277.shtml,2003-04-13.
41. 张渝江,邓正益.什么是 MiniQuest.http://www.being.org.cn/miniquest/miniquest—faq.htm,2003-06-06.
42. 张渝江,邓正益编译.MiniQuest 与 WebQuest 的比较.柳栋校.http://www.being.org.cn/miniquest/thefaceoff.htm,2003-06-05.
43. 张增全.如何选择一个 WebQuest 主题.http://www.being.org.cn/WebQuest/wct.htm,2003-06-12.
44. 沈涓.我做 WebQuest 的体会.http://www.being.org.cn/WebQuest/wtihui.htm,2003-06-13.
45. Tom March.WebQuest 设计流程.http://www.being.org.cn/WebQuest/designprocess3.htm,2003-06-13.
46. 苗逢春.信息技术教育评价:理念与实施.北京:高等教育出版社,2003.
47. 王景英.教育评价理论与实践.长春:东北师范大学出版,2002.

48. Weber E. 有效的学生评价. 北京：中国轻工业出版社,2003.
49. 朱慕菊. 走进新课程：与课程实施者对话. 北京：北京师范大学出版社,2002.
50. 冯平. 评价论. 北京：东方出版社,1995.
51. 张义兵. 信息技术教师素养：结构与形成. 北京：高等教育出版社,2003.
52. 刘雍潜,李龙. 21 世纪教师的知识和能力结构研究. 现代教育技术,2011(1)
53. Shulman, L. S. Those who understand: Knowledge growth in teaching. Educational Researcher,1986,15(2): 4 ~ 14.
54. 技术—教学法—内容知识(TPCK - Technological Pedagogical Content Knowledge). http://www. tpck. org/tpck/index. php? title = Main - Page, 2010 - 3 - 27.
55. 黄甫全,王嘉毅. 课程与教学论. 北京：高等教育出版社,2002.
56. 陈梅,李龙. 关于信息技术教师能力培养的思考. 中国电化教育,2009(4).
57. 中国教育技术协会. 中国教育技术标准(试行)JJXHB101 - 2003[DB/OL]. http://www. inf - edu. com.
58. 李龙. 教学过程设计的理论与实践. 见：李龙教育技术文选. 北京：中央广播电视大学出版社,2009:142.
59. 黄甫全. 试论信息技术与课程整合的基本策略. 电化教育研究,2002(7).

图书代号　JC11N0969

图书在版编目(CIP)数据

中小学信息技术课程与教学 / 陈梅主编．—西安:陕西师范大学出版总社有限公司,2011.8(2013.7 重印)
高等师范院校教师教育系列教材
ISBN 978-7-5613-5727-9

Ⅰ.①中…　Ⅱ.①陈…　Ⅲ.①计算机课—课堂教学—教学法—中小学—师范大学—教材　Ⅳ.①G633.672

中国版本图书馆 CIP 数据核字(2011)第 165906 号

中小学信息技术课程与教学

主　　编 / 陈　梅
责任编辑 / 王　娟
责任校对 / 王丽敏
装帧设计 / 雷　青
出版发行 / 陕西师范大学出版总社有限公司
(西安市长安南路 199 号　邮编 710062)
网　　址 / http://www.snupg.com
经　　销 / 新华书店
印　　刷 / 陕西省富平县万象印务有限公司
开　　本 / 787mm×960mm　1/16
印　　张 / 15.25
插　　页 / 2
字　　数 / 265 千
版　　次 / 2011 年 8 月第 1 版
印　　次 / 2013 年 7 月第 2 次印刷
书　　号 / ISBN 978-7-5613-5727-9
定　　价 / 28.00 元

读者购书、书店添货如发现印刷装订问题,请与本社高教出版分社联系调换。
电话:(029)85303622(兼传真),85307826。